中国企业"走出去"战略：
多维解析与战略实施

贾秋然 著

中国金融出版社

责任编辑：肖　炜
责任校对：孙　蕊
责任印制：陈晓川

图书在版编目（CIP）数据

中国企业"走出去"战略：多维解析与战略实施（Zhongguo Qiye "Zouchuqu" Zhanlüe：Duowei Jiexi yu Zhanlüe Shishi）/贾秋然著．—北京：中国金融出版社，2017.1

ISBN 978 – 7 – 5049 – 8812 – 6

Ⅰ.①中⋯　Ⅱ.①贾⋯　Ⅲ.①企业—对外投资—研究—中国

Ⅳ.①F279.247

中国版本图书馆 CIP 数据核字（2016）第 288287 号

出版
发行　**中国金融出版社**

社址　北京市丰台区益泽路 2 号
市场开发部　（010）63266347，63805472，63439533（传真）
网 上 书 店　http://www.chinafph.com
　　　　　　（010）63286832，63365686（传真）
读者服务部　（010）66070833，62568380
邮编　100071
经销　新华书店
印刷　保利达印务有限公司
尺寸　169 毫米 ×239 毫米
印张　16.25
字数　234 千
版次　2017 年 1 月第 1 版
印次　2017 年 1 月第 1 次印刷
定价　42.00 元
ISBN 978 – 7 – 5049 – 8812 – 6
如出现印装错误本社负责调换　联系电话（010）63263947

序

　　经过三十多年的发展，中国快速完成资本积累，并逐渐由资本输入国向资本输出国转变。中国企业作为资本输出的载体，在这个关键的历史时期，肩负着国际化拓展的伟大使命。2001 年以来，中国将企业"走出去"提高到国家战略层面，通过政策引导不断推进走出去进程，中国企业"走出去"迈入了快速增长与转型升级新阶段，对外直接投资规模高速增长，投资地域不断扩大，投资主体结构和行业结构持续优化，呈现出喜人态势。突出表现在：一是地方企业的非金融类对外投资流量持续增长，并于2014 年首次超过了中央企业的对外投资流量；二是非国有企业的对外非金融类投资存量占比稳步提升；三是投资行业分布广泛，门类齐全，第三产业投资占比持续上升，第二产业投资由矿产资源向高端装备制造业转移。

　　但是也应看到，在整体水平上，中国企业"走出去"目前还处于初级发展阶段，企业"走出去"还面临着诸多困境和挑战，存在着现代企业管理理念缺失、风险管理能力不足、海外并购整合困难、国际化经营经验欠缺等问题，企业盲目"走出去"、海外恶性竞争等情况也不时见诸媒体。与此同时，全球经济进入后次贷危机时代，正发生着深刻而剧烈的生产与贸易结构性调整，不仅对传统贸易进出口大国造成明显冲击，而且重塑着全球经济产业链的布局。在这种新形势下，中国企业"走出去"战略如何与国家其他维度发展战略协同推进，在战略实施过程中，如何完善政府职能与加强企业自身能力建设，推动"走出去"战略更好落地，是值得重新审视和深入研究的议题。

　　为此，本书从中国企业"走出去"战略解析和战略实施两个层面落笔，尝试对上述问题作出回答。

　　本书上篇（第 1~6 章）聚焦中国企业"走出去"战略意义。"走出去"是中国资本主动融入世界经济的过程，将其纳入全球资本跨境流动的宏大视角内予以全面的审视，是正确理解"走出去"战略的必要前提。第1章、第2章首先对世界范围的FDI①态势、FDI效应等情况进行梳理，勾勒出中国企业"走出去"战略的时代背景和理论基础。在此基础上，第3～6章从国家发展战略视角出发，分别从提供全球公共产品、推进供给侧结构性改革、中国粮食安全和金融战略等维度探索与"走出去"战略的契合点和协同性。这些维度的选取源自当前中国经济中高度关注和亟待解决的重要现实问题。这些问题仅靠中国经济内在消化收效缓慢，而通过相关企业"走出去"向外拓展，有助于形成更优的解决方案。

本书下篇（第7～12章）探讨中国企业"走出去"战略实施。第7章承上启下，通过系统梳理微观层面企业开展跨国直接投资的理论基础，并将国家禀赋与意识纳入分析框架，建立全面理解"走出去"战略的微观视角。以此为基础，第8章、第9章对中国落实"走出去"战略的两个模式范例——以助力资源能源和工程建设类企业"走出去"的安哥拉模式，以及为促进经济结构调整提供"走出去"平台的境外经贸合作区模式——进行重点介绍和分析。第10～12章服务于如何更好地帮助企业"走出去"，针对企业在"走出去"过程中面临的主要问题和政府在支持企业"走出去"过程中的应有作为分而述之。囿于篇幅，本书未能面面俱到，仅就几个关键领域提出一些建设性的原则与建议，包括：企业"走出去"中的风险管理、政府行为在企业"走出去"中的作用、企业公共外交与海外形象管理等。

因笔者能力和学识所限，本书可能存在不足之处，还望读者包涵并指正，以便改进。

作者
2016 年 8 月 31 日

---

① FDI，全称为 Foreign Direct Investment，即对外直接投资。

目　　录

1

引　言

一、"走出去"战略的提出

改革开放以来，中国通过连通国内外市场、承接产业转移和吸引外资等方式，迅速投身到经济全球化的浪潮中，经济得到了快速发展，综合国力不断提升。在此过程中，"引进来"成为中国参与经济全球化的主要方式。然而，概览经济全球化的本义不难发现，其实质上是以发达国家为主导、以跨国公司为主要推动力的市场经济全球化的发展过程，核心是生产要素在全球范围内的流动与配置，表现为产业结构全球性调整和转移，产业链和价值链在全球范围内布局和重组，并逐渐在全球范围内形成统一规范的市场运行机制。在这个过程中，依靠"引进来"参与全球分工，特别是在开放程度较高且基于静态比较优势参与国际经济循环的情况下，后进国家更多的是在被动地接收发达国家的产业转移和跨国公司的价值链布局；而通过对外贸易与世界经济互动，也主要是按照世界经济的需求来配置本国的生产要素。这两方面的拉力和推力会使后进国家的产业逐渐偏离本国的需求结构，资源配置由被动参与的国际分工体系所主导。实际上，经过三十多年的高速增长，中国经济正逐渐暴露出结构失衡、生产过剩、国内需求不足等诸多问题。当然，问题的存在并不否定"引进来"的正确性，因为发展经济学理论与实践早已表明，通过吸引资金、技术、开拓市场和激活生产要素来获得后发优势，是推动贫穷落后国家经济进入发展轨道的最佳方式。但是应该认识到，中国实行改革开放、融入世界经济并非只为"引进来"，更应该在经济发展到一定阶段时施行积极的"走出去"。只有积极参与国际分工，主动实施"走出去"，以国际化视野考虑经济发展空间和资源配置，在全球范围内拓展和利用市场，才能抓住经济全球化所提供的历史机遇，促

1

进本国经济的进一步发展。

不仅如此，"走出去"还有着更深层次的战略考量。众多发达国家的经济发展历程表明，一国只有投身到更广阔的环境中，充分利用外部资源和市场，才能超越本国的要素禀赋和有限的市场空间限制，实现本国经济的长期可持续发展。然而，当今的世界形势与昔日发达国家依靠掠夺和殖民统治获取资源和市场的环境已完全不同，和平与发展成为当今世界的主题，在这种背景下，后发国家只能依靠"走出去"来获取外部资源和市场。进一步说，为了追赶发达国家的步伐，后发国家还迫切需要掌握参与全球经济竞争的核心资源，如知识、技术、管理等，在此基础上提高自主创新和研发能力，迅速增强与发达国家同台竞技的本领。这些资源与能力的获得，不通过"走出去"而仅依靠本土环境内生孕育会更加艰难和曲折。从这个意义上说，"走出去"对于中国这样的后发大国而言，不仅仅是企业的自发行为，更应当视为国家总体经济发展战略的一个重要组成部分。

正是由于对此问题的深刻认识，中国政府于2001年将中国企业"走出去"写入了《国民经济和社会发展第十个五年计划纲要》中①，提高到了国家战略层面。至此，"走出去"战略正式提出。此后中国企业"走出去"步伐逐渐加快，中国开始以更加主动的姿态融入世界经济。

党的十八大以来，以习近平总书记为核心的新一届党中央对"走出去"战略更加重视。2013年11月，在十八届三中全会通过的《中共中央关于全面深化改革若干重大问题的决定》中指出："必须推动对内对外开放相互促进、引进来和走出去更好结合……扩大企业及个人对外投资，确立企业及个人对外投资主体地位，允许发挥自身优势到境外开展投资合作，允许自担风险到各国各地区自由承揽工程和劳务合作项目，允许创新方式走出去开展绿地投资、并购投资、证券投资、联合投资等。"2014年

---

① 2001年3月15日，第九届全国人民代表大会第四次会议批准通过了《国民经济和社会发展"十五"计划纲要》（以下简称《纲要》），《纲要》中第十七章第四节专门提出要实施"走出去"战略。这是中国第一次将"走出去"战略列入国家的发展计划纲要，凸显国家对"走出去"战略的重视。

以来，国家抓住国际社会对基础设施建设和推进工业化的巨大需求，相继提出了《推动共建丝绸之路经济带和 21 世纪海上丝绸之路的愿景与行动》和《关于推进国际产能和装备制造合作的指导意见》，为企业"走出去"提供了清晰的战略指引。

"走出去"战略的提出符合经济发展的客观规律，顺应了时代的发展要求。战略提出至今，政府对鼓励中国企业"走出去"的战略导向在不断强化，企业"走出去"的意愿也在不断增强，"走出去"已经成为现阶段中国参与世界经济的迫切需要。

二、"走出去"战略的内在含义

究竟什么是"走出去"战略呢？"走出去"战略又可称为国际化经营战略、海外经营战略、跨国经营战略或全球经营战略，有着丰富而深刻的内涵。

对应于"引进来"，"走出去"的战略目的在于使我国企业获得在全球范围内配置资源的能力，促进企业提高研发能力和获取新技术，提升我国企业在产业链和价值链中的位置和整合能力，改善国内经济发展和产业结构扭曲的现状，从根本上说是为了服务我国国民经济的发展需要。

从内容上来说，"走出去"战略鼓励在国际竞争中具有比较优势的国内企业，有计划、有步骤地到国外投资或经营，积极稳妥地开拓国际市场，以实现从产品到技术、从资本到要素、从人才到管理、从规则到理念全面、主动地对接国际市场，充分发挥国内国际"两个市场"、"两种资源"的作用，实现资源双向流动。它包括商品与服务出口、劳务输出、国际经济技术合作与交流、海外研发、国际融资、对外投资等企业跨国经营的方方面面。

从形式上来看，"走出去"有两个层面：第一个层面是商品层面的国际化，指货物、服务、劳务、技术、管理等商品和要素的出口，主要以贸易形式实现，包括货物贸易、服务贸易和技术贸易等；第二个层面是资本层面的国际化，指企业通过对外直接投资方式进入国际市场，获取关键资源与技术，参与国际竞争与合作，从而提升自身国际竞争实力。投资方式包括资源开发、股权收购和境外投资建厂等。第二个层面可以看作是企业"走出去"进行国际化经营的高级阶段。从当前我国经济的发展阶段与政府对"走出去"战略的相关论述来看，以对外直接投资为主要形式的高级阶段的"走出去"应是战略的核心要义所在。

三、本书的研究内容与逻辑

中国企业"走出去"战略作为中国经济发展总体战略中的重要组成部分，必将在中国经济的结构性调整、转型升级和长期可持续增长中扮演着重要角色。自"走出去"战略提出以来，在国家政策的鼓励和指引下，中国企业"走出去"步伐逐渐加快，投资规模、领域和地域都取得了长足的进步。但近些年来，伴随着全球经济进入后危机时代剧烈演变的生产与贸易结构调整，以及中国经济发展进入新常态，供给侧结构性改革成为经济工作的主线，中国企业"走出去"的内外部环境都发生了深刻的变化。在此新形势下，统筹兼顾中国经济发展多维度战略布局，重新对中国企业"走出去"的战略意义进行系统性梳理，已显必要。另外，经过多年实践，中国企业在"走出去"过程中既探索出了卓有成效的成功模式，同时也逐渐显现出一些突出问题与困境，这些都值得深入研究。为此，本书将以中国企业"走出去"战略为研究对象，从战略意义和战略实施两个层面，对当前历史时期"走出去"战略的时代特征和关键议题展开论述，其逻辑结构与内容安排如下：

本书上篇探讨中国企业"走出去"战略意义，包含六个章节。

第1章介绍全球对外直接投资类资本流动的基本态势，用于描述中国企业"走出去"的时代特征。

第2章通过数据分析和文献梳理，介绍企业"走出去"的宏观效应、微观效应，这是"走出去"战略的理论基础。

第3~6章探索"走出去"战略与其他维度发展战略的契合点和协同性，旨在明晰"走出去"战略的实施主体和落实方向。

第3章顺应我国经济深度融入世界经济、奉行互利共赢开放战略的大趋势，以负责任的发展中大国的立场来看待中国企业"走出去"的大国使命——提供全球公共产品，构建广泛利益共同体。

第 4 章聚焦当前中国经济困境，从资源约束、产能过剩和产业升级等方面探讨企业"走出去"对推进供给侧结构性改革的积极作用。

第 5 章通过分析世界粮食格局和中国粮食安全隐患，揭示中国企业"走出去"对中国粮食安全的意义所在。

第 6 章关注中国长期金融战略，中国企业"走出去"可在中国外汇储备战略和人民币国际化战略中发挥重要作用。

本书下篇由第 7～12 章构成，从多个角度围绕中国企业"走出去"战略实施展开论述。

第 7 章通过系统梳理微观层面企业实施跨国直接投资的理论基础，揭示企业"走出去"的内在动因，并通过理论扩展，建立"走出去"战略的微观理论基础。

第 8 章、第 9 章介绍和分析中国落实"走出去"战略的两个成功模式范例：以助力资源能源和工程建设类企业走出去的安哥拉模式，以及为促进经济结构调整提供"走出去"平台的境外经贸合作区模式。

第 10 章针对中国企业"走出去"过程中普遍存在的风险管理挑战——特别是政治风险和整合风险，提出建设性解决方案。

第 11 章关注政府行为在企业"走出去"中的作用，在国际经验比较分析的基础上，探讨政府在支持本国企业"走出去"中的职能取向，进而提出相关政策建议。

第 12 章将跨国企业应当具备的公共外交职能与企业海外形象管理有机结合，提示跨国企业建立健全现代企业管理理念，并弥补海外经营中的职能缺失。

上　篇
中国企业"走出去"战略解析

第1章 世界 FDI 发展态势

1.1 总体态势

回顾20世纪，特别是第二次世界大战之后世界经济的发展历程，最宏大的事件无疑是市场经济体制在全球范围内的迅速发展。在全球化和一体化的经济浪潮下，国际分工和生产要素配置在世界范围内得到不断深化。作为这场全球化运动最为直接的反映，资本的跨境流动特别是对外直接投资（FDI）活动呈现出了蓬勃发展的态势。

从联合国贸易暨发展会议（UNCTAD）提供的数据来看（参见图1－1），2014年末全球对外直接投资存量已高达24.6万亿美元，相比于1980年的0.7万亿美元，年均增长率达到了11.0%。其中，在1980~1994年间，年均增长率为10.7%。随着1995年世贸组织开始正式运作，越来

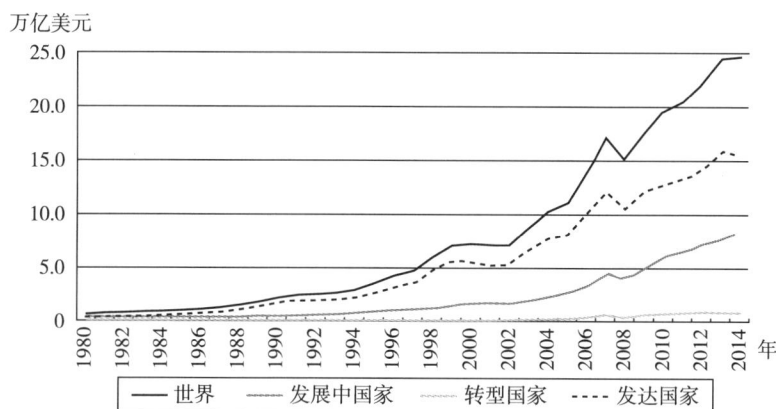

数据来源：UNCTAD，UNCTADstat 数据库。

图1－1 FDI 流入存量

越多的国家加入到开放自由的世界经贸体系中，激发了 FDI 在全球范围内的快速增长，截至次贷危机前的 2007 年，全球 FDI 存量的年均增长率高达15.0%。从 FDI 的存量分布来看，发达国家吸收了大部分的 FDI，但近些年来流向发展中国家的 FDI 数量也在快速增长，特别是在本次危机之后，发达国家的 FDI 存量增长明显放缓，致使发达国家的份额逐渐下降，目前已从最高时的近 80% 下降到了 64% 左右。从区域分布来看，欧洲和美洲的发达国家，以及美洲和亚洲的发展中国家成为了吸收 FDI 的主要地域（参见图 1-2）。

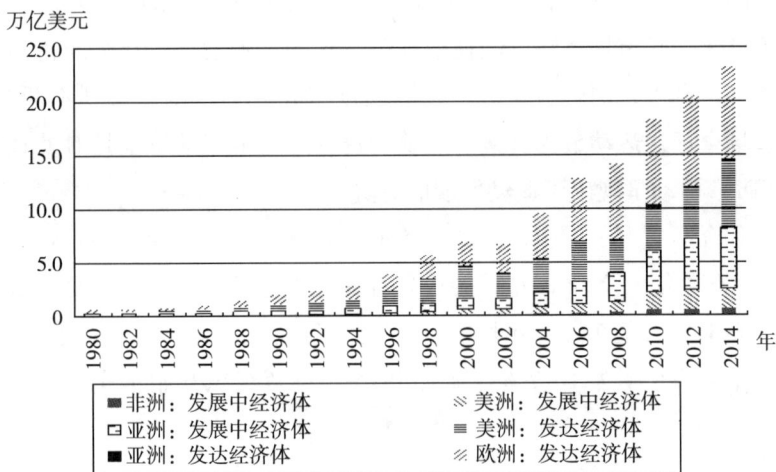

数据来源：UNCTAD，UNCTADstat 数据库。

图 1-2　FDI 流入存量地域分布

从流量上看，近十年来 FDI 的年流入/出量快速增长，并在危机前的2007 年达到了峰值。经过危机期间短暂却剧烈的下降之后，近两年有所恢复，但还没有完全走出低谷期。从表 1-1 中可以看到，危机期间 FDI 的剧烈下降主要源于发达国家，发展中国家基本保持稳步增长的态势。实际上，随着发展中国家经济的快速发展，发达国家与发展中国家在 FDI 流量上长期发生着此消彼长的结构性变动，特别是在 FDI 的流入量上，发达国家所占份额已经下降到了 50% 以下。这表明，一方面，发展中国家正日益成为吸引全球资本的最主要的投资地域；另一方面，发展中国家也正积极参与到全球的产业布局与资本配置中。

表 1 – 1　　　　全球对外直接投资流量（1995～2014 年）

单位：10 亿美元,%

年	1995～2000	2003	2004	2005	2006	2007	2008	2009	2010	2011	2012	2013	2014
外国直接投资流入量													
全球	730.5	565.2	734.9	973.3	1461.1	1978.8	1697.4	1197.8	1309	1524.4	1402.9	1467.2	1228.3
发达经济体	534.9	361.3	414.2	613.1	972.8	1358.6	962.3	606.2	618.6	747.9	678.7	696.9	498.8
占比	73.2	63.9	56.4	63	66.6	68.7	55.3	50.6	47.3	49.1	48.4	47.5	40.6
发展中经济体	188.3	184	290.4	329.3	433.8	529.3	620.7	519.2	616.7	684.4	639.0	670.8	681.4
占比	25.8	32.6	39.5	33.8	29.7	26.8	37.7	43.3	47.1	44.9	45.6	45.7	55.5
外国直接投资流出量													
全球	702.8	563.4	929.6	879	1396.9	2146.5	1911	1175.1	1451.4	1694.4	1283.7	1305.9	1354.0
发达经济体	626.3	507.2	795.1	742	1157.9	1809.5	1541	857.8	989.6	1237.5	872.9	833.6	822.8
占比	89.1	90	85.5	84.4	82.9	84.3	80.7	73	68.2	73	68.0	63.8	60.8
发展中经济体	74.5	45.5	120.4	122.7	215.3	285.5	309	268.5	400.1	383.8	357.2	380.8	468.1
占比	10.6	8.1	13	14	15.4	13.3	16.2	22.8	27.6	22.6	27.8	29.2	34.6

数据来源：《世界投资报告》2015。

　　跨国并购和绿地投资是 FDI 以股权方式进入的两种主要形式，近些年来，特别是在 2007 年之前，这两种形式的投资数量都呈现出较快增长。其中，流入发展中经济体和转型经济体的资本更多地采取了绿地投资方式，而流向发达经济体的资本很大程度上来自于企业的跨国并购行为。受金融危机影响，2008 年之后全球范围内的跨国并购活动出现了明显的收缩。与之相比，绿地投资在 2008 年出现井喷式增长，随后逐渐回落到危机前的水平。从 FDI 的产业分布来看，服务业和制造业是 FDI 的主要投资领域，二者占到了全部产业的 85% 以上。其中，服务业中对电力、燃气和水等公共设施和运输、仓储、通信等领域的投资得到了较快增长，而制造业中，化工、食品加工和运输设备等领域是 FDI 的主要投资对象。

10亿美元

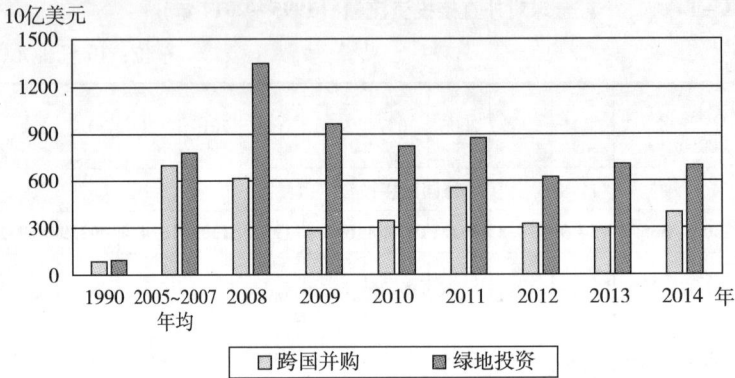

数据来源：《世界投资报告》2015。

图 1 – 3   FDI 进入方式

10亿美元

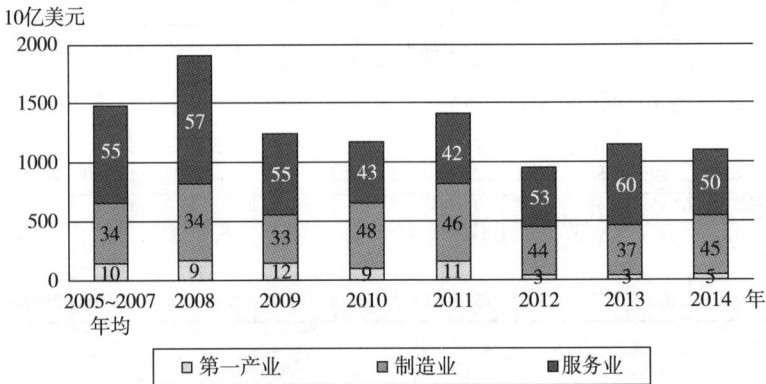

数据来源：《世界投资报告》2015。

图 1 – 4   FDI 产业分布

1.2   发达国家 FDI 情况①

美国、日本、欧洲作为发达资本主义国家中快速增长的三极，共同贡

---

① 本章节部分内容参考了江东：《对外直接投资与母国产业升级：机理分析与实证研究》，2010。

献了全部发达国家 80% 以上的 FDI。特别是英国、美国、德国、日本等国，伴随着不断深化的工业化进程中企业资本的快速积累，很早就开始了对外直接投资行为。迄今为止，无论是投资规模、产业分布还是覆盖地域，这些国家的跨国企业都走在世界前列，影响也最为深远。

1. 英国的 FDI 进程

凭借着工业革命中生产力的迅猛提升，英国迅速发展成为了"世界工厂"，从工业革命初期就开始了对外直接投资行为。

为了从殖民地获取廉价材料以支持国内经济的快速发展，早期英国向非洲、美洲、中东等地区的殖民地进行了大量直接投资。1850 年英国 FDI 累计总额已经超过 2 亿英镑，20 多家英国公司扩张到了海外，从事石油开采、矿山开发或铁路修筑等领域的投资，牟取了高额利润[1]。截至 1914 年第一次世界大战之前，英国累计对外直接投资总额达到 10 亿英镑，占当时世界各国对外直接投资累计总额的 44.6%，是当时最大的对外直接投资母国。这段时期，英国的石油公司控制了中东 30% 左右的石油蕴藏量和 70% 左右的原油产量，对非洲矿产资源的投资占到该地区直接投资总额的 30% 以上[2]。

两次世界大战期间，英国经济遭受了严重破坏，国力大幅衰减，数十亿英镑的海外资产被迫出售，对外投资也出现了大幅下滑。直到 20 世纪 60~70 年代，英国的 FDI 才开始逐渐恢复，并在 70 年代末恢复到战前水平。战后初期，英国凭借本国在生产技术和能力方面的绝对优势，通过倾销廉价商品大量抢占了他国的市场份额，导致了英国与经济实力日益强大的美国、西欧和日本等地区的贸易争端不断。同时，受 70 年代资本主义世界经济危机的打击，世界各国普遍提高了本国的关税和非关税壁垒，贸易保护主义日益加剧。在这种情况下，英国企业开始更多地面向海外市场进

---

① 如在石油领域，1870 年，英国在拉美拥有 23 个石油公司；1885 年和 1899 年在缅甸投资成立缅甸石油公司和阿萨姆石油公司；20 世纪以来又在印度投资公司获取石油、煤炭和锰矿资源；1912 年进入美国并成立洛克萨那石油公司；1913 年英国公司垄断了伊朗南部和巴士拉省的石油开采权，1914 年控股 75% 和德国建立合资公司开采巴格达和摩苏尔的石油资源。

② 相关数据来源：Daniels J. & Radebaugh L., International Business: Environments and Operation, 7th Edition, US: Addison – Wesley Publishing Company, Inc., 1995.

行开辟和拓展，通过在当地建厂、生产和销售产品来规避贸易争端，保护自己的市场份额。

从20世纪70年代末80年代初开始，在外汇管制取消和海外投资高额利润的驱使下，英国的资本流动出现了急剧增长，对外直接投资也以年均近500亿美元的速度快速扩张。这段时间，英国在海外的投资利润率普遍高于国内，如在20世纪70年代末，英国国内制造业平均利润率为13%左右，而英国在发达国家直接投资的利润率为19%，在发展中国家直接投资的利润率高达32%。到了20世纪80~90年代，海外投资依然有利可图。丰厚的利润是该时期英国企业进行对外投资的根本动力。

进入20世纪90年代后，英国的跨国企业逐渐进入了全球经营的成熟阶段，投资活动渐渐转向以寡占反应和寻求战略资产为主要目的，企业的海外并购快速增长，并且FDI更多向服务业流动。

2. 美国的 FDI 进程

随着垄断资本的形成，美国的FDI在19世纪末20世纪初渐渐兴起，并在"第二次世界大战"后迅速成为全球资本流出最主要的国家。

同英国一样，早期美国的FDI也是以资源获取为主要目的，投资大多流向毗邻的加拿大、墨西哥和拉丁美洲等自然资源丰富的国家和地区。截至1914年"第一次世界大战"之前，美国FDI流出累计存量达26.32亿美元，其中40%以上直接投资到了采矿业和石油业等初级产品的生产部门。两次世界大战给美国带来了巨大的战争红利，美国的资本得以大幅增长，"第二次世界大战"后其FDI存量迅速成为世界首位，在自然资源方面的投资力度也不断加大。"第二次世界大战"期间，英国、美国、法国、荷兰四国的跨国公司控制了亚洲石油产量的98.6%和天然气开采量的94.8%。美国还控制了拉美地区石油开采量的54.4%，天然气开采量的47.1%。与此同时，伴随着产业的不断升级和海外市场的扩张，美国的FDI逐渐流向更多的国家和地区，投资领域也开始更多地向制造业倾斜，制造业的FDI份额从1914年的18%上升至1945年的30%。

"第二次世界大战"之后，面对战后国家百废待兴的市场环境和低成本高回报的资本环境，以海外市场开拓和占领为主要目的的FDI活动开始占据主导地位。美国开始加大对发达国家的制造业进行直接投资，发达国家和地区在美国 FDI 的比重从 1950 年的 48.4% 逐年上升至 1980 年的 73.5%，制造业在美国 FDI 中的比重也由此一路上升至 40% 以上。市场导向型 FDI 使美国企业在海外市场获得了巨大成功①。

20 世纪 80 ~ 90 年代以来，美国的 FDI 呈现出加速上涨的趋势，并且逐渐向发展中国家倾斜。从投资领域来看，初级产品部门和制造业的投资占比都出现了明显的下降，而流向金融、保险和房地产等服务业的 FDI 大幅上升②，这表明美国的产业结构发生了巨大的调整，而对外投资也以市场寻求和效率寻求逐渐转向战略资产寻求为主导。

3. 德国的 FDI 进程

从 20 世纪 50 年代开始，随着战后德国经济的逐渐复苏和美国、英国、法国三国对德国资本输出管制的松绑，德国开始了对外投资活动。

战后早期德国的经济重心完全放在国内建设上，德国国内的劳动力成本与税收长期保持在较低水平，因此资本主要投向了国内，企业的 FDI 增长十分缓慢。这个时期的 FDI 也更多的是为了德国的国内建设服务，主要投向资源获取领域，特别是在能源方面。德国的石油资源十分贫乏，石油消费的 90% 以上依赖进口，因此投向第一产业的 FDI 中 80% 用于石油开发业，主要集中在墨西哥、委内瑞拉和部分中东国家。

进入 20 世纪 60 年代，德国工业得到了快速复苏和发展，生产力水平显著提高，FDI 开始更多地以市场寻求为导向。这其中最明显的是钢铁工业。60 ~ 70 年代，德国的钢铁工业的现代化水平不断提高，极大地增加了德国的钢铁产能，与此同时，新材料也得到了广泛的研究和应用，这使得国内的钢铁需求趋于饱和，在此背景下，德国钢铁企业开始将普通钢的炼

① 如到 1963 年，美国厂商占到了法国缝纫机销售额的 70%，会计用机器的 75%，电子和统计机器的 43%，电讯电话设备的 42%，电冰箱的 25%，计算机的 75%；占到了英国汽车工业的 50%，计算机的 40%，炼制石油产品的 40%，电冰箱的 33% ~ 50%；占到了联邦德国石油制品的 38%，计算机的 84%；到 1967 年，加拿大石油和天然气工业的 82%，汽车工业的 90%，橡胶工业的 83%，化学工业的 59%，均被美国企业所控制。——数据来自陈继勇：《美国对外直接投资研究》，武汉大学出版社，1993。
② 截至 2000 年，制造业的 FDI 比重已由最高时的 48% 下降至 28% 左右，以石油为代表的初级产品部门 FDI 比重降至 10% 以下，而服务业的 FDI 比重上升至 47% 以上。

钢设施迁往拉丁美洲和非洲，就地生产与销售钢材，扩大了国际市场的份额。

与此同时，德国企业也开始逐步将附加值较低的劳动密集型和资源密集型产业转移到新兴工业化国家和地区，实现企业效率的进一步提高，客观上也带来了本国的产业结构调整。以化学工业为例，20 世纪 70 年代初期德国企业开始在发展中国家大规模直接投资，建立基础化工产品生产基地，以减少国内对原料依赖型基础化工产品的生产。同时，在发达国家建立高档化工产品生产基地，以此实现化工产业在全球市场的重新整合，获得了很好的规模效应和范围经济，推动了德国化学工业的结构性调整。其结果是德国的化工企业不仅在世界其他地方开辟了新的市场，还维持了德国的化学工业在世界的领先地位。

进入 20 世纪 80 年代，德国企业在政府的鼓励下开始大力推进战略资产寻求型 FDI。1980～1987 年期间，德国投向美国的 FDI 中，近 20% 用于兼并美国电子企业及引进美国先进的电子生产技术。如 1984 年，西门子公司花费了近 5000 万德国马克兼并美国一家微电子公司，主要目的就是购买其尖端电子技术，以推动西门子电子技术的发展。90 年代以来，德国对第二产业的 FDI 主要集中在美国和西欧各国，其中 70% 以上流向了以获取战略资产为目的的高新技术行业。

4. 日本的 FDI 进程

同德国类似，日本也是在战后国内经济快速恢复和发展的过程中，逐渐开始了 FDI 活动。

20 世纪 50 年代初，日本的 FDI 开始慢慢兴起。这时的总体投资水平还比较低，投资动因也主要是为本国经济的重建和发展服务。20 世纪 50～60 年代，在以重化工业为优先发展部门的"雁行经济发展结构"下，日本一半以上的对外投资流向了发展中国家，主要集中在铁矿石、石油、煤矿等自然资源领域，为国内提供必需的原材料和能源。

20 世纪 70 年代后，日本高速增长的对外贸易使日本遭受了越来越多的贸易壁垒，为了绕开贸易壁垒，日本开始转向以寻求市场为主导的 FDI 活动，其中，日本的彩电行业和汽车行业表现得最为明显。1977 年，美国、日本彩电贸易摩擦加剧，美国迫使日本签订了维持出口市场秩序的"日美彩电协定"，约定未来 3 年日本对美彩电出口控制在每年 175 万台以内，该数字仅是 1976 年日本出口美国彩电总数的 60%。此后，几乎所有的日本彩电厂家都通过 FDI 的方式在美国本土进行彩电生产，几年时间内，日本厂家在美国本地生产的彩电数量就超过日本对美国的彩电出口数量。同样，为了规避汽车贸易摩擦，从 1982 年开始，丰田、日产、本田、马自达、三菱、富士重工等众多日本汽车公司相继在美国进行了投资生产，使得 80 年代日本对美整车出口持续下降，日本汽车厂家在美国本地生产的汽车数量迅速上升。

在日本企业开拓海外市场的同时，国内的产业结构也正在发生着调整。受 20 世纪 70 年代末期石油危机的影响，日本原材料进口成本大幅提升，高投入、高消耗、高污染的重化工业已显出其劣势，重化工企业开始大举转移到东南亚国家和地区。80 年代后，日本人口老龄化现象开始显现，加之"广场协议"后日元的剧烈升值，日本的劳动力老龄化与劳动力成本上升问题日趋严重。受此影响，失去了比较优势的电子、汽车等组装加工企业开始加快向欧美和东亚转移，通过利用东道国丰富的劳动力资源和自然资源就地生产与销售来提高效率，日本的制造业的主导产业也逐渐从劳动密集型的重化工业转向资本、知识密集型产业。

进入 20 世纪 90 年代以后，为巩固和进一步提升自身的市场地位，日本跨国公司加大了获取战略资产的 FDI 活动，兼并收购和设立 R&D 分支机构成为日本在欧美发达国家进行 FDI 活动的主要形式。同时，更为引人注目的是，日本在金融服务业方面的对外投资比重快速上升，90 年代初已占据了日本全部 FDI 40% 以上的份额。

1.3　发展中国家/地区 FDI 情况

发展中国家/地区的 FDI 最早可以追溯到第一次世界大战之前[①]，不过

---

① 1928 年，阿根廷的"美洲工业机械公司"在巴西建立了一个制造石油泵的子公司，该公司同时又在智利和乌拉圭开办了工厂，在纽约和伦敦设立了贸易办事处，这或可视为最早的来自发展中国家/地区的对外直接投资活动。

直到第二次世界大战结束之前，发展中国家/地区一直扮演着资本流入的角色，对外投资只是一种偶然的、个别的现象。"第二次世界大战"结束后，特别是进入20世纪60年代以来，一些发展中国家/地区的经济得到了快速发展，资本不断积累，企业开始逐渐尝试对外投资活动，如拉丁美洲的阿根廷、智利、巴西、墨西哥、委内瑞拉等国，亚洲的韩国、新加坡、中国香港、中国台湾、菲律宾和印度等国家/地区开始陆续向外直接投资①。70年代后期，中东石油输出国组织成员国的投资方式也逐渐从贷款向间接投资和直接投资方向转变。截至70年代末，已有41个发展中国家/地区的企业开展了对外直接投资活动，发展中国家/地区的跨国公司母公司总数达到了963家，国外子公司近万家，发展中国家/地区的FDI已经初具规模。此时，世界经济已经进入了由发达国家主导和发展中国家/地区积极参与的大规模资本跨境流动的新时代。

20世纪80年代后，来自发展中国家/地区跨国企业的国际化经营进入了更为迅速的扩张阶段，FDI流出量基本上呈逐年递增趋势，且增长速度高于发达国家，发展中国家/地区的FDI总额占全球对外直接投资总额之比，已由80年代初的1%左右提升到90年代末的8%以上。截至1999年末，发展中国家/地区对外直接投资的存量总额达到了4687亿美元，约占世界FDI存量总额的9.8%。进入2000年以后，发展中国家/地区依旧保持快速增长势头。21世纪前10年，发展中国家/地区FDI流量增长了近10倍，所占世界的流量份额也从2000年初的不足10%上升至20%以上。

从地域分布来看，东亚、东南亚和拉美及加勒比海地区是发展中国家/地区中最主要的FDI来源地，占到全部发展中国家/地区FDI流出量的近90%。从国家分布来看，发展中国家/地区FDI的来源国也较为集中，几个较发达的国家和地区占到了全部发展中国家/地区FDI的大部分份额。按FDI的流出存量计算，中国、韩国、新加坡、中国香港、中国台湾、马

---

① 1997年，中国香港、中国台湾、新加坡和韩国被国际货币基金组织认定列入发达国家/地区行列。但在学术类期刊书籍（特别是发展经济学研究）中，通常将它们归为"新兴工业经济体（Newly Industrial Economics，NIE）"予以研究。本章重点描述其FDI发展历程，故将其归为发展中国家/地区行列。

来西亚、印度、巴西、阿根廷和智利等国家或地区的 FDI 总量占到了全部发展中国家/地区 FDI 总量的 80% 以上。

在发展中国家/地区的对外投资中，绿地投资方式占到了 2/3 以上，投资主要流向发展中国家/地区，并且一半以上集中在邻近国家和地区。这些周边或邻近国家具有与母国相近的市场和文化，劳动力成本相对较低，适合投资一些规模小、见效快的项目，技术也易于针对当地的经济发展水平和市场特点进行调整，因此跨国公司更能发挥所有权优势[①]，投资风险也较小。如 20 世纪 80 年代，母国位于东南亚的制造业跨国公司共有 494 家国外子公司，其中有 428 家设在了东南亚地区；同期，母国位于拉美地区的 157 家制造业国外子公司中，有 118 家设在了拉美地区。但近些年来，随着经济的发展、企业竞争力的提高和对外投资实力的加强，发展中国家/地区的跨国公司在形成一定规模后，对外投资逐步向其他地区扩散，并且越来越多地采用跨国并购的投资方式，且并购投资中半数以上流向发达国家。

在产业分布方面，因各个国家或地区的经济发展模式、产业布局和资源禀赋等不尽相同，不同发展中国家/地区对外直接投资的侧重点有所不同。以亚洲为例，韩国、中国台湾的跨国公司主要在国外建立资本和技术密集型的生产体系，通过先进的技术、开发能力和工业基础，集中投资于电子、汽车、石化和炼油等行业；新加坡和中国香港的跨国公司主要投资于高附加值的服务行业，如贸易、金融、旅游等，同时辅以制造业投资；东盟国家的跨国公司主要投资于零件制造、资源开发和劳动密集型行业；中国和印度因其工业基础完善，对外直接投资对象呈现出多元化发展格局。

从国别的 FDI 发展历程来看，由于初始条件差异较大，各国在投资动因、流向和模式上普遍存在着较大差异。下面以代表新兴工业化国家的韩

---

① 所有权优势是指企业拥有或掌握某种财产权和无形资产的优势，包括专利、专有技术、管理技能、创新能力、企业规模、资金实力、获取和利用资源的能力，等等。当企业具有在相似文化环境中进行工作的能力，以及由于地理、文化、语言或其他方面而接近，对某些特定市场的偏好和特殊条件拥有更多的了解和掌握时，企业的所有权优势能够得到更加充分的发挥。

国和代表后进发展中大国的印度为例，对两国的对外直接投资历程进行梳理。

1. 韩国的 FDI 进程

韩国的经济起飞于 20 世纪 60 年代，经济的快速发展也带动了韩国对外投资活动的逐渐兴起。发展初期的韩国是一个自然资源匮乏而劳动力资源相对廉价丰富的国家，因此早期以发展劳动密集型产业为主。这一时期韩国政府和企业致力于吸引外国投资和国内建设，海外投资尚未形成规模，为数不多的投资多以建设经销、服务网点的形式存在，用于扩大本国产品的销售量。

到了 20 世纪 70 年代，韩国的经济和外汇储备得到了一定程度的发展和积累，投资活动也开始逐渐活跃。以当时韩国的科技发展水平而言，林业、水产业等产业主要依靠自然资源，而对技术、资金要求较低，因而成为了 FDI 的首选，韩国在东南亚和中东地区对此进行了大量投资。随后，受两次石油危机的影响，韩国企业在政府的政策引导下，将更多资金投入了自然资源领域，包括石油、天然气、矿石、木材、农产品等。截至 1986 年，仅在中东地区的投资就占到了韩国 FDI 总额的 43.9%。通过在海外建立原料生产基地和固定进口货源，韩国工业发展所需的能源和原材料等得到了有力保障。

20 世纪 80 年代后，进入滞胀的发达国家纷纷提高了市场的准入标准，增加了进口税率，以此来保护本国的工商业和制造业。贸易保护主义的抬头使得韩国出口贸易摩擦不断。到了 80 年代中期，韩国全部出口商品中受到限制的共有 87 类 167 种，占到了全部出口商品的 41.2%。为了规避贸易摩擦，韩国企业不得不把贸易转化为投资，通过在海外建厂生产来就地销售，或者向目标国"迂回出口"。例如，拉美地区向北美国家出口享有免税待遇，吸引了大批韩国企业前往投资；大洋洲国家享有英联邦之间的各项出口优惠政策，因而也为韩国企业所青睐。同时，韩国对北美洲和欧洲等发达国家/地区的投资力度也逐渐加大。

20 世纪 80 年代中后期以来，韩国对亚洲的投资也出现了大幅增长，投资金额从 1986 年的 410 万美元上升至 1996 年的 18.7 亿美元。韩国对亚洲的投资多以制造业为主，主要以产业转移和利用廉价劳动力优势为目的。此间，制造业投资在韩国 FDI 中的份额上升至 60% 以上，而对第一产业的投资规模基本上保持稳定。

进入 21 世纪后，在政府的相应政策支持和鼓励下，韩国企业的 FDI 呈现出了爆发式增长态势，投资总额从 2000 年初的 52.5 亿美元上升至 2008 年的 238.5 亿美元。在对外直接投资的结构性分布上，韩国企业逐渐增加了对服务、咨询、管理类等第三产业的投资。截至 2008 年，韩国企业在第三产业的海外投资在总投资额中的份额达到了 45%，和制造业基本持平。

2. 印度的 FDI 进程

印度的对外投资起步较早，自 20 世纪 50 年代末起，印度一些企业就已经开始了对外投资建厂活动。但是受国内政治和经济发展因素的制约，印度早期的投资活动发展极其缓慢，规模也非常有限①。直到 90 年代，在拉奥政府实施了对外投资自由化等政策的支持和鼓励下，印度的 FDI 才得到了快速的发展。进入 21 世纪后，印度对外投资加速发展，2008 年的 FDI 流量已达 194 亿美元，与 21 世纪初的 5.1 亿美元相比，增长了 38 倍；FDI 存量也由 2000 年的 18.6 亿美元迅速扩大到 2008 年的 633 亿美元。

早期出于对产品市场寻求的需要，印度的对外投资主要集中在制造业领域，如医疗设备、制药业、自动化、纺织业等行业，投资区域以周边国家为主。20 世纪 90 年代中后期，印度开始大力发展高新技术产业，特别是以软件业为代表的新兴信息服务业。凭借高新技术产业发展所积累的技术知识优势及其独特的语言优势，印度对欧美等发达国家的直接投资日益活跃，1996~2003 年，印度对发达国家的投资比重已高达 30% 以上，其中美国是最主要的目的国，占到了印度全部对外投资总额的 19%。90 年代末，印度的 FDI 存量中，60% 以上为非金融服务业，制造业占到了 30% 左右。

进入 21 世纪后，制药业在印度对外投资比重中逐渐占据首位，这使得

---

① 截至 1990 年，印度的对外直接投资存量仅为 1.2 亿美元。

制造业 FDI 存量快速上升至 50% 以上，而非金融服务业降至 40% 以下。与此同时，随着经济快速发展对能源的需求日益增加，印度开始加强对能源领域的投资，如 2001 年印度投资 17 亿美元，用于购买俄罗斯联邦石油天然气委员会在萨哈林油田的 20% 的股权；2003 年印度与伊朗达成协议，将投资开发伊朗境内已探明和正在勘探的天然气田；同年，印度国家石油天然气公司与阿塞拜疆国家石油公司共同组建合资企业，以参股的方式开采阿塞拜疆的石油资源。此时，印度已经形成了鲜明的以制药业和信息服务业等高新技术产业为主导、以能源开发为辅的投资格局。

第 2 章　对外直接投资效应

2.1　FDI 的母国效应

对外直接投资是企业在超国界范围内实现规模经济和区域经济、追求经济利益最大化的有效手段。伴随着各国对外投资活动的日益活跃和投资数量的大幅增加，FDI 给母国经济带来了显著的正效应。在微观层面上，这种正效应体现为跨国企业的发展壮大和经营状况改善。通过在全球范围内寻找投资机会，跨国企业从高增长经济体中获取新的发展动力，在更大范围和更高层次上实现资源配置，对产业链和战略资源进行整合优化，与此同时，发展成本也实现了全球分担。在宏观层面上，FDI 有助于母国的产业结构调整和经济增长，并对母国的对外贸易、国际收支和就业等方面带来积极影响。

2.1.1　微观效应

1. 分享全球收益

20 世纪 80 年代初，全球跨国公司的母公司数量为 11000 家，国外子公司 98000 家，年总产值约为 8000 亿美元，仅占到全球 GDP 的 7.5%。经过三十年的发展，到了 2010 年，全球跨国公司数量增长为 82000 家，其国外子公司共计 810000 家（2008 年数据），全球跨国公司在国内和国外创造的增值达到 16 万亿美元，约占全球 GDP 的四分之一，跨国公司国外子公司在全球的销售额和增值分别达到了 33 万亿美元和 7 万亿美元，出口额占全球出口总额的三分之一，总产值约占全球 GDP 的 10% 以上；跨国公司的海外雇员人数达到 7000 万人，比德国劳动力总数的两倍还要多。

由此可见，跨国公司的发展速度要远高于全球经济的发展。事实上，跨国公司在全球范围内开拓市场和配置资源的过程，也是分享全球收益的过程。从表2-1中可以看到，无论是整体的FDI收益水平，还是跨国公司境外子公司的经营绩效水平，其年均增长率都远高于发达国家的GDP增速，甚至也远高于经济增长更强劲的东道国的GDP增速。对外直接投资为跨国公司提供了在更加广阔的市场上发展的空间，特别是在90年代以来越来越多的国家加入世贸组织和开放本国市场的大背景下，跨国公司得到了前所未有的快速发展。

除了来自市场扩张的收益之外，一些迫切需要外资和技术发展本国经济的国家为了最大限度地吸引外商直接投资，提供了很多超国民待遇的优惠措施，如土地低价出让、税收优惠、政府补贴等，此外还包括加大基础设施建设和放松环境监管标准等隐性福利。这些都在一定程度上对跨国公司的快速发展起到了促进作用。

表2-1　　　FDI收益与跨国公司国际经营绩效（年均增长率 %）

年份	1986~1990	1991~1995	1996~2000	2005~2007	2010	2011	2012	2013	2014
FDI收益（按流入统计）	10.2	35.3	13.1	24.7	22.7	15.4	7.9	3.4	3.8
FDI收益（按流出统计）	18.7	20.2	10.2	20.7	21.8	15.0	-1.7	0.6	3.0
跨国公司境外子公司销售额	19.3	8.8	8.4	14.9	7.4	8.8	13.7	6.6	7.6
跨国公司境外子公司总产值	17	6.7	7.3	15.5	2.6	9.5	-1.1	6.4	4.2
跨国公司境外子公司总资产	17.7	13.7	19.3	20.8	0.9	8.6	7.8	7.6	7.2
跨国公司境外子公司出口额	21.7	8.4	3.9	14.5	23.9	17.4	1.5	2.9	1.5
跨国公司境外子公司雇员	5.3	5.5	11.5	14.4	6.7	8.1	0.4	2.8	5.3
东道国国内生产总值	9.4	5.9	1.3	9.4	8.9	10.3	9.9	-1.3	2.4

数据来源：《世界投资报告》2015。

2. 产业链控制

产业链描述的是厂商内部和厂商之间为生产最终交易的产品或服务所经历的增加价值的活动过程，涵盖了商品或服务在创造过程中所经历的从原材料到最终消费品的所有阶段。随着社会分工的细化，没有任何一种产品或服务可以由一家企业完全提供。企业所能获取的利润，不仅受制于其自身创造价值的能力，而且还受到上下游企业的制约。这种制约既包括上下游企业在合作中所提供的产品或服务的质量，同时也来自产业中供方与买方的议价能力。为了获取最大化的利润，企业的竞争战略目标必然会使自身处于产业链的最佳环节，能够通过自身的意愿来对上下游企业进行选择和施加影响①，通过这种纵向整合来获得更高的资源利用效率，在成本、质量和一致性要求等方面相对竞争对手形成竞争优势，从而提升整个产业链的价值创造能力和实现自身利益最大化。

跨国公司在全球化经营的过程中，将产业链的整合延伸到了更加广阔的市场。具有较强的资金和技术优势的跨国公司能够集中业务在产品的设计研发、管理服务、市场营销和品牌建设等产业链中的高增值环节，在整条产业链中占据高端优势。这种优势赋予了跨国公司整合处于低增值环节企业的能力。通过在全球范围内选择区位、获取资源和开拓市场，跨国公司可以有效优化产业链的生产经营布局与生产经营活动，使每一个环节都放在成本最低的国家或地区进行，通过降低成本使跨国公司在整体上形成竞争优势。在国际化的产业链体系中，跨国公司成为了产业链整合和控制的主要力量，在强化自身优势的同时，客观上有力地推动了专业化分工的进一步升级和深化。

以粮食产业为例，四大国际粮企即 ADM、邦吉、嘉吉、路易·达夫掌控着世界粮食贸易 80% 的份额，对粮食产业链形成了有力的控制。凭借转基因育种和新的培植技术优势与强大的资本实力，这些粮食巨头控制了上游的种子、化肥和农药等原料、中游生产加工、下游市场渠道与供应的各个环节，并操控着全球农产品的贸易、定价和检验标准。我国的粮食产业也受到了跨国公司的强烈冲击，以大豆产业为例，跨国公司通过收购和参股等形式先后掌控了我国 97 家大型油脂企业中的 64 家（2008 年数据），从而控制了大豆的压榨环节。通过大豆产业链中的加工企业，跨国公司就拥有了选择大豆进货渠道的权利，目前我国 90% 的大豆进口量掌控在跨国

---

① 施加影响的方式从是否获得所有权关系来看，可以分为直接控制和间接控制。获取所有权关系可以视为直接控制，跨国企业通过兼并或新建方式来直接控制相应公司的生产经营活动，或是对企业经营的关键性环节施加影响。未获取所有权关系，而是采取合约制造、订单农业、服务外包、特许经营等方式的跨国企业同相应的承接业务的公司之间往往存在间接控制关系。跨国公司在产业链核心环节的掌控能力决定了其所具有的间接控制能力的强弱。

公司手中。控制了原材料环节后，跨国公司也就控制了上游的种植业和下游的豆粕、饲料等环节，甚至在一定程度上对我国的家畜养殖业特别是生猪养殖业形成间接控制。除我国之外，拉美和非洲等地许多国家的粮食产业也都被跨国粮企实施着产业链控制，这为跨国粮企带来了丰厚的利润。

3. 资源整合

彭罗斯（Penrose）在1959年的《企业成长论》一书中，将企业定义为具有不同用途的生产性资源的有机集合体，企业的资源和能力是企业经济效益的基础。在此之后，学术界渐渐创造和发展出了企业的资源理论，其基本思想是：企业在本质上是构成其产品和业务背后的资源的独特集合体，企业的竞争优势来自于企业所拥有和控制的难以被模仿和交易的特殊资源和战略资产，这种特殊资源/战略资产应该是企业专属的、具有异质性的和难以模仿的稀缺资源，并且很可能具有持久性、不可完全流动或是组织导向等特征，从而保证企业的长期竞争优势。

从企业租金的角度来理解，企业所拥有的资源禀赋的属性决定了企业可以获取何种经济租金。当企业拥有稀缺性的资源禀赋，特别是有形的稀缺资源时，企业能够比禀赋差的企业获取更多的经济租金，也即"李嘉图租金"。当企业达到一定规模而具有垄断性的资源禀赋时，凭借规模优势和设计高昂的转移成本，企业能够获取垄断经济租金，也即"张伯伦租金"。当企业既不具有稀缺物质资源又不具有规模上的垄断优势时，企业还可在不确定性普遍存在的复杂经济环境中，凭借企业家的独特洞察力、风险偏好以及创新能力来获取超额租金，这种租金被称为"熊彼特租金"。

企业所具有的战略资源禀赋有两种来源：内生培养和外部获取。内生培养的战略资源通常根植于企业自身，其他企业难以通过模仿来获得，只能采取全部或部分外部获取的方式来为己所用，这就是企业的外部资源整合过程。当企业的内生性资源不足以支撑企业的进一步发展时，获取并整合外部资源，就成为企业继续发展壮大的必经之路。

跨国公司全球发展的自身定位要求其必须获得相对于当地企业的竞争优势，但跨国公司通常难以内生出当地化的战略资源，或者内生过程需要高昂的资金、人力和时间成本，从而需要在全球范围内获取和整合战略资源。通过在全球范围的行业内寻找具有异质性战略资源的公司，以兼并收购或结成联盟的形式将其纳入到自身的体系当中，消化吸收和合理配置，运用这些外部获取的独特资源来与公司内生资源形成协同效应，产生新的资源优势，从而取得相对于竞争者的长期超额利润。同时，超额利润会进一步增强跨国公司对战略资源的获取和整合能力，巩固自身的竞争优势。因此，对全球范围内战略资源的获取和整合可以看作是跨国公司全球扩张的起点和核心。

以汽车产业为例，在过去的二三十年间，全球汽车跨国巨头经历着广泛而深入的资源整合，兼并、控股、参股等重组活动时有发生，并逐步聚合形成了年产量在 400 万辆以上的六大跨国集团①，共同控制着全球 85% 以上的汽车产量，构成了全球汽车产业的寡头垄断格局。汽车行业跨国巨头的资源整合还深刻地影响到产业链上游产业，驱使汽车零部件供应商也进行了大规模的兼并重组。目前全球性的零部件供应商仅存 20 余家，其他零部件公司逐渐沦为全球供货商的地区性战略协作伙伴。资源整合改善了产业链的生态环境，使跨国公司处于产业链中的主导地位，跨国公司之间也得到了充分的资源共享和互补，产生出新的协同效应。以通用—菲亚特—铃木—富士重工—五十铃集团为例，通过拥有五十铃 49% 的股份，持有铃木、富士重工和菲亚特各 20% 的股份，通用与这些汽车制造企业结成了战略联盟。此后，富士重工开始以 Subaru 的品牌在日本销售由通用汽车在泰国制造的紧凑型货车，填补了富士重工在这一产品系列中的空白；菲亚特利用通用汽车在泰国的富余的装配能力，可以不通过建造新的厂房来装配其出口到亚太地区的阿尔法·罗密欧 156 型轿车；通用通过与菲亚特合作，分摊了通用开发和生产小型汽车零件的成本，并将产品成功打入南美与欧洲南部地区的市场，弥补了通用在小型车产品线上的不足；通用与铃木合作，仅用 5 个月的时间就开发出一款新型雪佛莱汽车，并利用铃木公司在日本的厂房进行生产组装，然后销往整个亚太地区……通过战略联

---

① 这六大跨国汽车集团是通用—菲亚特—铃木—富士重工—五十铃集团，福特—马自达—沃尔沃轿车集团，戴姆勒克莱斯勒—三菱集团，丰田—大发—日野集团，大众—斯堪尼亚集团，雷诺—日产—三星集团。

盟，跨国汽车公司可以获取联盟各方的资源优势，实现各自在品牌、销售渠道、技术开发和生产装配等战略资源的互补，促进彼此的发展。

4. 成本全球分担

发达国家跨国公司在进行全球化产业结构布局的过程中，会将产业链中具有高污染、高耗能、高耗水的"三高"产业或价值链低端产业转移到欠发达国家，从而使海外国家承担了跨国公司发展的资源成本、环境成本和劳动力成本。据统计，20世纪60年代以来，日本已将60%以上的高污染产业转移到了东南亚和拉美国家，美国也将40%左右的高污染产业转移到了其他国家（刘细良，2009）。欠发达国家受迫于发展经济的压力，通常无暇顾及本国的资源与环境保护，在承接来自跨国公司产业转移的同时，也承接了产业污染转移，在面对跨国公司掠夺性开发资源方面也具有很高的容忍度，这为跨国公司减轻了巨大的社会责任成本，从而增强了跨国公司的产品竞争力。这也是跨国公司进行全球扩张的一个重要推动力。

发展中国家在吸引外资的过程中，还通常会给予跨国企业超国民待遇，如税收优惠、免征一定年限内的土地使用费等。这也会给当地政府造成一定的成本分担。以我国为例，吸引 FDI 的重要举措之一是实行税收优惠政策。据统计，外资企业在我国的平均税负只有12%，而一般中资企业平均税负达到了24%，国有大中型企业的税负更是高达30%。以此估算，1992年至2003年间，我国从外资企业中累计少征收税收 18469.9 亿元（沈桂龙和于蕾，2005）。在成本分担的同时，超国民待遇也造成了外资企业与东道国国内企业的不平等竞争，削弱了国内企业的竞争能力，挤压了发展空间。

另外，当跨国公司在东道国经营失败或者母公司出于全球资源配置的调整而发生撤资行为时，东道国也会承担相应的成本。跨国公司在东道国投资后，通常会与东道国的企业建立起前向和后向的密切联系，一旦跨国公司收缩经营规模达到一定程度，就会对相关企业造成冲击。轻微的冲击可能会影响这些企业的生存与发展，并引发东道国本国劳动力的失业问题，严重的还会影响到东道国的产业发展。巴西汽车工业就曾因此而遭受致命打击。巴西的汽车工业以跨国公司为主导，外资依赖程度很高。随着21世纪初南美经济的衰落和制造业成本的提高，韩国大宇、日本大发、丰田、铃木等跨国汽车公司逐渐把投资重点从南美转移到了中国、印度和东南亚国家，菲亚特、雷诺和福特等欧美跨国汽车公司也在大规模裁减人员，导致巴西汽车行业的失业率大幅攀升；同时，撤资引发的连锁效应严重打乱了相关产业的秩序，使巴西汽车产业链上下游企业受到了巨大冲击，大量配套企业纷纷倒闭，给巴西汽车行业的发展造成了严重的消极影响。

2.1.2　宏观效应

1. 促进对外贸易发展

理论上认为，对外投资会通过出口引致、出口替代、进口转移和反向进口等效应来对投资母国的对外贸易产生影响，并且这种影响会随着产业类型、发展阶段以及经济环境的不同而呈现出不同的结果。一般而言，当对外投资流向自然资源的开发、获取或加工领域时，通常会增加母国的进出口贸易水平。当母国的制造业企业进行对外投资时，可能会对母国的出口（特别是制成品的出口）产生替代效应，但另一方面，东道国也可能会增加对投资母国中间产品、资本品以及各种服务的需求，从而在一定程度上扩大母国的出口规模。服务行业在全球范围内通常不存在垂直性的分工与协作，因此在对外投资时不会带来投资母国与东道国之间的垂直性贸易，而其与母公司之间的水平型分工与协作也几乎不会产生水平型贸易。从本质上来说，服务行业的"生产与消费难以分离"的行业特性使得投资与贸易之间联系有限。

从经济全球化的进程来看，在20世纪70年代各国新贸易保护主义盛行的时期，许多跨国公司纷纷采取了对外直接投资的方式来绕过贸易壁垒，直接在目标国投资设厂，进行本地贸易，对投资母国的对外贸易产生了明显的替代作用。80年代以后，随着世界经济的快速发展，贸易壁垒逐渐减少，此时的对外投资不再是简单的资本流动，而是包括了资本、技术、经营管理和人力资本的全要素流动。通过投资来挖掘东道国的产业比较优势，国际分工不断深化，投资国也逐渐通过产业转移和反向进口等方式来获得更大的经济利益。在这个过程中，对外投资与对外贸易之间更多表现为互补与互动关系。进入 90 年代，以信息化为主要推动力的社会生产力得到了巨大的发展，产业分工日益深化，导致产业关联和跨国公司内部贸易趋势愈加明显，各国产业结构形成了相互依存的整体性成长。在这种背景下，世界贸易和投资呈现出高度的一致性，主要表现为全球范围内对外投资规模与对外贸易水平的同步快速增长，二者在地理区域与产业分布上也具有高度的一致性，对外贸易的商品结构与对外直接投资的产业流向也相一致①。

2. 推动母国产业升级

产业升级对本国经济的可持续发展起着至关重要的作用。学术界对产业升级的描述和定义进行了丰富的探讨，归结起来主要包含两个层面的含义。一是从微观层面的产业和企业内部视角出发，考察企业竞争能力的提高以及企业在产业链中地位的变化。以此角度来定义，产业升级是指通过技术创新、技术进步、流程重组以及附加值创造等途径，使产业由低技术低附加值状态向高新技术高附加值状态演变的过程，资源配量效率在这个过程中得到提高。二是从宏观层面来考察产业间的结构性调整，将产业升级理解为产业结构从以劳动密集型产业为主逐级向以资金、技术、知识密集型产业为主演进。

如前文所述，英国、美国、德国、日本等发达国家大都经历了从资源开发和获取逐渐转向生产制造和服务业的 FDI 历程。伴随着这一过程，发达国家也逐步实现了国内的经济结构调整和产业升级。如：在资源寻求型 FDI 主导时期，通常伴随着母国产业的重工业化过程；在市场寻求型 FDI 主导时期，母国制造业的高加工度水平得到了提高；在效率寻求型 FDI 主导时期，会显著促进母国国内劳动生产率的提升；而战略资产寻求型 FDI 则与母国国内制造业的高技术化进程密切相关（赵伟和江东，2010）。

---

① 对外贸易的商品结构逐渐以制成品和高新技术产品为主，第一产业出口份额持续下降，与之对应的是，投资方式开始从产业结构转换和资源开发导向转为战略资源整合、技术创新和产业国际转移导向。

从企业的微观视角来看，对外直接投资与母国产业升级之间存在着内在的逻辑关联。在资源寻求型 FDI 时期，企业为了获得所需关键性自然资源的有保障供应而进行对外投资活动，为国内重工业的发展提供了必需的生产要素，特别是对自然资源匮乏或者实行资源保护政策的国家，低成本、稳定地获取自然资源成为本国发展工业化特别是重工业化的必要条件。

在市场寻求型 FDI 时期，一国制造业往往积聚了充足的生产能力，国内市场也趋于饱和，迫使企业寻求国外市场来消化产能和维持竞争优势。在绕开出口障碍、节省跨国运输费用，以及控制与获取国外市场等动机的支配下，企业通常会采取在东道国建立生产制造、产品分销或售后服务子公司等直接投资方式。这使得国内制造业的生产能力也随之向国外转移，客观上会将国内该市场上处于饱和状态的生产要素释放出来，转入技术水平和附加值更高的行业，从而推动本国的产业升级。

在效率寻求型 FDI 时期，企业试图通过在国外建立子公司实现跨国界的横向一体化或垂直一体化，以此获得规模经济效益或范围经济效益。通过 FDI 的方式在全球范围内组织生产资料，进行劳动和专业化生产的重新划分，并将生产环节中高成本、低效益、重污染和劳动密集部分转移到国外，有助于国内产业的效率提高和转型升级。

在战略资产寻求型 FDI 时期，企业利用投资建立子公司、与竞争对手合作成立合资公司或者并购等方式来获得国外的关键性要素或无形资产，以保持和扩展自身竞争优势。通过全球化的资源配置，企业可以获取最大限度的成本控制方式，此时，技术进步就成为进一步提高生产率和提升竞争力的关键因素。为此，跨国公司更加注重通过战略性 FDI 来加大研发投入和获取逆向技术溢出效应，进而驱动母国产业结构向知识、技术密集型转变。

3. 一定条件下改善母国就业状况

FDI 还可对母国的就业产生直接或间接的影响。从已有的研究结果来看，FDI 对母国就业的影响是复杂的，在不同的投资动因、产业选择和投资区位等条件下，FDI 可能给母国就业带来积极的促进效应，但也可能带来消极的替代效应。

FDI 对母国就业的促进效应是指 FDI 通过增加新的生产能力，直接为母国创造就业机会，或者通过带动产业链上下游及相关产业的发展，间接创造就业机会。在防御性 FDI 活动①中，对就业所产生的直接促进效应最为明显。例如，在境外新建企业或者承接项目，会增加对母国的资本设备、中间产品或辅助产品等方面的需求，同时国外生产过程中也需要更多的服务于总部的管理和研发人员。对新加坡的 FDI 研究发现，随着对外直接投资的开展，公司内部的劳动分工会进行重新配置，从国内生产型向技术密集型和管理密集型方向转变，因此科技人员的就业增长从 FDI 中受益最多，其次为管理人员和体力劳动者（戴翔，2006）。除了直接促进效应之外，FDI 还可以通过促进对外贸易、促进经济增长、获取先进技术、调整产业结构、加速市场化进程等方式，在增加国民收入总量中间接创造就业机会。

FDI 对母国就业的替代效应主要指对外直接投资企业将部分甚至全部资源投资到东道国后，减少了母国的投资机会或是在重组过程中精简国内人员而导致的就业机会损失。特别是在母国资本资源有限、资金流出过程中也没有出口增加或进口减少来弥补的情况下，FDI 对母国就业的替代效应会更加明显。相关研究发现，当 FDI 的国外子公司与母国出口存在替代关系时，虽然短期内子公司会带动母公司出口和人员结构调整，从而促进母国就业；但长期而言，子公司逐渐积累了丰富的海外生产经营经验和市场拓展能力后，依靠成本优势和市场区位优势，对母国出口的替代效应会不断增强，从而影响母国的就业（Stevenson，1996）。

实际上，FDI 可能对母国就业同时具有促进效应和替代效应。从产业选择的角度来看，替代效应可能更多发生在传统工业部门，而促进效应主要发生在新兴产业部门和第三产业部门。Blomstrom 和 Lipsey（1997）通过对美国和瑞典的比较研究发现，美国跨国公司更多地将劳动密集型生产环节转移至低收入国家，而更多地将资本、技术密集型生产环节留在国内，

---

① 如企业为了开发和获取国内稀缺的资源或是为了绕过对外贸易壁垒而被迫采取的对外投资行为。

从而造成了国内的高失业率；而瑞典跨国公司较少将劳动密集型生产配置于低收入国家，在源自对海外生产监督的需求以及服务于海外生产的辅助性就业的带动下，母国的就业状况随着海外生产的增加而得到了改善。张海波（2010）对东亚 6 个新兴经济体的研究也得到相似的结论，研究发现对外直接投资对商贸业就业具有促进效应，对制造业（新加坡除外）和建筑业（中国除外）就业具有替代效应，对金融业（菲律宾除外）就业具有促进效应。

除了就业规模外，FDI 还会对母国的就业结构产生影响。FDI 在获取资源和利润的同时，也将带回新的技术、管理和市场渠道。新的资本、技术、管理等要素资源与国内劳动力要素相结合，能够有效促进产业结构的优化，带动劳动力的转移，有利于提高整体劳动生产率水平，对劳动力就业结构产生重要影响。一种可能的路径是，随着产业结构的演进，原有产业的技术更新和工艺进步在吸纳素质较高的劳动者的同时，会对低水平劳动力产生排挤现象；劳动生产力的提高也会催生一些新兴产业部门，对具有新技能的劳动力产生需求。这个过程中可能出现的结构性失业，即低素质劳动力失业和需要高素质劳动力的职位大量空缺并存，在客观上可以促进劳动力结构的优化和升级。

2.2　FDI 的东道国效应

世界范围内 FDI 规模的快速增长，既有源自 FDI 母国和跨国企业的内在驱动，也有来自于东道国自身的经济增长需要。FDI 流入所带来的资本、知识和技术，以及对贸易和产业结构的影响，给东道国的经济注入了新的增长动力，这是众多发展中国家大力引进 FDI 的根本原因。

1. 资本效应

资本是影响一国经济增长的决定性要素，因资本积累不足而导致的"贫困的恶性循环"① 是阻碍不发达国家经济增长的主要因素。FDI 流入能

---

① Nurkse（1953）在其著作《不发达国家的资本形成》中提出，发展中国家长期贫困的根本原因在于经济中存在着阻碍资本形成进而难以提高产出和居民收入的恶性循环。

够带来东道国发展所需的资本，并通过间接资本效应改善东道国的投融资环境，帮助东道国跨过"低增长陷阱"的门槛①，进入经济增长的良性轨道。

（1）直接资本效应

发展中国家在发展本国经济的过程中，最常遇到的就是资本欠缺的问题，特别是储蓄和外汇同时存在缺口的国家，经济发展时常陷入困境。对此问题，Chenery 和 Strout（1966）提出了双缺口理论，认为东道国在国内储蓄和外汇方面存在不足、难以实现经济发展目标时，可以利用外资来有效弥补经济发展所需的资本，以此促进经济增长和结构转换。在此基础上，Todaro（1991）进一步提出，FDI 不仅可以弥补储蓄和外汇缺口，还可弥补税收缺口以及东道国在技术管理等方面的不足。除了提供东道国发展所必需的资金外，FDI 进入所带来的资本还可以带动东道国的其他生产要素进行结构性配置，实现要素比例的优化调整，进而提高生产率。与此同时，FDI 还可促进储蓄向投资的转化，产生资本形成效应，激发东道国的自有资金向具有更高生产率的产业链进行供给和配置，加速其向更高的产业结构演进。在该理论的指引下，很多国家特别是资本欠缺的国家都采取了相应措施促进本国经济发展，而大量以此为样本的实证研究也普遍得到了支撑性结论②。

（2）间接资本效应

FDI 流入除了具有注入资本和促进资本形成的效用之外，还可通过间接资本效应来改善东道国的投融资环境。一方面，投资环境和金融服务质量是 FDI 进行区位选择的重要因素，为了吸引 FDI 流入，发展中东道国具有主动改善金融管理方式和提高金融服务质量的动机，从而营造出更为开放、自由和市场化的金融监管环境。另一方面，FDI 还可产生信号作用，

---

① Nelson（1956）在其论文《不发达国家的一种低水平均衡陷阱》中指出，发展中国家人口的过快增长是阻碍人均收入迅速提高的"陷阱"，必须进行大规模的资本投资，使投资和产出的增长超过人口的增长，才能冲出"陷阱"，实现人均收入的大幅度提高和经济增长。

② 如 Marwah 和 Tavakoli（2004）对东亚国家的研究、Kohpaiboon（2003）对泰国的研究、Barry 和 Kearney（2006）对爱尔兰的研究、周春应和王波（2006）与荣岩（2010）对中国的研究等。

以此改善信息不对称环境下东道国私营企业的融资渠道。在东道国欠发达的金融环境下，信贷双方通常面临严重的信息不对称，迫使资本向具有明显信息优势的大型国有企业或有国家支持的企业集中，而大量私营企业的投资价值难以被发现。在这种情况下，有能力的当地私营企业通过与具有资金、技术和管理经验等优势并享受东道国优惠政策的 FDI 企业进行合作，来向资本方发出信号，以此改善信息不对称造成的融资约束①。

2. 技术溢出效应

新经济增长理论认为，在要素报酬递减和要素增长减缓的约束下，仅仅依靠要素投入促进经济增长存在低效率，当经济进入更高增长层次时，必须倚重技术进步来提高资源利用效率。跨国公司在将资本投向海外市场时，为了在与当地企业竞争中保持优势，往往也随之引入母公司的先进技术，同时利用母公司全球化的技术资源网络为 FDI 提供技术支持，从而使得先进技术通过企业内部扩散的形式实现了地域上的转移（Blomstrom 和 Kokko，1997）。因此，对于知识技术欠缺的东道国来说，FDI 所带来的技术溢出效应往往能够带动当地技术水平的提升，为其经济发展起到促进作用。技术溢出的发生通常有以下三种形式：

（1）当地企业的学习和模仿

FDI 可产生示范效应。东道国企业通过与使用先进生产技术的跨国公司进行技术接触，有机会学习和模仿国外的先进技术、新产品、生产与管理流程等，并进行当地化改造，以提高自身的技术水平。与此同时，人力资本的流动也为先进知识技术的扩散提供了载体。尽管跨国公司会从母国带来部分管理人员，但通常也会在东道国培养大量能够熟练掌握其从母公司输入的先进技术和设备、并具有相应经营理念和管理知识的人才，由此形成的人力资本在未来的流动中会将这些先进知识和技术带给当地企业。

---

① 在近期实证研究中，Hericourt 和 Poncet（2007）对中国 1999～2002 年间 2200 个企业的数据分析发现，FDI 对国有企业的融资影响甚微，但对民营企业融资约束的放松作用显著；Guariglia 和 Poncet（2008）运用 1989～2003 年间中国 30 个省份的面板数据的经验分析表明，FDI 降低了资金供给扭曲的成本，并提供资金给那些由于银行部门扭曲而造成借贷能力不足的公司。

（2）业务关联效应

跨国公司在东道国进行生产经营活动时，必然要和当地的上下游企业发生产品和业务上的往来，这种前后向的关联关系促使跨国公司的先进知识和技术在产业链上产生垂直型的外溢。垂直型技术溢出既可以提高当地中间产品供应商的技术水平，使跨国企业的原材料供应和成本状况得到改善，又可使当地下游企业通过使用跨国公司供应的高质量的中间投入品而受益，因此这种共赢性的技术溢出更易发生（Javorcik，2004）。在跨国公司与当地上游企业的关联中，为了提高上游企业提供产品的质量，跨国企业往往会向其提供技术和信息上的支持，提供技术标准、高质量原材料和多样化的市场化策略指导；在跨国公司与当地下游企业的关联中，跨国公司高技术的中间产品或服务会提高下游企业的生产效率，同时下游企业在面对提供同类产品的当地供货商时，也会根据对两种产品的比较为当地供货商提供跨国公司的某些技术标准和技术参数等重要改进性意见，间接促进当地供货商的技术改进。

（3）研发当地化

东道国廉价的人力和科技资源、优惠的政策、当地高校的支持以及更加贴近市场等诸多有利因素，吸引跨国公司越来越多地采取在当地进行研发活动①。跨国公司在东道国的研发机构通常会雇佣本地科技人员，并提供资金、培训和优越的科研环境等配套资源，使当地研发人员可以直接接触和掌握先进知识和技术。此外，跨国公司还会采取与当地科研机构合作或向当地科研机构转包研发任务等方式开展研发活动，为跨国公司与当地的技术交流提供了平台。研发当地化为东道国直接注入了外部的科技资源，提高了当地的研发能力，有助于当地企业应用先进的知识和技术实现跨越式发展。

在对一些国家的实证研究中，FDI 的技术溢出效应得到有力的支持，

---

① 《世界投资报告》（2005）数据显示，1993～2002 年十年间，跨国公司在东道国的研发投入从 290 亿美元增长到 670 亿美元，所占全球商业研发总支出的份额从 10% 上升至 16%。

但同时也存在着许多不明确甚至相反的研究结论①。究其原因，应该说 FDI 只是为发展中国家接触先进技术实现经济增长和技术进步提供了良好的契机，但是技术溢出效应能否发生还取决于东道国的政策、环境、人力资本状况和产业水平等诸多因素的影响，如果客观条件得不到满足，技术溢出效应不仅不会出现，反而可能会引致负效应（Lipsey，2002）。特别是在人力资本方面，只有当东道国有比较快的人力资本积累相配合时，FDI 的技术溢出效应才更易发生（代谦和别朝霞，2006）。

---

① 如，Altomonte 和 Resmini（2001）对波兰的研究、Javorcik（2004）对立陶宛的研究、Sinani 和 Meyer（2004）对爱沙尼亚的研究、Thuy（2005）对越南的研究、Hamida 和 Gugler（2009）对瑞士的研究、Perrot 和 Filippov（2010）对中国和印度的研究等，都得出了正向的结论；而在对 OECD 国家（Lichtenberg 和 Pottelsberghe，1996）、捷克（Djankov 等，2000）、比利时和罗马尼亚（Angelucci 等，2001）、英国（Haskel 等，2002）等较为发达的经济体的研究中，FDI 的技术溢出效应却并不显著，甚至为负。

第3章 中国企业"走出去"：
提供全球公共产品

3.1 来自发展中国家的诉求

2011年5月，第四届联合国最不发达国家会议在土耳其的最大城市伊斯坦布尔召开。联合国秘书长潘基文和一些国家领导人提出，要转变观念，加大投入，帮助世界上最贫穷的48个国家消除贫困，并为它们融入世界经济奠定良好的基础。潘基文在开幕式上说："我们不能只看最不发达国家的贫困和薄弱，我们应该认识到这些国家具有尚未开发的巨大潜力和巨大宝库。世界新兴市场经济体需要资源和市场，最不发达国家可以提供资源和市场，它们是企业和商业界鲜有触及的广阔天地。去这些贫穷国家投资，不是行善而是机遇，这也有助于世界经济的复苏和可持续稳定发展。"①

联合国从1981年开始，每10年组织召开一次最不发达国家问题会议，呼吁国际社会为最不发达国家提供经济支持和援助。然而，三十多年过去了，贫穷国家的境况并没有得到改善，而是继续深陷到更加严重的经济发展困境当中。1960~1980年，拉美国家的年人均收入增长率为3.1%；而在1980~2000年，拉美国家的年人均收入增长率急剧下滑，仅为0.7%；到了2000~2005年，拉美国家年人均收入的增长率继续下滑至0.6%。与此同时，拉美和加勒比地区的贫困率从1980年的40%上升到了1990年的48%，直到25年后的2005年，贫困率才重新降到40%。同样是20世纪80年代以后，非洲国家也面临持续的发展困境，而且问题比拉美国家更为

---

① 陈铭：《联合国最不发达国家会议提出转变观念帮助穷国》，载于新华网，http://news.xinhuanet.com/world/2011-05/10/c_121396324.htm。

严重。尽管非洲人口占到世界人口的 10%，但非洲在世界国民生产总值中的比例由 1980 年的 2.3% 下降到目前的 1%。20 世纪 80 年代，撒哈拉以南非洲地区的年人均收入不仅没有增长，反而以每年下降 1.2% 的速度发生倒退；到了 90 年代，该地区居民年人均收入的增长率也仅为 0.2%；2000～2003 年，该地区的年人均收入增幅提高到了 0.5%，但即便如此，如果非洲国家继续保持这个速度增长到 2020 年，其年人均收入还是低于 1980 年的水平（黄琪轩，2011）。

据联合国提供的数字，全球最不发达国家的数量已从 1971 年的 25 个增加到了 2016 年的 48 个，其中非洲占了 34 个。这些国家共有 8.8 亿人口，占世界总人口的 12%，但是经济收入不足世界经济总收入的 2%，国际贸易额占世界贸易总额不足 1%①，FDI 流入不足世界直接投资总额的 2%②。这些国家的经济和社会发展处于极其脆弱的境况，经济发展停滞不前，居民生活极度贫困，平均每人每天的生活费不足 1 美元。与之相比，全球财富正加速向最富裕国家流入。全球最富裕国家人均实际收入与最贫穷国家相比，已经从 1800 年的 3∶1，1900 年的 10∶1 上升到 2000 年的 60∶1（秦萱，2010）。进入 2000 年之后，世界人口超过了 60 亿人，全球经济总产值超过 30 万亿美元，其中发达国家的人口占世界人口的 14.9%，GDP 却占到了全球 GDP 的 79.1%，人均 GDP 高达 3.5 万美元；而占世界人口的 40.6% 的最不发达国家 GDP 仅占全球 GDP 的 3.4%，人均 GDP 仅 200 美元。贫富国家之间的差距从 1960 年的 30 倍，扩大到了 20 世纪末的 74 倍（王东，2007）。

除了经济收入严重不足之外，贫穷国家的实际生活质量也十分低下，预期寿命、人均摄取热量、入学率、识字率等指标都处于极低水平③。长期的贫困和落后使社会秩序难以建立，进而导致地区动荡乃至战乱不断，并成为世界恐怖主义滋生的温床。20 世纪 50 年代，卷入内战的国家仅占

---

① 常驻日内瓦联合国代表团经贸处：《联合国召开会议评估最不发达国家过去五年取得的进步》，载于商务部网站。

② 数据来自联合国贸发组织《2015 年最不发达国家报告》。

③ 例如，最不发达国家的人均寿命只有 50 岁，43% 以上的人口缺少饮水，50% 的居民是文盲，40% 的 5 岁以下儿童发育不良。

到世界国家总数的 5% 左右，到了 1990 年，这个比例接近 20%，且经济越不发达，受内战的困扰越严重。1995 年以后，卷入内战的非洲国家数量还在迅速上升。与此同时，世界重大恐怖袭击事件的数量也显著上升。在 1982 年，全世界发生了 20 余起重大恐怖袭击事件，到了 2004 年，重大恐怖袭击事件上升到了 650 余起，短短二十几年间，重大恐怖袭击事件的数量增长了 30 多倍。①

贫困、内战与经济发展的极端落后互相交织，使得不发达国家和地区陷入持续恶化的生存状况当中；而全球范围内贫富分化的日益加剧，也使整个世界的经济和社会基础难以稳固。作为社会秩序缺失的主要原因，贫困和落后无疑是不发达国家迫切需要解决的问题，而促进经济发展和改善人民生活质量自然成为了不发达国家改变现状的唯一途径。多年以来，富裕国家对不发达国家大多采取的是经济援助的形式，但在接近 60 年的援助过程中，富裕国家仍然没有办法确保它们的援助能够切实有效地促进这些国家的经济发展和减少贫困（Roger，2007）。相对而言，通过直接投资的方式来带动不发达国家的经济发展和参与全球经济则显现出了更好的成效。正如联合国贸发会议秘书长代表、战略规划与协调司司长 Taffere Tes-fachew 所说，最不发达国家必须依赖外在资源才能获得发展，尽管一些官方援助可以帮助它们缩小与其他国家的差距，但是外国直接投资对于带动其发展更显重要②。

对于一个经济基础薄弱的贫穷国家来说，如何筹措足够的初始资本，是实现经济起飞必须面对的首要难题，也即发展经济学中的"资本形成"问题。"资本形成"是经济发展和建立工业化的关键性前提条件，在早期的发展经济学论著中尤其受到重视。如在哈罗德 - 多马模型中，资本形成率（储蓄率）是决定经济增长率的唯一因素；在纳克斯的"贫困的恶性循环"理论中，资本稀缺是发展中国家经济贫困的直接原因和必然结果；而罗斯托更是把 10% 以上的储蓄或投资占国民收入之比看作是实现经济起飞的基础和先决条件。当然，上述理论只重视物质资本的形成，存在片面

---

① 黄琪轩：《2005 年度全球恐怖主义形势报告》，美国国务院网站，2011。
② 在 2009 年中国对外投资合作洽谈会上的发言。

性，与战后一些国家的经济发展事实也不相符，但物质资本形成仍然是经济发展的一个至关重要的必要条件，而千方百计地筹措资本并节约使用稀缺资本，也仍然是众多发展中国家长期面对的难题。20 世纪 70 年代以后，人们逐渐将关注点扩展到物质资本以外的政治制度、社会文化、科技进步和人力资本等其他先决条件，特别是技术的进步和人力资本的积累，已经成为物资资本之外最重要的经济增长源泉。现代经济增长理论认为，经济增长大体上分为三个阶段，第一个阶段的增长动力主要来自资本积累，第二个阶段更大程度上取决于对先进技术的模仿，而当经济发展到更高的第三阶段后，增长主要依靠自主创新。贫困国家在经济发展的起飞阶段，通过资本的积累以及隐含在机器设备和劳动者技能中的技术进步，可以获得增长率远高于发达国家的后发优势。因此，对于贫困国家来说，获取必要的初始资本，并对初始资本进行有效配置，使之能够与技术的进步和人力资本的积累相协同，是经济起飞的关键所在。在此基础上，结合前文所述中 FDI 对东道国所具有的资本效应和技术溢出效应，便可更好地理解发展中国家特别是贫困国家对 FDI 的渴望。

令人遗憾的是，在全球经济持续增长和全球化进程不断深入的大背景下，世界上贫困国家的境况反而不断恶化。受初级产品价格下跌、发达国家贸易壁垒以及当今高新技术迅猛发展的影响，贫困国家与世界经济的发展背道而驰，与发达国家的贫富差距也越拉越大。而发达国家在此过程中，却未能发挥应有的作用。据联合国贸易与发展组织的统计，自 20 世纪 70 年代末以来，流入最不发达国家的 FDI 与世界 FDI 总量之比快速下降，并在之后的二十余年时间里始终处于不足 1% 的较低水平（参见图 3 - 1）。特别是自 90 年代以来，发达国家对最不发达国家的援助和投资不仅未见增加，反而不断减少，使得最不发达国家在外来援助和投资减少的打击下，经济变得愈加困难。与此相伴随的是，贫穷国家与工业发达国家在知识技术方面的差距被不断拉大。联合国工业发展组织发布的报告指出，由于工业发达国家在快速地推进知识和技术的开发与应用，穷国要跟上发达国家的发展步伐正在变得越来越困难，知识技术方面的差距已经成为穷国贫困的主要原因。由此可见，在当今和平与发展的时代主题之下，通过吸收更多来自资本和技术具有优势的经济体的直接投资，来带动本国经济发展和摆脱贫困，已经成为发展中国家特别是贫穷国家最主要的诉求。

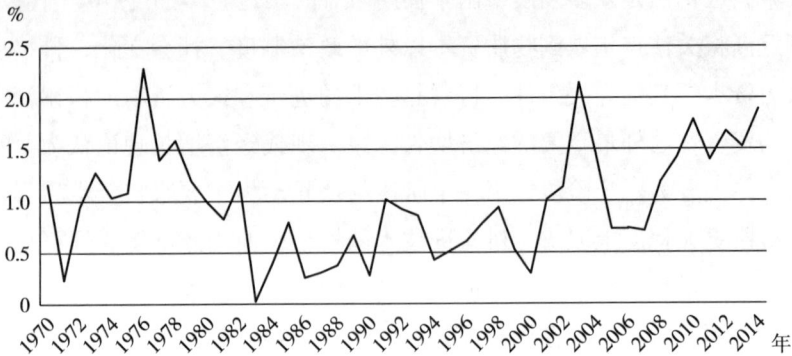

数据来源：UNCTAD，UNCTADstat 数据库。

图 3 - 1　流入最不发达国家的 FDI 与世界 FDI 之比

3.2　中国作为最大发展中国家的责任和义务

3.2.1　中国的主观意愿

20 世纪以来的世界历史是发展中国家争取实现民族独立和复兴的历史，数十亿人民从国际体系的底层和边缘逐步迈向世界舞台的中心，彰显自身对于世界发展的价值与意义。在这一历史进程中，中国作为最大的发展中国家，不仅自身经历着伟大的复兴，同时对广大发展中国家也具有某种特殊的历史意义。回顾新中国成立 60 多年来中国的外交历程不难看出，中国始终把维护发展中国家的利益作为最基本的外交战略，加以贯彻和执行。

改革开放之前的三十年，是中国摆脱美苏钳制、争取独立自主的 30 年，同时也是发展中国家完成非殖民化进程、实现民族独立的 30 年，也是发展中国家通过亚非会议、不结盟运动、77 国集团等方式团结合作，发展成为一支重要国际力量的 30 年。在此期间，中国对发展中国家国际地位的认识不断深入和提高，形成了"三个世界"理论，并以此为指导，对发展中国家的民族解放事业和建立国际新秩序的斗争给予了大力支持，得到了广大发展中国家的认同。借助第三世界的整体力量，中国彰显了自己的国际地位与影响，同时也通过自身的发展和外交影响，增强了第三世界在国际斗争中的整体力量，让西方世界不得不重新思考它们与第三世界的关系。中国与发展中国家关系的良性互动和全面发展，显著推动了发展中国家的整体复兴进程。

在经济领域，中国对发展中国家给予了大量无偿经济援助。从 20 世纪 50 年代至 70 年代中期，中国对外援助数额保持连续增长，特别是在 70 年代前半期，中国的外援占到同时期国家财政支出的 5.88%，其中 1973 年高达国家财政支出的 6.92%。1970 ~ 1978 年，中国共帮助 37 个国家建成 470 个项目，超过前 16 年（1955 ~ 1970 年）建成项目的总和。非洲是当时中国对外援助的重点，在 1956 ~ 1977 年间，中国向 36 个非洲国家提供了超过 24 亿美元的经济援助，占中国对外援助总额（42 亿美元）的 58%（刘中民，2009）。

改革开放后的 30 年，随着国际政治经济格局的变迁，中国的外交政策发生了重大调整。在继续巩固与发展中国家传统友谊与团结合作的同时，中国与发展中国家开展南南合作的战略基础逐步由反帝、反殖、反霸斗争中的相互支持，转向了对和平与发展事业的共同追求。传统意义上的理想主义、国际主义和意识形态色彩都有了明显淡化，各方的合作日益体现出务实、平等和互惠的特征。期间，中国确立了全方位的独立自主和平外交政策，同发展中国家的关系得到了全面的发展。据统计，在反映发展中国家利益的联合国大会投票中，中国与第三世界一致率从 1971 ~ 1976 年的 58.5% 上升至 1984 ~ 1987 年的 84.5%（Boulder，1989）。

经济方面，随着对"和平与发展"时代主题的认识，"平等互利、形式多样、讲求实效、共同发展"成为中国与发展中国家经济合作关系的基本方针。从 1983 年开始，中国与发展中国家逐步转向互利共赢和共同发展的新型经济关系，开始开展多种形式的经济技术合作，如承包工程、劳务合作、管理合作、资源能源开发、基础设施建设、大型项目合作、联合投资、自由贸易区建设等。与此同时，中国继续重视对发展中国家的经济援助。截至 2005 年底，中国已向 110 多个发展中国家和区域组织提供过援助，承担各类项目达 2000 多个；减免了亚洲、非洲、美洲和大洋洲地区 44 个发展中国家的 198 笔价值约 166 亿元人民币的对华到期债务，并通过双边渠道，免除或以其他处理方式消除所有同中国有外交关系的重债穷国 2004 年底前对华到期未还的全部无息和低息政府贷款；给予所有同中国建交的 39 个最不发达国家部分商品零关税待遇，还提供大量的物资和少量的现汇援助；同时承诺在今后三年内向发展中国家提供 100 亿美元优惠贷款及优惠出口买方信贷，用于帮助发展中国家加强基础设施建设，推动双方企业开展合资合作，并为发展中国家培训培养 3 万名各类人才，帮助有关国家加快人才培养。[①]

进入 21 世纪以来，中国更加重视从战略高度开展对发展中国家的经济交流，探索双方经济合作的新形势。在 2004 年召开的全国对发展中国家经济外交工作会议上，时任国务院总理温家宝强调，"对发展中国家的经济外交工作要坚持'相互尊重、平等相待，以政促经、政经结合，互利互惠、共同发展，形式多样、注重实效'的指导原则"，并明确提出，"今后一个时期，中国要重点择优援建与发展中国家人民生活密切相关的标志性项目，提供紧急救灾援助，派遣医疗队，扩大人才培训规模；推动更多企业到发展中国家投资合作，扩大工程承包，拓展国际市场"。正是因为长期以来的发展中国家意识，使得中国对发展中国家的处境感同身受，帮助发展中国家特别是贫困国家发展经济和改善人民生活质量，始终是中国作为负责任的大国所一贯拥有的立场和意愿。

3.2.2　中国的经济发展具有示范作用

改革开放后三十多年的高速发展，为中国与发展中国家之间赋予了更多的历史意义，即中国渐进式的改革发展模式展现出了与"新自由主义"激进模式完全不同的价值理念，为发展中国家的经济增长提供了一种新的

[①]　中国国务院新闻办公室发布的《中国的和平发展道路白皮书》，http：//news. sina. com. cn/c/2005 – 12 – 22/10097773884s. shtml。

可能。

20 世纪 80 年代末，以"华盛顿共识"这一术语概况的"新自由主义"激进改革模式在美国政府及其控制的国际经济组织的大力支持下，首先在拉美发展中国家推广开来，并进而被视为有效推动经济发展的政策良方，被众多发展中国家和转型国家所采用。"华盛顿共识"包括 10 个方面的政策工具，其核心要义是快速推进经济自由化、私有化，在政府监管上实行非调控化，尽力减少政府在经济中扮演的角色和干预的程度，让市场在经济活动中发挥全面主导作用。以此为指导，许多发展中国家采取了激进的改革措施，但却深陷经济衰退的泥沼中，有些至今还没有完全走出衰退的阴影，特别是俄罗斯所采用的"休克疗法"，不仅摧毁了前苏联原有的经济基础和经济结构，还形成一种扭曲而畸形的经济社会形态。与此对比，中国没有遵循"华盛顿共识"的任何建议，而是根据自身国情探索出一条渐进式的改革道路：在积极维护国家安全和利益的前提下，通过主动创新和大胆试验来循序渐进地推动私有化和自由贸易；在借鉴市场经济政策的同时，注重保持和发挥政府的宏观管理能力和动员能力，正确处理发展、改革和稳定的关系。其中，创新和试验是中国渐进式改革的灵魂，强调解决问题应因事而异，灵活应对，不求统一标准（Ramo，2004）。

在这种模式下，中国经济取得了举世瞩目的成就。自 20 世纪 70 年代末开始实行改革开放政策以来的三十多年间，中国经济保持了持续的高速增长，GDP 年均增长率在 9% 以上，国内生产总值从 1978 年的 3650 亿元增长到 2015 年的 67.67 万亿元，一跃成为了全球第二大经济体，人民收入水平也有了大幅提高，人均国内生产总值从 381 元增长到 5 万元以上。在经济持续快速增长的同时，中国政府也在致力于推动经济和社会的全面发展，在大规模的扶贫政策的实施下，中国绝对贫困人数逐年递减，并成为第一个实现联合国千年发展目标使贫困人口比例减半的国家。按照中国政府 1992 年的扶贫标准，到 2010 年，中国贫困人口已稳定减少至 1000 万人以下；若以世界银行的每人每天消费 1 美元的标准衡量，1980 ~ 2008 年间中国的贫困人口已从 8 亿多人减少到 2 亿人以下。而与此同时，全世界尚有 1/5 的人口还处于贫困当中，并以每年 1000 万人的速度在增加。由此可见，无论是从脱贫人口数量还是从世界减贫现状来看，中国的减贫事业都不能不说是个奇迹。

　　中国的渐进式经济改革确立了外向型的经济增长方式，在此过程中，利用外资成为了中国经济增长的一个主要推动力。在过去三十多年里，中国累计吸收 FDI 超过 9000 亿美元，连续 19 年成为吸收外国直接投资最多的发展中国家，每年实际利用外资金额相对于固定资产投资的比例都保持在 10% 以上，有的年份甚至高达 17%。FDI 成为中国固定资产投资快速增长的一个重要来源，特别是在改革开放之初中国建设资金比较匮乏的条件下，利用外资有力地缓解了国内的资本形成困境。同时，FDI 也为中国的出口导向型经济结构奠定了基础。1986 年，外商投资企业的进出口额占全国进出口贸易总额比重仅为 4%，到了 2008 年，该比例上升到 60% 左右，其间中国经济的外贸依存度也从 20% 左右快速上升到 60% 以上。由此可见，进出口已然成为拉动中国经济增长的主要动力，而 FDI 正是推动中国外贸增长的主要因素。在促进经济增长的同时，FDI 也为中国创造了大量的就业机会，提高了人力资本水平[①]。因此，外资对中国经济改革和结构调整的重要意义，要远远大于中国所获得的外资数量。

　　作为世界上人口最多的和最大的发展中国家，中国卓有成效的渐进式改革道路取得了举世瞩目的成就，为广大发展中国家的经济发展和摆脱贫困起到了良好的示范作用，而多年来通过吸收 FDI 促进经济发展和产业结构调整，也为中国积累了丰富的利用外资的经验，并使中国企业快速具备了国际视野和投身国际市场参与国际分工的能力。因此，对广大发展中国家来说，中国的企业"走进去"，相比来自发达国家的跨国企业而言，可能更具有积极意义。实际上，中国与发展中国家特别是最不发达国家之间

---

　　① FDI 多分布在出口部门，可以吸收较多的剩余劳动力，对改善中国的就业情况起到积极的作用，相关实证研究也得到了支撑性结论，如沙文兵和陶爱萍（2007）利用 1979～2005 年数据研究 FDI 与中国就业增长之间的关系，认为 FDI 与就业量之间存在长期均衡关系，FDI 每增加 1%，长期来看会带动中国就业增加 0.13%。

在经济上具有很强的互补性，中国也已成为最不发达国家最重要的贸易伙伴①。随着次贷危机后全球经济的持续低迷和主要经济体的相继放缓，中国企业更应该肩负起时代的责任和义务，积极"走出去"、"走进去"，为发展中国家带去资本、技术和经验，在合作中实现共赢。

---

① 近十年来，中国对最不发达国家出口额和进口额分别扩大了9.2倍和14.7倍，而同期中国对世界的出口额和进口额仅扩大了5.9倍和5.7倍。截至2010年，欧盟、美国、中国三方总进口商品占最不发达国家出口比例达74.76%，其中欧美占比合计42.85%，而中国占比高达31.91%；在最不发达国家的进口商品中，来自美欧的商品占比合计为26.33%，而来自中国的商品占比为22.33%（张汉林和肖艳，2012）。

第4章 中国企业"走出去"：
推进供给侧结构性改革

4.1 "走出去"有助于缓解资源约束

能源与矿产资源是人类生产生活的物质基础，更是一国迈入工业化进程所不可或缺的重要基础原料。目前中国正处在工业化进程的中期，回顾过去的经济发展历程可以明显地看到，伴随着中国经济的高速增长，中国对能源和矿产资源的消耗量也在大幅上升。未来在中国工业化进程不断深入和经济规模持续扩张下，可以预见，中国对资源的需求量必将与日俱增。然而中国国内的能源与矿产资源储量和供给水平早已不足以支持中国目前的经济结构与增长模式，并将越来越严重地制约经济的可持续发展。

4.1.1 中国的能源和矿产资源储量情况

中国的能源消费结构以煤炭、石油和天然气为主，三者共同占到了一次能源消费的90%以上，其中煤炭消费占到了70%以上。从储量上看，中国是一个富煤贫油气国家。中国煤炭保有储量为1.02万亿吨，剩余可采储量为1145亿吨，在世界探明可采储量中位于美国和俄罗斯之后，居世界第3位。与煤炭相比，我国在油气储量上相对贫乏。2012年全国油气资源评价项目办公室的新一轮全国油气资源评价结果显示，中国石油地质资源量881亿吨，可采资源量233亿吨，勘探已进入中期；天然气地质资源量52万亿立方米，可采资源量32万亿立方米，勘探处于早期；煤层气地质资源量37万亿立方米，可采资源量11万亿立方米；油页岩折合成页岩油地质资源量476亿吨，可回收页岩油120亿吨；油砂油地质资源量60亿吨，可采资源量23亿吨。另据《BP世界能源统计年鉴》2016年的数据，中国的石油探明储量为 185 亿桶，占全球储量的 1.1%，全球排名第 14 位；天然气的探明储量为 3.8 万亿立方米，占全球储量的 2.1%，全球排名第 12 位；煤炭的探明储量为 1145 亿吨，占全球储量的 12.8%，全球排名第 3 位。从人均占有量来看，中国的煤炭人均占有量只接近于世界平均水平，相当于煤炭资源中等国家，而石油人均占有量仅为世界人均数的 11%，天然气人均占有量为世界人均数的 4%，能源贫乏程度可见一斑。

　　我国的地质条件复杂，疆域辽阔，这使得我国成为世界上矿产资源最丰富、矿种配套齐全的少数几个国家之一。据《2007 年中国国土资源公报》统计，我国现已发现 171 种矿产资源，查明资源储量的有 159 种，其中石油、天然气、煤、铀、地热等能源矿产 10 种；铁、锰、铜、铝、铅、锌等金属矿产 54 种；石墨、磷、硫、钾盐等非金属矿产 92 种；地下水、矿泉水等水气矿产 3 种。现有矿产地 1.8 万处，其中大中型矿产地 7000 余处。探明储量潜在价值居世界第 3 位。虽然我国的非能源矿产资源品种齐全，并且拥有钨、锑、锡、稀土等众多量丰质好的优势矿产，但同时也存在着严重的结构性短缺问题，一些矿产资源的后备储量不足，如铬、钾盐等处于严重短缺状态；一些关系到国计民生的支柱性矿产，如铁、锰、铜、锌、铝等，不仅储量不足，还存在着平均品位偏低、难选矿多、贫矿多等问题[①]，在不同程度上影响其开发和利用。从人均占有量来看，我国人均矿产资源仅为世界平均水平的 58%，除了钨和稀土等少数矿产外，其他主要矿产的人均占有量均低于世界人均水平，有些还不足世界人均水平的 1/3。

4.1.2　中国的能源和矿产资源消费情况

　　改革开放以来中国经济快速发展，GDP 翻了两番，与此相伴随的是能源消费量的不断增长，特别是近些年来，能源消费呈现出加速增长态势

---

　　① 如，中国的铁矿平均品位为 33%，富铁矿石储量仅占全国铁矿石储量的 2% 左右，而巴西、澳大利亚和印度等国铁矿石平均品位分别为 65%、62% 和 60%。中国铜矿平均品位为 0.87%，不及世界主要生产国矿石品位的 1/3，大型铜矿床仅占 2.7%；铝土矿储量中，98.4% 为难选冶的一水型铝土矿。

（见图 4-1）。1989～1999 年，中国能源消费仅从 9.64 亿吨标准煤增加到 12.2 亿吨标准煤，增幅约为 26%；1999～2009 年，中国能源年消费总量从 12.2 亿吨标准煤迅速增长到 31 亿吨标准煤，增幅达 154%。《BP 世界能源统计年鉴 2016》数据显示：2015 年中国依然是世界第一煤炭消费国，其煤炭消费量占全球消费总量的 50.0%；石油消费量仅次于美国，占全球消费总量的 12.9%；天然气的消费总量虽然不算最高，但增长幅度最大，近十年年均增幅达到 15%。从图 4-1 中可见，中国的石油消费已经远远超出了国内的产出水平，且消费增长速度明显快于产出增长；天然气消费在近些年的快速增长下，也已超出了国内的产出水平。中国国内的能源供给已经无法满足经济生活日益增长的需要，且缺口正在不断增大。按照中国当前拥有的不可再生自然资源储量和增长趋势测算，如果中国未来不可再生自然资源的可开采额依然保持现在的规模，那么预计煤炭资源可以满足中国未来 34.5 年的经济增长需要，天然气资源为 36.5 年，而石油仅为 13 年（Leung，2011）。

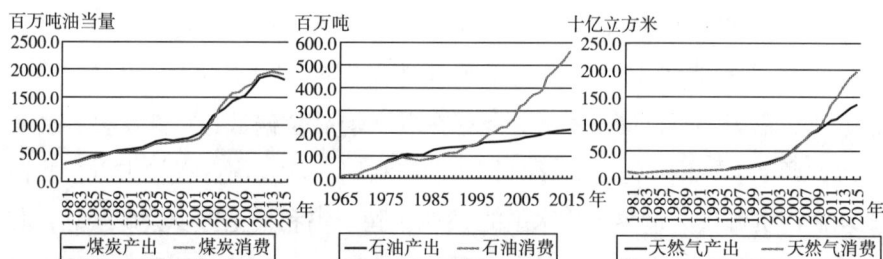

数据来源：《BP 世界能源统计年鉴 2016》。

图 4-1 中国主要一次能源的产出和消费情况

除了能源矿产外，快速推进的工业化还不可避免地导致了对非能源矿产资源的大量需求和消耗。目前中国已经成为世界上铁矿石、氧化铝、铜、水泥等消耗量最大的国家。以铁矿石为例，从 2006 年至 2010 年，中国的铁矿石年消耗量从 3.25 亿吨增至 6.19 亿吨，年均增幅为 17.4%。随着消耗量的快速增长，中国早已成为世界上最大的铁矿石进口国，对外依存度①高达 53.6%。与此同时，中国的钢产量也增长迅猛。国际钢铁协会（IISI）公布的 2015 年统计数据显示：中国的粗钢产量占到了世界粗钢总产量的 50.3%，连续 18 年位居世界第一，遥遥领先于其他国家。与之相似，中国对许多其他大宗矿产需求量也快速增长，并远远超出了国内的产出能力，致使这些矿产的对外依存度也大幅攀升②，一些重要矿产的储采比持续下降③。

　　目前中国正处在工业化中后期阶段，高耗能产业快速增长，城镇化进程不断深化和加速，工业化的资源需求决定了中国未来的经济增长必然需要消耗大量能源与矿产资源，面对更加强化的资源环境约束。美国经济学家 Panayotou（1993）对发达工业化国家的经验研究表明，工业化过程中能源消耗的变动呈现出一定的规律性：在经济发展水平较低的时期，工业能源使用量很低，工业能源消耗强度接近于零，几乎可以忽略不计；当工业化生产进入快速增长时期，工业能源消耗强度也会相应明显提高；而当经济发展进入后工业化时期，伴随着经济结构由工业主导型产业转向服务主导型产业，工业能源消耗强度也会逐渐下降，因此单位 GDP 能耗与经济发展水平之间呈倒 U 型关系，称为"环境库兹涅茨曲线"。规律显示，环境库兹涅茨曲线的拐点（即资源消耗随经济增长而增加的临界值——以人均 GDP 衡量）一般在 7000～9000 美元。虽然中国人均 GDP 已经达到 8000 美元，但中国经济存在明显的区域不平衡，除北京、上海等少数城市已经迈过环境库兹涅茨曲线拐点外，中国整体经济发展仍然处于工业化加速进程中，城镇化水平也在不断提高，工业化、城镇化建设还将拉动矿产消耗的大量增加。另外，考虑到中国到 2020 年实现人均 GDP 翻两番的宏伟目标，能源与矿产资源的消费总量可能还要再翻一番多。因此，在未来一定时期内，中国能源与矿产消耗仍将处于环境库兹涅茨曲线左侧的上升阶段。另据国际能源机构（IEA）2010 年发布的《世界能源展望》预测，2008 年至

---

　　① 某资源的对外依存度是指一国对该资源的净进口量占国内总消耗量的比重。

　　② 2010 年，中国对铜、铝和钾等大宗矿产对外依存度分别为 71.0%、52.9% 和 52.4%。

　　③ 据《2011 年中国矿产资源报告》，一些重要矿产的储采比为：铁矿 51 年、铜矿 38 年、铝土矿 95 年、铅矿 15 年、锌矿 18 年、金矿 12 年。与 2006 年相比，除金矿持平外，其他矿产储采比都呈下降趋势。

2035 年期间，中国能源需求将飙升 75%，在全球能源使用量预期增长中占到 36%。然而，按照中国当前的资源储备、勘探和开发状况，除煤炭以外，绝大部分关系到国计民生的大宗矿产均不能满足国民经济可持续发展的需要。

4.1.3 中国的能源资源困境与企业"走出去"战略

能源与资源作为人类文明的先决条件，是一国经济社会发展的重要物质基础。受国内能源资源供给瓶颈制约，中国对海外能源资源的依赖程度与日俱增。以石油为例，1994 年时，中国对进口石油的依赖程度还只有 1.9%，但进入 21 世纪后对外依存度迅速上升，2002 年石油对外依存度达到了 41.2%，2007 年达到了 50.5%，2011 年达到了 56.5%，2015 年对外依存度首破 60%，达到 60.6%[①]。从绝对数量上看，根据国家发展改革委能源研究所（2009）的研究，2020 年中国石油的需求量将为 4.5 亿～6.1 亿吨，而届时中国的石油产量最多仅能达到 1.8 亿～2 亿吨，缺口在 2.5 亿～4.3 亿吨之间；不仅如此，问题的严重性还在于，2020 年尚不是中国石油消费的高峰年，预计一直到 2040 年以前，中国石油消费都将持续增长（刁秀华，2009）。除石油以外，铁矿石、锰、铜、氧化铝等大宗矿产也都存在着同样的困境。面对消耗与国内供给之间的巨大缺口，当前中国主要通过海外购买来予以弥补，然而能源资源对外部依赖程度的不断增加给中国经济带来了越来越大的安全隐患，突出表现在供给安全上。

中国科学院能源与环境政策研究中心（2005）指出，能源资源的供应安全包括两层含义：一是要能获得充足和稳定的供给，不能出现持续的严重供应短缺；二是不能出现持续的难以承受的高价位。从第一点来看，目前全球市场上能源资源的产出水平足以满足中国的能源资源需求，问题在于中国的能源资源进口过于集中，且运输路线缺少选择性。以石油为例，当前中国 70% 以上的石油进口来自于中东和非洲，特别是对中东地区的石油依赖占到了中国石油进口总量的一半左右。长期以来，这两个地区战乱

[①] 数据来自中石油经济技术研究院 2016 年度《国内外油气行业发展报告》。

频发、政局动荡，如果来自这些地区的石油供应中断，将使中国直接受到严重的影响。在进口路线上，中国85%以上的石油运输要经过印度洋—马六甲海峡—南中国海航线，马六甲海峡归马来西亚、印度尼西亚和新加坡共管，美国和日本一直染指并试图控制该地区的航运通道，此外又经常遭受组织严密的海盗袭击，因此该航道的政治与安全风险很高，极易遭到封锁和控制。

与能否持续获得充足和稳定的供给这些潜在的风险相比，持续的高价位带给中国的损失却是愈演愈烈。在中国、印度等新兴市场国家的强劲需求刺激下，国际市场上大宗商品价格持续高位运行，导致了这些国家大量的国民财富溢出，严重时还会影响到国民经济的平稳运行。以2005年的油价上涨为例，根据国家信息中心的测算，2005年国际油价上涨导致中国国内生产总值减缓0.5~0.7个百分点，国内消费价格指数上涨0.8~1.2个百分点，生产资料价格指数上涨3.2~4个百分点；单纯由于涨价因素，相当于1200亿元人民币的中国国民财富转移到产油国和国外石油巨头手中（牛犁，2005）。在矿产资源方面，一些重要矿产品如铁、铜、铝、铅、锌、镍等价格也长期处于高位，加大了经济发展的资源成本。实际上，需求旺盛只是刺激价格上涨的一个因素，对大多数不存在供不应求问题的大宗商品来说，中国在国际贸易定价权上的缺失已经成为长期遭受大宗商品价格困扰的主要原因，正如商务部前新闻发言人姚坚所言："我国在国际贸易体系的定价权，几乎全面崩溃"，"中国当前面临的一大问题就是大宗商品定价权的缺失"（张涵，2010）。例如，作为全球最大的铁矿石进口国，中国却丝毫不具有对铁矿石价格的干预能力，在铁矿石定价权争夺战中屡屡受挫，中国钢铁企业自参加铁矿石谈判以来节节败退，只能充当价格的被动接受者。相关研究表明，2003年至2008年间，中国进口铁矿石的价格上涨了4.6倍，中国钢铁企业因此多支出7000多亿元人民币，相当于同期中国钢铁企业利润总和的2倍多（何维达，2009）。

在资源供给瓶颈和进口成本攀升的压力下，充分利用海外资源，实施资源开发类及资源产业链上下游企业"走出去"战略，寻求和建立海外稳定的矿产资源供应基地，增强在资源国际贸易中的议价能力，就成为维护中国资源安全、保障中国国民经济可持续发展的必然选择。中国企业"走出去"，深入全球资源产业链分工中，积极参与以关键战略资源为重点的国际市场竞争，进而实现对全球资源的战略性获取和控制，并通过延伸自身对国际市场的影响力，增强国际贸易地位，提升定价话语权，是实现资源供给稳定、增加议价筹码和防范价格波动风险的重要举措。

发达国家在实现工业化的进程中，特别注重对资源产业链的对外直接投资。以近邻日本为例，同是铁矿石贫瘠和进口大国，但其资源控制触角已伸到巴西、澳大利亚、南非、印度等十几个国家，遍及南美、南亚、中亚、非洲等众多地区，包括部分中国矿山，而我国钢铁企业对境外持股、开矿情况相对较少，对国际资源的利用尚处在初级阶段。根据《2015 年度中国对外直接投资统计公报》公布的统计数据，截至 2015 年末，中国投向采矿业①的对外直接投资金额累计为 1423.8 亿美元，占中国对外直接投资存量的 13%。而截至 2014 年末，全球对外直接投资中投向采矿业的金额约为 16000 亿美元②，中国在其中的占比不足 10%。与中国在全球一次能源消费总量中 21.3% 的占比和占全球 30%~50% 的金属消费量相比，中国在资源获取方面的投资明显不足，还需要进一步加大投资规模。

当前，全球矿业已成为受国际金融危机和全球经济下行打击最严重的产业之一，全球大型矿业公司普遍资金短缺，经营陷入困境。中国资源类企业应抓住矿业开发全球化不断提速和国际矿业投资环境不断改善的有利时机，积极实施以"走出去"为核心的全球资源战略，开发和利用海外矿产资源，打破西方国家对世界战略性资源的控制，建立多元、稳定、安全、经济的全球资源供应体系，实现国内外两种资源和两个市场的合理配置，为中国经济的可持续发展提供资源保障。

---

① 主要投向石油天然气开采业、有色金属开采业、煤炭开采和洗选业、黑色金属矿采选业。
② 数据来自 2009~2015 年度《世界投资报告》。

4.2　"走出去"有助于缓解产能过剩

4.2.1　中国的产能过剩情况

长期以来，中国处在经济体制转轨和结构调整的特殊阶段，市场化进程快速推进，重工业化比重不断上升，产业结构剧烈变动。在这个过程中，产能过剩①逐渐成为中国经济的痼疾，严重危害着经济的健康运行和发展。

早在 2006 年，国务院就发布《关于加快推进产能过剩行业结构调整的通知》，明确指出"当前，部分行业盲目投资、低水平扩张导致生产能力过剩，已经成为经济运行的一个突出问题，如果不抓紧解决，将会进一步加剧产业结构不合理的矛盾，影响经济持续快速协调健康发展"。并且，该通知具体指出了推进产能过剩行业结构调整的总体要求和原则，以及调整的重点措施。随着 2008 年国际金融危机爆发后四万亿元投资计划的推出，产能过剩问题愈加严重。2009 年 9 月，国务院批转国家发展改革委、工信部等部委《关于抑制部分行业产能过剩和重复建设　引导产业健康发展若干意见》；2009 年 12 月，中央经济工作会议提出"坚决管住产能过剩行业新上项目"。2010 年 3 月，工信部发布的《中国工业经济运行 2010 年春季报告》称："当前工业经济运行仍然面临六大困难，多个行业产能过剩问题依然严重。"2010 年 4 月，国务院颁布了《关于进一步加强淘汰落后产能工作的通知》，明确指出重点行业淘汰落后产能的具体目标任务以及重点工作的详细分工情况；2010 年 8 月，工信部向社会公布了 18 个工业行业涉及 2087 个企业的淘汰落后产能企业名单；2011 年 12 月，工信部向各省、自治区、直辖市人民政府下达了"十二五"期间工业领域 19 个

---

①　产能过剩一般指的是生产能力过剩，即有的生产能力没有得到充分利用。充分利用的生产能力并不意味着生产能力或设备（或资本）利用率为 100%，而是指达到某一合理的最佳产能利用率。当产能利用率在最佳产能利用率之上时认为不存在产能过剩，在最佳产能利用率之下时则为产能过剩。由于各产业的技术特点及需求情况各异，产业间的最佳产能利用率也是不尽相同的。

重点行业淘汰落后产能目标任务①，与"十一五"相比，增加了铜冶炼、铅冶炼、锌冶炼、制革、印染、化纤、铅蓄电池 7 个行业；2013 年 2 月，国家发展改革委、工信部、财政部、环保部等多个部委为了抑制产能过剩的进一步盲目扩张，联合推出"组合政策"，突出差别电价、能源消耗总量限制、问责制、新老产能挂钩等对企业投资和生产的约束作用。

从上述近些年中央相关政策的密集出台可以看出，中国的产能过剩已经非常严重。通过对相关行业进行梳理可以发现，当前中国的产能过剩存在以下几个特点：

1. 涉及行业较多，已成为普遍现象

在 24 个重要工业行业中有 19 个出现了不同程度的产能过剩，部分行业过剩程度严重，包括钢铁、电解铝、铁合金、焦炭、电石、水泥、电子通讯设备制造等重工业行业及纺织、服装等轻工行业。据 2012 年的调查统计，目前行业产能过剩的状况分别是：钢铁产能过剩 21%，电解铝过剩 35%，汽车过剩 12%，水泥过剩 28%，不锈钢过剩 60%，农药过剩 60%，光伏过剩 95%，玻璃过剩 93%，焦炭过剩超过 100%②。绝大多数加工制造业生产能力利用率不到 70%，有些行业利用率不到 40%，有 900 多种工业产品的产能利用率低于 60%。

2. 大部分过剩产能属于盲目扩张和低水平重复建设

以光伏产业为例，在光伏材料中，多晶硅的市场占有率在 90% 以上，

---

① 具体目标任务分别为：淘汰炼铁落后产能 4800 万吨，炼钢 4800 万吨，焦炭 4200 万吨，电石 380 万吨，铁合金 740 万吨，电解铝 90 万吨，铜冶炼 80 万吨，铅（含再生铅）冶炼 130 万吨，锌（含再生锌）冶炼 65 万吨，水泥（含熟料及磨机）3.7 亿吨，平板玻璃 9000 万重量箱，造纸 1500 万吨，酒精 100 万吨，味精 18.2 万吨，柠檬酸 4.75 万吨，制革 1100 万标张，印染 55.8 亿米，化纤 59 万吨，铅蓄电池 746 万千伏安时。

② 目前，钢铁行业现实产品和潜在生产能力已大于市场需求 2.7 亿吨，铁合金行业以 40% 左右的开工率仍保持 2213 万吨的生产能力；据中国有色金属工业协会统计，2012 年我国电解铝产能已超过 2700 万吨，产量只有 2000 万吨，更令人担忧的是，目前我国西部地区正在大量上马电解铝项目，电解铝在建和拟建规模超过 2000 万吨；中钢联的统计数据显示，2012 年中国焦化行业的产能已经达到近 6 亿吨，当年产量 4.4 亿吨，但消费量不足 3 亿吨，产能急剧扩张、产量不断增大导致焦炭行业出现了严重的供求失衡。尽管如此，出于延长产业链和降低成本的目的，焦炭上游煤炭企业和下游钢铁企业新焦化项目仍然不断上马，整体焦炭产能继续不断增加；此外，2011 年中国汽车行业的闲置产能高达 600 万辆，已相当于两倍德国汽车市场的规模。

是太阳能电池的主流材料。我国工业硅、多晶硅产量连续多年以 30% 以上
的速度增长，但硅产品的市场增长率只有 15%，生产供给与市场需求的严
重失衡，整个多晶硅产业投资处于盲目与过热状态。截至 2008 年底，全国
共有 16 个省（区、市）投资在建 34 个多晶硅项目，计划总产能 17.7 万
吨，是既有产能的近 10 倍，拟投资总额超过 1000 亿元，且多晶硅项目生
产规模大都在 1000 ~ 1500t/a，多晶硅生产还原电耗一般在 150 ~ 200kW·
h/kg，综合电耗在 230 ~ 300kW·h/kg，电耗占多晶硅成本的 35% ~ 60%，
是国外先进技术厂商生产电耗的 2.0 ~ 2.5 倍，存在着严重的低水平高能耗
重复建设问题（赵秋月等，2010）。2011 年以来，全国已有 50 多家以生产
多晶硅为主的光伏产业企业先后倒下，1/3 的企业处于半停产状态，全行
业普遍亏损。2013 年 3 月，在激进与冒失的盲目扩张下，昔日全球四大光
伏企业之一的无锡尚德陷入债务泥潭中，最终破产重组。

**3. 在传统行业出现产能过剩的同时，部分新兴产业也出现产能过剩
现象**

新能源行业是其中的典型代表。在国家提倡发展新能源的大背景下，
一些地区不顾本地的资源禀赋、产业配套条件和自然环境，以"发展绿色
能源"为名，盲目跟风大规模开展新能源基地建设。近些年来中国超过一
半的省份在打造新能源基地，或者把新能源作为支柱产业来发展，上百个
城市在做新能源发展规划，如江苏省的 13 个地级市中就有 10 个正在打造
新能源产业基地。盲目投资下，大量新能源行业开始快速出现产能过剩，
如光伏玻璃生产线由 2001 年的 4 条猛增到 2009 年的 40 条，产能在满足全
球需求的情况下仍过剩 130%；光伏电池产量由 3 兆瓦上升到 2000 兆瓦，
6 年中增长了 600 多倍；2008 年全国风机生产企业已发展到 70 多家，超过
全球风机产业的总和，累计装机容量达 2000 万千瓦，其中真正供网发电的
不到 1/3（宗寒，2010）。

4.2.2　产能过剩成因解析

在市场经济条件下，产能过剩是经济发展过程中的常见现象，不仅处
于经济体制转轨过程中的国家会出现此问题，具有完善市场经济的发达国

家也难以避免。适度的产能过剩有其必然性，既是经济发展和产业结构调整的结果，又可促进经济向更高水平迈进。但是在中国这种特殊的市场经济体制下，产能过剩又有其特殊性，会在一定程度上强化产能过剩的范围和程度，给经济造成较大危害。归结起来，造成产能过剩的原因主要有以下四类：

1. 周期性原因

在市场经济条件下，经济运行会周期性出现经济扩张与经济紧缩交替更迭、循环往复的现象，形成经济周期。经济的周期性波动和产能过剩之间具有非常密切的关联，在经济景气的繁荣期，企业盈利能力普遍提高，会强化其对未来的乐观预期，有投资能力的企业倾向于扩张产能、加大投资；当经济景气发生逆转时，需求往往会发生显著变化，导致供求出现失衡，表现为企业的产能出现过剩。从投资的角度来讲，企业的投资行为具有两重属性：短期来说，投资代表即期需求；长期而言，投资又代表未来供给。一个投资项目从需求效应转化为供给效应一般平均需要 2~3 年的时间，大的项目平均需要 5~8 年，因而投资决策与供给效应间普遍存在着长短不等的时滞，在经济周期的影响下容易导致产能过剩的出现。

除了宏观经济周期的影响，行业或产品的生命周期也会形成产能过剩现象。当某行业或产品进入成熟期、技术标准化以后，产品在市场上的普及度在相当的范围内趋于饱和，产品的质量和档次也很难进一步提高，加之消费者消费偏好的改变、收入水平上升引致的消费升级以及新产品新技术的出现，产能过剩的到来是一个必然和正常的现象。

周期性原因下的产能过剩，通常会迫使企业进行自发的战略调整，引导有限的资源向其他行业、领域流动，从而提高资源的配置效率，促使行业结构调整和产业结构优化。

2. 结构性原因

某些企业出于理性考虑，也会刻意形成过剩产能，其原因主要有以下两点。其一，企业从灵活适应市场需求波动和自身可持续发展的角度考虑，会形成一部分"超额"产能，将其视为应对需求变动不确定性的一种能力储备，以提高企业快速响应的灵活性。其二，在一些高市场集中度的行业中，部分具有垄断优势的企业为了能够长期保持市场领先地位和高额利润，通常会进行长期而高成本的额外投资，故意形成一部分过剩产能，作为阻止潜在企业进入而设置的一种竞争壁垒。这种巨大产能的保有量对潜在进入者来说，是一种威慑，同时也是一个信号，意在表明该行业产能已经过剩了，成功进入的可能性很小，潜在竞争者若想通过大规模投资快速进入，将会面临巨大的风险，而若保持小规模投资尝试进入，又将承受长期的成本劣势。

3. 合成谬误

当某一行业的市场集中度较低或者潜在进入者数量较多时，在信息不对称的情况下，很容易由个体理性形成合成谬误，导致整个行业出现产能过剩。信息不对称导致的合成谬误有很多原因，如当企业获取的外部信息不完全时，可能受其他企业行为的影响而对外部环境作出误判，当其他企业对未来形成良好预期而率先进行投资时，便有可能起到示范者的作用，引发其他企业的"跟风"行为，纷纷模仿扩大投资。

即便在企业对产业前景、需求等有正确共识的情况下，仍然可能发生合成谬误下的产能过剩，即产能过剩也可能独立于行业外部条件或经济周期波动的影响，而主要由个体理性投资的"潮涌"引发。特别是对于发展中国家而言，经济发展处于世界产业链内部，沿资本和技术密集程度不同的产业台阶，由低到高逐级而上不断升级。经济的每一次发展，企业要投资的大多是已在发达国家发展成熟、技术相对稳定、产品市场已经存在的产业，"后发优势"使得它们得以通过对发达国家相关产业发展历程等及已有技术、市场情况的分析，很容易对产业的前景正确预知并达成共识。良好的社会共识引发经济中的资金、企业大量涌入某个行业，出现投资的"潮涌"；而发展中国家的经济常常以投资拉动，并且投资来源相对分散，更加增大了投资规模并加剧了企业对其他投资情况的估计和协调难度。因此，在快速发展的发展中国家，产能过剩不但表现严重，还可能在一系列行业一波接一波地出现（林毅夫、巫和懋和邢亦青，2010）。

4. 体制性原因

在中国当下的财政分权和中国地方官员的晋升体制下，地方政府具有强烈的动机不顾社会经济成本和效益，采取各种优惠政策为投资提供政策性补贴，以推动本地投资规模的快速扩张。分税制改革之后，通过划分中央税、地方税和共享税，确定了中央和地方的事权和支出范围，提高了地方政府的经济自主性和独立性。一方面，财政分权增强了地方政府的各种利益和地方经济发展的相关性，发展地区经济才能拓展税基，实现就业率提升和改善社会福利，而这种经济增长和就业率的提高在很大程度上取决于当地的投资量和投资项目状况，因此地方政府有很强的动机争取资本资源，扩大投资规模。另一方面，作为政府代理人的政府官员，也有其自身的晋升激励。中央和上级有权决定下级政府官员的任命，而考核 GDP 增长又是政府官员晋升体制的核心因素。在这种体制下，地方政府官员具有很强动机倾斜性地使用一些重要资源，如行政审批的速度、土地征用的成本、贷款的担保力度等对投资进行政策性补贴。土地和环境的"模糊产权"以及金融体系的"预算软约束"，为地方政府不当干预企业投资提供了重要的手段，从而导致企业过度的产能投资和行业产能过剩（耿强、江飞涛和傅坦，2011）。

具体而言，地方政府在地区经济竞争中采取的投资优惠（补贴）政策，主要从三个方面导致企业的过度产能投资行为和行业产能过剩。一是地方政府低价供地等投资补贴，会显著扭曲投资企业的投资决策，导致企业过度的产能投资行为，并进而导致社会福利上的巨大损失和产品市场上全行业的亏损。二是地方政府为吸引投资和固化本地资源，纵容企业污染环境，使本地高污染行业企业的生产成本严重外部化，从而导致这些企业过度的产能投资。三是地方政府帮助企业获取金融资源，企业自有投资比率过低，投资风险显著外部化，进而导致企业过度产能投资行为和行业产能过剩（江飞涛、耿强和吕大国，2011）。

当前中国正处在经济体制不断深化改革和产业结构剧烈调整的历史时期，产能过剩在经济规律和政府干预的双重作用下，呈现出愈演愈烈之势，不仅涉及的行业范围愈加广泛，过剩的程度愈加严重，而且还将长期存在。适度的产能过剩是经济新陈代谢的产物，有利于资源的配置调整和产业结构升级，但是中国的产能过剩已经造成了巨大的资源浪费，给经济的健康运行带来了严重的危害。

4.2.3 产能过剩的危害

1. 产能过剩引发恶性竞争

产能过剩通常发生在集中度较低的行业，且进入门槛较低，产品同质化严重。在产能过剩引发的供求失衡下，企业间必然出现恶性竞争行为，通过价格竞争来挤占生存空间，进而倒逼企业靠拼产量来摊低成本，或是使用劣质原材料进行生产。在激烈的价格竞争下，企业经济效益难以提高，甚至出现企业开工不足、倒闭、人员下岗失业等一系列问题。整个行业的生态环境也会受到破坏，平均利润率不断下降，严重的产能过剩会使整个行业出现亏损状态。如在产能过剩程度还不算很高（21%）的钢铁行业，2012年已经发布业绩报告的19家主营钢铁冶炼加工的企业中，仅有宝钢股份前三季度业绩增长，余下的18家企业都出现业绩下滑甚至亏损情况；在产能过剩程度为35%的电解铝行业，企业亏损面一度达到了93%。其他产能过剩程度更高的行业的企业经营状况可想而知。

2. 大量无效投资造成资源浪费

产能过剩是典型的资源配置无效，会在人力、物力、财力上造成巨大的浪费。产能过剩行业通常都是投资规模巨大的工业生产部门，生产资料的专用性极强，难以再向其他行业迁移进行重新配置，因此造成的资源浪费通常是全社会范围的绝对浪费。当前中国钢铁工业的投资、资产和产值占到整个工业的7%～8%，汽车制造等交通运输设备制造业的投资、资产和产值占整个工业的6%～7%，水泥建材制造业的投资、资产和产值占整个工业的近5%。全国制造业的产值占全国工业产值的3/4，投资占全国固定资产投资的1/3以上。2006年全国规模以上黑色金属冶炼企业的总资产为2.3万亿元，固定资产为1.1万亿元，以产能过剩20%计，总资产损失高达4600亿元，固定资产损失2000亿元，仅折旧损失也在10亿元以上。2006年全国交通运输设备制造业的总资产为1.9万亿元，固定资产为5845亿元，以产能过剩20%计，资产损失3800亿元，固定资产损失1169亿元，折旧损失11亿元。2008年，汽车工业产能过剩近25%，投资及折旧、维护实际损失可能达到三四千亿元。另外，我国2007年城镇固定资产投资11.7万亿元，其中制造业投资35497亿元，当年新增固定资产76846亿元。若以制造业投资和新增固定资产投资中10%的产能过剩计，相当于制造业投资中的3000多亿元和新增固定资产中的7000多亿元是无效或低效的（宗寒，2010）。

3. 抑制消费

投资过量引发的产能过剩，还会通过抑制消费对经济产生损害。近些年来，投资膨胀挤占消费的情况越来越严重。投资率①由1978年的38.2%、"六五"时期的34.4%，上升为"八五"期间的39.6%，"十五"期间的40.7%，"十一五"后投资率再创新高，攀升至48.6%，比较而言，世界平均投资率仅为20%左右。相应地，最终消费率②由1978年的62.1%，逐渐下降为2010年的47.4%，其中居民消费率下降得更快，由1978年的48.8%降为2010年的33.8%，工资总额占GDP的比重由最高时的17%下降到10%以下。与之相比，世界平均的最终消费率为70%～80%，美国、英国、日本、法国等发达国家的工资总额占GDP的比重都在50%以上，阿根廷、墨西哥、委内瑞拉等发展中国家也都在30%以上。不断攀升的投资率和压低的工资总额占GDP比重使得中国长期以来消费不足，难以成为拉动经济的主要动力。

4. 低水平产能过剩给环境造成较大压力

中国很多行业的产能过剩都属于低水平的重复投资，不仅投资大、耗能高，而且污染严重，给生态环境造成了很大压力。2007年，中国固定资产投资中用于购置工业投资的部分为23%，用于建设安装方面的开支高达61%，其中一半以上是钢筋、水泥等建材。在巨量的固定资产投资带动下，中国建筑业一年消耗水泥10亿吨以上，占全球产量的一半；钢材消耗3亿吨，占全球钢材消耗量的一半以上。在产能过剩引发的恶性竞争下，企业没有动力提高技术水平和升级生产设备，致使中国的工

---

① 投资率是指一定时期（年度）内总投资占国内生产总值的比率。
② 最终消费率是指一个国家或地区在一定时期内的最终消费（包括居民消费和政府消费）占该时期GDP的比率。

业能耗居高不下，每万元 GDP 总耗能是世界平均水平的 3 倍，美国的 4.3 倍，德国的 7.7 倍，日本的 11.5 倍。中国 GDP 仅占到全球 GDP 总量的 10% 左右，但消耗的一次能源却占到了 20% 以上。高能耗不但增加了成本，更增加了污染，其结果是，78.4% 的城市环境空气质量超标，酸雨城市比例为 40.4%①，全国地表水污染水质②占比 35.5%，地下水污染水质比例高达 61.3%，水土流失面积占国土总面积的 31.1%，环境污染触目惊心③。

4.2.4 企业"走出去"对缓解产能过剩的作用

针对国内愈加严重的产能过剩问题，中国政府先后出台了多项指导和整治措施。一方面，通过发布行业信息和政策指引来影响新增投资趋向，避免资源进入产能过剩行业。另一方面对既有的过剩产能，加强淘汰落后产能的工作，对产能过剩重点行业淘汰落后产能提出具体目标任务；与此同时，鼓励企业实施"走出去"战略④，"以疏代堵，以转代切"，通过"走出去"来盘活过剩产能，为经济结构调整和产业升级换代赢得缓冲和时间。实际上，从上文中产能过剩的成因解析可以看出，在市场经济条件下，适度的产能过剩有其合理性和必然性，且通常是相对的过剩。从世界范围来看，由于不同国家间资源禀赋、经济发展阶段、生产力发展水平存在较大差别，中国某些行业的过剩产能相对于国际范围的需求来说，也许就不再是过剩的了。因此，对这部分过剩产能，宜疏不宜堵，通过寻求合适的渠道向国外转移和释放过剩产能或许是更好的选择。

以中国的电力建设产能来说，电力施工每年的产能在 1.2 亿千瓦以上，电力设备制造的产能在 1.5 亿千瓦以上，但每年新增的电力容量仅为 4 千万~5 千万千瓦。也就是说，无论是电力施工还是设备制造，中国国内都

---

① 酸雨城市比例是指，在 480 个监测降水的城市（区、县）中出现酸雨的城市占比。

② 污染水质是指，按照《地表水环境质量标准》（GB 3838—2002），超过Ⅲ类标准的水质。

③ 数据来自《2015 年中国环境状况公报》。

④ 如，2009 年 10 月 19 日，国家发展改革委、工信部等 10 个部门联合发布抑制部分行业产能过剩和重复建设、引导产业健康发展的政策信息时提到，对于产能过剩的行业，希望结合实施"走出去"战略，支持有条件的企业转移产能，形成参与国际产业竞争的新格局。

已形成了超过 5 千万千瓦以上的过剩产能，这部分产能在国内是找不到突破点的。但与此同时，印度及东南亚国家的供电能力始终较弱，电力紧缺或不稳定一直遭受当地居民的诟病，特别是 2012 年 7 月末印度发生的大停电事件，影响范围超过 6.7 亿人口，创下了世界大型停电规模纪录。在这种情况下，中国电力建设企业积极开展了探索海外电力建设之路，通过国家援建项目、自主招投标、与跨国公司合作等多种形式，参与海外电力工程建设，如中国能源建设集团广东火电工程总公司，是较早实施企业"走出去"战略的电力建设企业之一，目前其海外项目已遍及印度尼西亚、越南、孟加拉等多个国家及地区，有力地带动了公司的利润增长和产能释放。

总的来说，推动过剩产能行业实施"走出去"，有以下好处：

1. 减少资源浪费，避免经济与社会动荡

产能过剩行业吸附了大量资本，这些资本形成了专业性极强的生产资料，不具有良好的再配置属性，如果只能通过强行关闭或者通过其他手段间接关闭相关企业，必然造成资源的大量浪费，同时引发大量人员失业问题，给社会稳定造成影响。产能过剩企业通过"走出去"，拓展国外市场容量和市场边界，并向国外转移过剩产能，既可以起到节约国内资源和避免大规模失业的作用，还可以有效利用国际资源，甚至实现剩余劳动力的转移和创造新的就业机会，缓解就业压力。

2. 有利于改善贸易环境

随着中国进出口贸易水平的快速攀升和贸易顺差的扩大，许多贸易伙伴国不时采取反倾销、反补贴、特定产品过渡性保障机制和特殊保障措施等方式设置贸易壁垒，使得身处产能过剩行业的出口企业更是雪上加霜。这类企业通过"走出去"，在东道国就地产销，或者进入拥有特殊出口优势的国家，形成原产地多元化，从而有效避开贸易壁垒，改善贸易环境。很多在国内市场的激烈竞争下面临亏损和破产的企业，走出国门后，面对新的市场需求和竞争环境，反而可以站稳脚跟、占领市场，产能过剩也随之变成了生产能力强大的好事。

3. 延长产品和设备生命周期

中国很多产能过剩行业的技术水平在国际上也是比较成熟的，即便是技术水平较低的需要淘汰的行业，也领先于许多发展中国家的相同行业，如东南亚和非洲国家的钢铁、水泥、纺织、火电和建材等行业的发展水平都相对较低。通过企业"走出去"，将过剩产能转移到欠发达国家和发展中国家，不仅可以延长产品和设备生命周期，还可集中资源在国内发展高新技术产业和新兴产业，促进国内的产业结构升级和优化。

此外，企业"走出去"还有利于形成对外贸易、对外投资和经贸合作的联动发展。企业"走出去"，可以通过对外投资带动工程建设，通过工程建设培育投资，由工程、投资带动商品出口、劳务输出和经贸合作，从而形成投资、工程、劳务与贸易相互融合、相互促进的局面。

4.3　"走出去"有助于促进产业升级

4.3.1　产业升级与企业"走出去"的内在逻辑

在一国经济良性增长的过程中，通常伴随着产业升级现象。产业升级既能够引导资源配置优化，同时也是资源进行优化配置的结果。从微观层面来看，产业升级是指产业由低技术低附加值状态，向高新技术高附加值状态的演变，包括产业内低效与高效企业间的资源转移以及各产业间的资源转移。宏观层面上，产业升级表现为各产业从劳动密集型产业占优势比重向资金、技术、知识密集型占优势比重演进的过程。

由技术创新和技术进步引发的企业生产率增长是内生性产业升级的最主要动因，也是发达国家产业升级的主要动力来源。然而技术创新不仅需要高水平的技术人才、强大的研发能力和雄厚的资金成本，同时还需面临巨大的失败风险[①]。在全球经济日益开放的大背景下，借助国际间产业转移的大浪潮，承接来自发达国家的低层次产业，通过技术溢出

---

① 资料显示，开发一种新药需要 5 亿美元，开发新一代记忆芯片至少需要 10 亿美元，而一种新车型的研制费将高达 20 亿美元，开发 500 座的 A330 型飞机则需要投入 80 亿～100 亿美元；同时，世界上的科技研发投入，只有不到 10% 最后能真正转化成为有商业价值的新产品（吴添祖和陈利华，2006）。

效应来实现本国的技术进步和产业升级，成为广大后发国家产业升级的现实选择。

"第二次世界大战"以来，国际上先后发生了四次大规模的国际产业转移。其中，20世纪80年代之前表现为先发国家向后进国家转移劳动、资本和技术密集型产业，如1960~1970年间，第三次科技革命爆发，美国、日本、德国等发达国家大力发展钢铁、化工和汽车等资本密集型产业与电子、航空航天和生物医疗等技术密集型产业，与此同时，向亚洲新兴工业化国家转移劳动密集型产业；到了70年代后期，受石油危机的重创，美欧等国转向微电子、新能源、新材料等高附加值和低能耗的技术和知识密集型产业，将钢铁、造船和化工等重化工业和汽车、家电等部分资本密集型产业转向亚洲新兴工业化国家。80年代之后，国际产业转移更多表现为跨国公司内部所进行的产业价值链的跨区域配置，转移方式由国际贸易和投资扩展到生产外包和兼并重组，产业转移的领域也从工业逐渐扩展到服务业。

中国自改革开放后，确立了外向型经济发展方式，进而加入了承接第四次国际产业转移的浪潮中，在国内形成了东南沿海地区、东部地区、中西部地区产业转移与升级的"雁行"产业梯度。在承接产业转移的早期阶段，由于国内初始软硬件基础比较薄弱，且存在一定程度的制度性障碍和区域发展级差，因此更多承接的是东亚新兴工业化国家和地区的低层次产业转移。随着产业的发展、国际产业转移溢出效应凸显和体制改革的深化，中国开始更多承接来自欧洲、美国、日本等发达国家的转移产业，承接层级逐渐向高端延伸，促使中国产业结构不断升级[1]（范文祥，2010）。

---

① 中国产业升级已经达到了较高的总量水平，即第二产业、第三产业增加值占GDP比重比较大。但产业升级的结构水平仍然相对较低，第二产业中的劳动密集型产业所占比重较大，而技术密集型和资本密集型产业所占比重较低，第三产业中的传统服务业比重较高，但现代服务业比重相对较低。

表 4 – 1　　　　　　　　中国承接国际产业转移与产业升级

承接国际产业转移阶段	转移动因	转移区域	转移产业	转移投资结构①→产业结构②
起步和发展阶段(1979～1991年)	改革开放，东亚新兴工业化国家与地区转移劳动密集型产业	东南沿海开发地区	第二产业主要在纺织、服装、食品饮料、塑胶制品、电子元器件等加工制造业；第三产业主要在旅游、商业、饮食、宾馆和娱乐设施等一般服务业	2.2:75.4:22.4→29:44:27
高速发展阶段(1992～1995年)	中国市场经济改革目标的确定和对外开放领域由沿海向内地延伸，欧洲、美国、日本等大型跨国公司开始向中国进行产业转移	东南沿海、东部地区	主要集中在电子与通讯设备制造业、仪器仪表制造业、医药、化工、电气设备制造业等资金、技术密集型产业	1.3:58.7:40→20:46:34
调整阶段(1996～2000年)	适当调整了承接国际产业转移的政策，西部大开发	东南沿海、东部地区、中西部地区	跨国公司不仅投资于生产环节，还在科研开发、销售和售后服务等多个环节投资；不仅对生产制造领域投资，还对相关行业和产业投资	1.5:70.8:27.6→17:47:36
提高阶段（2001年至今）	加入世贸组织	东南沿海、东部地区、中部地区，西部经济开发区	外商直接投资更多地投向中国高新技术行业和服务业	1.6:70.9:27.5→13:47:40

注：①国际产业转移在我国三次产业的分布比例，依次表示国际产业转移对中国第一、第二、第三产业的转移比例。②与国际产业转移产业分布相对应的中国三次产业的产业结构。

资料来源：范文祥（2010）。

但是也应该看到，这种被动的承接先进国家的落后产业的开放模式也会给后进国家的产业升级带来阻碍。对外开放意味着一国产业既要面对特定的国际市场需求，同时也会获得特定的国外要素供给，在这两方面的拉力和推力下，该国产业会逐渐偏离本国的需求结构，造成出口部门的产能不断累积扩大，资源配置由被动参与的国际分工体系所主导。特别是在开放程度较高并且基于静态比较优势参与国际经济循环的后进国家中，生产要素的使用和资本的积累存在明显的锁定效应（陈飞翔、俞兆云和居励，2010）。这是因为，后进国家承接的较为低端的产业主要是满足发达国家较低层次的市场需求，或者是价值链中的低附加值环节，因而通常集中在资源密集或劳动密集方面具有比较优势的传统经济部门中。实行开放之后，国际产业分工下国际贸易规模的不断扩大会导致后进国家的资源向自身先前具有比较优势的部门进一步集中，这样虽然可通过国际贸易来获得短期的收益，但放弃的是在一些具有长期增长潜力部门实现知识积累和技术创新的机会，带来的结果是"一步落后，步步落后"，渐渐滑入比较利益的陷阱中。当今中国经济的现实处境恰恰是，在配置资源较多的外向型经济部门中，产能过剩严重，且通常处于产业价值链的中低端，技术水平和自主创新能力较弱，而自主性产业升级在国际分工体系和国内经济增长方式的双重制约下，难以真正有效地启动和提升。

经过三十多年的对外开放，中国的国民经济综合实力得到了长足的提高，但资源配置结构也存在着越来越严重的扭曲。在这种情况下，中国经济需要在进一步提高开放经济水平的同时，更加注重开放模式的转变，以更加自主和主动的姿态融入世界经济产业链中，改变中国在国际分工体系中被动的低端定位，努力摆脱对低层次外部需求的过度依赖，形成以产业升级为导向的新型开放模式。在这个过程中，通过加快国内企业"走出去"的步伐，利用海外投资把部分国内产能转移出去，同时更好地获得经济发展需要的资源保障和更有效地吸收国外的先进技术，并通过国际化经营和海外研发不断向产业链高端渗入，对国际产业链分工进行重新选择和定位，无疑将是至关重要的组成部分。

4.3.2　中国企业逐步具备 "走出去" 的能力与条件

2008 年时，中国大陆和香港地区仅有 29 家企业进入了世界 500 强，其全年总营业收入为 1.14 万亿美元。到了 2012 年，中国大陆和香港地区进入世界 500 强的企业总数达到了 73 家，全年总营业收入为 3.98 万亿美元。在不断深入的市场化改革过程中，中国企业（特别是大中型企业）得到了快速的发展，企业绩效与竞争力水平不断提升。以中国的工业企业（规模以上）为例，国家统计局数据显示（见图 4 - 2），2000 ~ 2014 年，中国工业企业利润总额从 4393 亿元增长到 6.8 万亿元，14 年间增长了 15.5 倍，年均增长率达到了 21.6%，特别是在 2000 ~ 2011 年间，年均增长率更是高达 27%，中国工业企业的盈利规模得到了显著的提高。

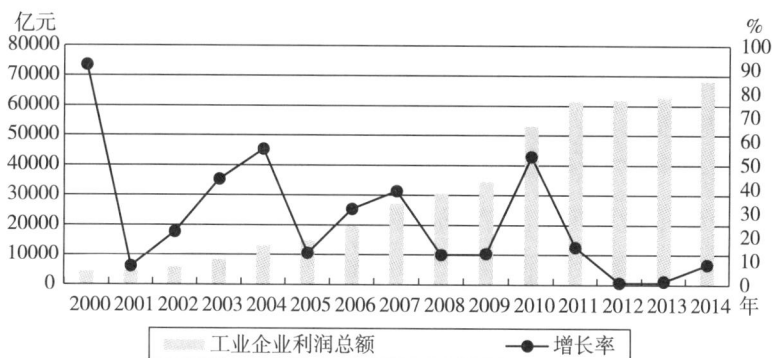

数据来源：国家统计局。

图 4 - 2　中国工业企业的利润总额与增长率

从资产收益率来衡量企业的盈利效率可以看出，中国工业企业的盈利效率也在显著提升。尽管近些年受次贷危机和欧债危机等国际经济环境不断恶化的影响有所下降，但中国工业企业净资产收益率总体上是不断改善的，从 21 世纪初的不足 10% 上升至当前的 16% 以上，而同期中国工业企业的资产负债率是呈下降趋势的，也就是说，中国工业企业资产收益率的提升并非来自企业财务杠杆的提高，而是企业自身效率提高的结果。

但中国企业盈利能力的提升也可能是出于市场垄断程度加强而非竞争力提升的结果。产业经济学中的相关理论与实证研究都倾向于认为，垄断

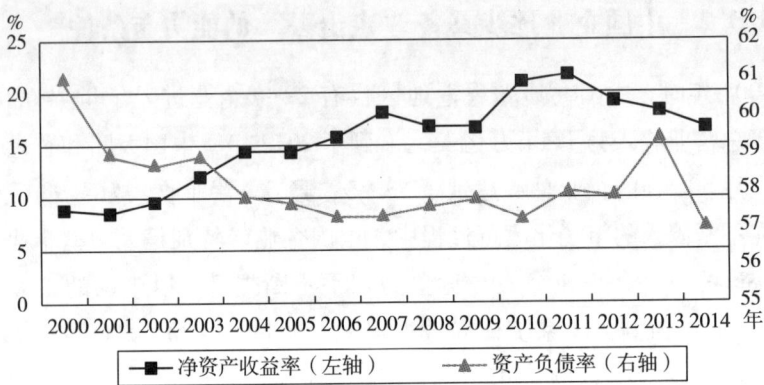

数据来源：国家统计局。

图4-3 中国工业企业的净资产收益率与资产负债率

的市场结构将导致较低的市场绩效和效率，但却可能会使企业获得较高盈利，即垄断可以带来更多的垄断利润。因此，中国工业企业盈利规模和盈利能力的提升尚不能表明中国工业企业具有了更强的竞争力，还需要对市场的垄断程度进行判断。一般认为，企业垄断优势的增强会提升企业的定价能力，致使企业销售单位产品的费用下降，因此可以用市场的销售毛利率水平变动趋势来大致反映市场结构中垄断性的强弱变化。

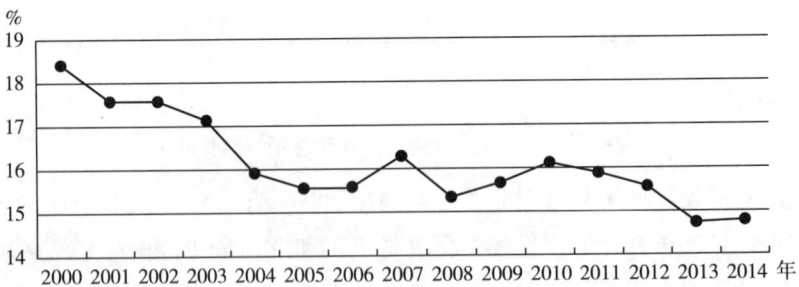

数据来源：国家统计局。

图4-4 中国工业企业销售毛利率变动趋势

图4-4显示，同期中国工业企业的销售毛利率总体呈现下降趋势，初步可以认为，随着市场化改革的推进，中国市场整体环境的垄断程度逐渐

下降，市场的竞争性在不断提高，因此工业企业依靠垄断势力定价的能力越来越弱。由此可以判断，中国工业企业盈利能力的提升并非垄断程度提高所致，工业企业盈利能力的提高更可能来自工业企业在竞争中提升了自身的竞争力。

作为验证，我们对工业企业的期间费用占销售额的比例①进行了计算。从图4-5中可以看出，2000～2014年期间，中国工业企业的期间费用占比从11.5%下降到了7.1%。这意味着，在竞争环境日益加强的市场环境中，中国工业企业的管理水平和管理效率在不断提高，企业的竞争力得到了提升。

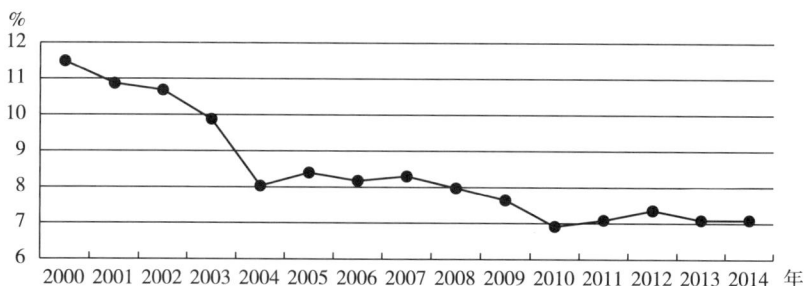

数据来源：国家统计局。

图4-5 中国工业企业期间费用占销售额比例变动趋势

由此可见，中国工业企业的竞争力得到了较大提升，盈利能力不断增强，已经初步具备了"走出去"的实力。与此同时，在三十多年的外商来华经办企业的过程中，公司跨国运作的溢出和示范效应早已凸显，中国企业在"走出去"的能力形成方面也已拥有了良好的客观环境。

---

① 期间费用占销售额比例 =（销售收入 - 销售成本 - 销售税金及附加 - 总利润）/ 销售额。

第5章 中国企业"走出去"与中国粮食安全

"国以民为本，民以食为天"。粮食既是关系国计民生和国家经济安全的重要战略物资，也是人民群众最基本的生活资料。中国的耕地面积仅占到世界耕地面积的7%，却拥有世界22%的人口，粮食问题始终是中国的头等大事。近些年来，虽然中国的粮食自给率保持在95%的基本自给线以上①，但是农业对外依存度明显提高，在确保粮食基本供需平衡和保障粮食安全方面的压力不断加大。在这种背景下，中国企业特别是农业企业积极"走出去"，对缓解中国粮食供给压力，提高粮食安全水平，具有重要的意义。

5.1 世界粮食格局与美国的粮食战略

5.1.1 世界粮食格局

粮食安全作为一个全球性话题，早已受到国际社会的广泛关注。但长期以来，世界粮食安全问题始终未能得到明显改善，甚至某些指标还在持续恶化中。从世界粮食格局可以看出，粮食安全主要存在以下三个特征：

---

① 粮食自给率是当年粮食产量占当年粮食消费量的比重，以此来衡量一个国家的粮食安全水平。一般认为，一个国家或地区的粮食自给率在100%以上，就是完全自给；在95%～100%，属于基本自给；在90%～95%，是可以接受的粮食安全水平；一旦小于90%，粮食供求的风险就会增大。中国的粮食产量和饮食结构以谷物为主，因此一般采用谷物自给率代替粮食自给率来计算。2009年、2010年、2011年中国的谷物自给率分别为99.6%、99.1%和99.2%，2012年下降至97.7%。近些年来中国的大豆进口量快速增长，2010年以来，进口量都在5000万吨以上，2015年进口量更是达到8169万吨，接近国内产量的8倍。但是按中国的粮食统计口径，大豆被纳入粮食中的豆类统计，所以未包含在粮食自给率的计算中。若将大豆纳入计算，则中国的粮食自给率已不足90%。

1. 世界粮食产需总体处于紧平衡状态

图 5 – 1 为世界谷物的产出与使用情况，作为粮食的最主要组成部分，世界谷物产量总体上保持增长态势，但谷物使用也随之增长，二者基本处于平衡状态。在这种情况下，世界粮食储备水平难以增长，库存—使用率始终维持在 20% 左右的较低水平。2015 年，全球谷物储备为 6 亿吨，仅够全球人口 13 周的应急供应。与此同时，世界饥饿人口还存在较大基数，在以南亚、东亚和撒哈拉以南非洲国家为主的发展中国家中，尚有 8 亿人口生活在饥饿之中，粮食产需实际缺口较大。

2. 世界粮食供求存在严重的结构性失衡

一方面，世界粮食的出口主要来自于发达工业化国家，而多数发展中国家的粮食难以自给自足；另一方面，世界粮食的出口市场和进口市场相对集中，北美和欧洲的谷物出口份额占到了全球的 60%，而亚洲和非洲一些国家普遍粮食紧缺，谷物进口量占到了全球谷物进口总量的 2/3。高度集中的市场份额使得世界粮食市场难以形成有效的自由竞争格局，极大地削弱了买方的议价能力。

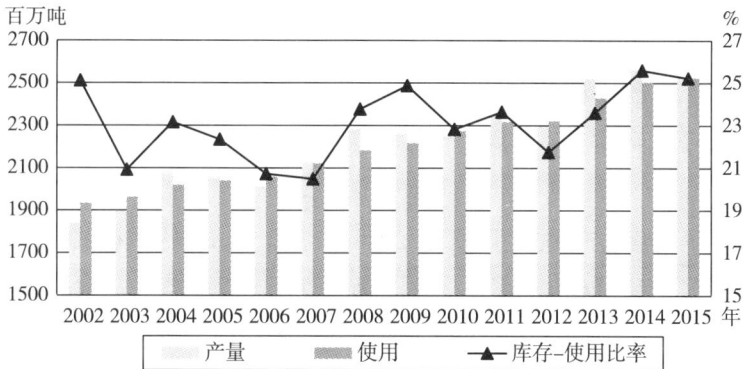

数据来源：联合国粮农组织数据库。

图 5 – 1　世界谷物产量与消费情况

3. 世界粮食价格日趋动荡

长期以来，世界粮食价格基本稳定，但近十年以来波动加大。联合国

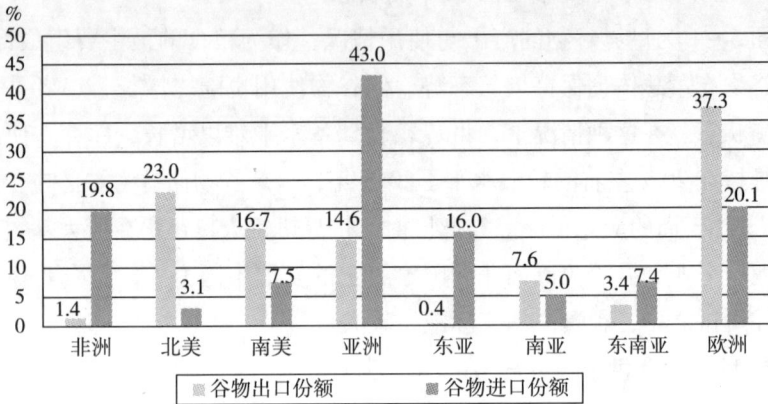

数据来源：联合国粮农组织数据库。

图 5 - 2　世界谷物进出口结构（2013 年）

粮农组织数据显示，2006 年之后，世界食品价格指数①快速上涨，到了 2008 年，食品价格上涨了 40% 多，其中谷物价格上涨了 70% 多。虽然在 2012 年以后，粮食价格开始快速回落，但此番粮价波动经过连续三年的快速上涨以及持续四年的高位运行，引发了全球范围内多个国家的粮食危机。其中，非洲的尼日尔、科摩罗、利比里亚等 18 个国家，亚洲的朝鲜、柬埔寨和塔吉克斯坦，美洲的海地等共 22 个国家受到的冲击最为严重，有 1.66 亿人陷入长期饥饿困境；其他粮食自给率较低的国家也付出了巨额的代价。

从世界粮食的产需总量来看，2006 年之后全球谷物产量继续保持增长态势，产需关系并未出现明显变化，仍然处于平衡状态，粮食价格危机主要由供求结构失衡所引发。一些大国因国内天灾而限制粮食出口，一些小国因不能外购粮食，为求自保也限制了粮食出口，再加上一些粮食主要出口国大力发展生物燃料，将粮食能源化，使得国际粮食市场出现了严重的供求失衡，抬升了粮食价格。国际粮食市场尚不具备平稳价格的机制，一旦出现供求失衡，就会威胁到粮食进口国的粮食安全。

---

　　① 食品价格指数的构成包括谷物价格指数、肉类价格指数、植物油价格指数、糖价格指数和乳制品价格指数。

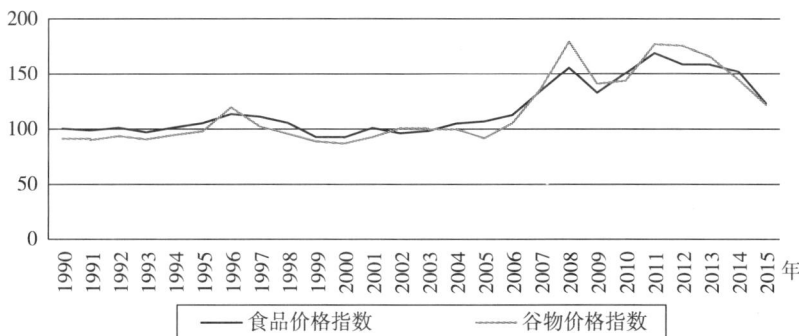

数据来源：联合国粮农组织数据库。

图 5 - 3　世界粮食价格指数走势（2002～2004 = 100，通胀调整后）

5.1.2　美国的全球粮食战略

1. 美国的粮食战略

"冷战"结束后，作为世界上唯一的超级大国，美国不仅努力维持着以自身为核心的国际政治秩序，而且还与盟国一道力图塑造全球经济霸权体系，在控制原料、资本的来源、市场以及在高附加值产品的生产上不断形成垄断优势。从 20 世纪 50 年代起，美国开始将粮食视为与石油一样的可交换、可控制的战略商品，着手重塑粮食政策和世界粮食结构。

很早以来，美国政府就通过各种补贴、专利制度来保护本国的粮食生产，在规模与效率、技术与资本方面不断强化本国农业的竞争优势。到了尼克松时期，美国开始推行农业出口战略，并将建立由美国主导的全球粮食和农产品市场作为尼克松政府"新经济政策"的核心。利用关贸总协定中的贸易机制，美国在全球范围内推行商业化农业的出口计划，通过贸易谈判给其他国家施压，消除进口美国农产品的农业贸易壁垒，从而扩大美国的粮食出口。与此同时，通过美元贬值来提升美国农产品在国际市场上的竞争力。除了高补贴和低价格攻势之外，美国还积极通过粮食援助、优惠贸易协议和农业资本化等方式，影响其他国家特别是农业效率较低的第三世界国家的农业结构，使其放弃本国在小麦、大米和其他粮食、牛肉等方面自给自足的农业生产，集中资源生产蔬菜、水果和蔗糖、咖啡、橡胶等其他经济作物，将其与美国的粮食进行交换，形成依附于美国粮食的畸形农业结构。

在出口战略的主导下，美国粮食贸易量在世界粮食市场的贸易份额快速增长。联合国粮农组织 2014 年统计数据显示，作为美国产量最高的三种粮食作物，小麦、大豆和玉米的年产量分别占世界产量的 9.0%、32.2% 和 40.5%，但出口贸易量却占到世界贸易量的 20.4%、45.5% 和 48.5%，均居世界第一位①。美国已经拥有了控制国际粮食市场和左右国际粮食价格的能力。

在逐渐掌控世界粮食贸易的同时，美国还通过转基因农业计划来对农业产业的上游实施控制。

早在 20 世纪 70 年代，洛克菲勒基金会创立了分子生物学及其基因研究实验室，投入数亿美元用于生物基因改造方面的研究，促进基因工程在粮食领域的应用。80 年代后，美国开始在世界范围内发起推广转基因粮食作物的"基因革命"。1986 年，美国政府撤销了对尚处在初步发展中的生物技术行业的管制和监督。1992 年，"老"布什在一项总统行政命令中裁定所有的转基因植物与同品种的传统植物"实质上相同"。这意味着转基因农作物不仅可以逃避生化和毒性检测，还可以名正言顺地为这些"新创造的植物品种"申请"独占性专利保护"。对于这一裁定，此后历届美国政府都表示支持。

为了在全世界范围内推广转基因农作物，进一步掌控国际粮食市场，美国主导了世贸组织贸易规则以及相关国际粮食贸易规则。作为凌驾于各国政府之上的国际性组织，世贸组织自成立伊始就成为了美国实现世界粮食霸权的新武器，通过制定和推广各种国际规则，世贸组织强行消除了国家间的各种壁垒，加速了商业化的转基因作物的扩散。如，为了保护美国公司的转基因及相关生物技术专利，美国在世贸组织框架下推行了《Trips协议》，并在世界知识产权保护组织（WIPO）框架下协调各国专利法，进

---

① 产量份额以产量排在前 20 位的国家的数据计算得出。出口贸易量份额计算方式相同。

而通过双边贸易协定的形式进一步强化对转基因专利的保护。① 在这种保护下，美国孟山都、先正达、陶氏化学和杜邦等农业综合企业垄断了转基因农作物种子、农药及相关技术，成为转基因农业产业链上游的控制者。再如，美国对转基因作物与普通作物"实质上相同"的裁定，被列入了世贸组织框架下的《实施动植物卫生检疫措施协议》之中，一旦有国家禁止转基因生物进入人类食物链，按此协议将被视为"不公平贸易"；若有国家要求标明转基因食品，根据此协议，将被视为设置"贸易技术壁垒"而予以制裁。

进入 21 世纪后，粮农企业以化石燃料的日益枯竭和保护环境为由，巨头鼓动欧美政府实行了支持生物燃料的政策，借此在世界范围内推广用作燃料的转基因作物。2006 年，美国通过了一项补贴种植燃料作物的新法案，此后数百万公顷的粮田改种了用作燃料的转基因玉米。受此风潮影响，不仅美国本土，欧洲和南美的大片良田也成了转基因燃料作物的种植地。通过生物燃料的大面积推广和大量作物燃料化，美国使国际粮食的供求更加紧张，迫使发展中国家相信，未来国际粮食的价格还会进一步上涨，唯有大面积种植高产量低虫害的转基因农作物，才能保证本国的粮食生产和农业的安全。也就是说，美国通过生物燃料达到了进一步在全球范围内推广转基因农作物的目的。

2. 美国粮食战略对发展中国家粮食安全的影响：经验与教训

在美国粮食战略的冲击下，许多发展中国家的农业出现了严重的问题，不仅本国的农业结构遭受扭曲，严重的还会威胁到粮食安全，并对本国的农业资源和环境造成伤害。菲律宾的粮食问题颇具代表性。菲律宾的粮食生产曾经是自给自足的，甚至有少量出口，其自主培育的高产水稻品

---

① 《Trips 协议》第 27.3 条（b）允许成员国不授予动植物专利，为发展中国家利用生物技术发展农业生产提供了一定的灵活性，但该条约又规定各成员有义务通过专利制度和专门的特别制度或二者的组合对植物新品种进行保护。鉴于《Trips 协议》只是对转基因技术提供了最低限度的保护，美国以及其他西方国家转而谋求通过 WIPO 提高对转基因专利保护的水平。2000 年 11 月，WIPO 发起了所谓"专利议程"，其目的在于推动全球"一体化标准"的《实体专利条约》（the Substantive Patent Law Treaty, SPLT）的订立，而这种高标准是对《Trips 协议》给予发展中国家有限灵活性的倒退（余莹和汤俊，2010）。

种曾被泰国、越南、印度尼西亚、老挝等东南亚国家广泛引种，为这些国家的粮食增产作出了重要贡献。但最近几十年，在美国农业战略的影响下，菲律宾的农业却经历了一个由盛转衰的过程，一度成为了世界上最大的稻米进口国。凭借美国政府对农业的大量补贴，美国的粮食出口可以以远低于生产成本的价格向世界倾销。菲律宾实行贸易自由化以后，由于缺少相应的农业保护政策，菲律宾的国内粮食市场受到了廉价进口粮食的严重冲击。受此影响，大农场纷纷转向生产具有"比较优势"的经济作物，大量农田被用来生产糖、热带水果、烟草、咖啡等以出口为目的的经济作物，粮食生产大幅衰退。据统计，加入世贸组织后，菲律宾水稻总产量在短暂地维持了一段上升趋势后便急转为大幅度下降，1998 年的增长率为 - 24.1%；玉米总产量也多年出现下降，1995 年、1998 年和 2000 年的增长率分别为 - 8.65% 、 - 11.7% 和 - 1.6 % （胡迎春和李彦敏，2003）。本国产量缩减导致进口量激增，谷物进口量在 1992 年为 182 万吨，到了 2002年上涨为 462 万吨，十年间增长了一倍有余。除此之外，菲律宾还不断扩大转基因农作物的种植。2008 年 6 月，美国与菲律宾签署了《农业合作框架协议》，根据该协议，菲律宾可以向美国扩大经济作物的出口，而美国通过援助贷款向菲律宾出口大米，并可进行粮食品种和家畜基因资源项目方面的合作。该协议进一步强化了菲律宾的畸形农业结构。农业结构的转变使得菲律宾的粮食安全十分脆弱，2008 年国际粮价暴涨时，菲律宾立即陷入恐慌之中，菲律宾政府为寻购粮食和平抑国内粮价付出了巨大代价，教训不可谓不深刻。

历来被视为美国后院的南美洲，受到美国的粮食战略的冲击最为直接和严重，其中尤以阿根廷为甚。阿根廷的自然资源是得天独厚的，其辽阔肥沃的潘帕斯草原有着南美洲粮仓的美誉。20 世纪 80 年代之前，阿根廷的农业生产体系是多样化的、富饶多产的，不仅能实现农产品的自给自足，还有大量剩余以供出口，政府也无须对农业提供补贴。然而，在美国推广转基因农作物后不到十年的时间内，阿根廷的农业被彻底改造了。70年代时，阿根廷的大豆种植面积不足 1 万公顷，大豆在阿根廷农业经济中所占地位微不足道。但自 1996 年阿根廷政府允许孟山都公司在阿根廷独家销售转基因大豆种子和与之配套使用的农达除草剂之后，短短数年间，转基因大豆迅速成为了阿根廷最主要的农作物，其 2000 年的播种面积就超过 1000 万公顷，到 2004 年，播种面积更是扩大到 1400 万公顷以上，占到了全部农业用地的一半，另外还有近 1000 万公顷土地被种植了转基因的玉米和棉花。

曾经的潘帕斯草原到处是绿草如茵的牧场，中间穿插着玉米地和麦田，农民们在农业与牧业之间轮作，以维持土质。但自从被改变成了单一作物后，土壤中的关键养分被过度吸收和消耗，土壤肥力快速衰竭。阿根廷的农业生态学家预言，这种状况若得不到改善，不出 50 年，这片曾经最肥沃的土地上将贫瘠到再也无法生产任何农作物了。不仅如此，转基因大豆的抗虫害和杂草的能力很弱，必须与专门的农药和除草剂配套使用。这些化学药剂的大量使用不仅增加了生产成本，而且进一步恶化了自然环境，甚至会给人畜健康带来较大危害。

在外国投资者和农业综合企业巨头的支持下，阿根廷的大土地所有者从无助的农民那里夺取了大量土地。1988～2003 年，阿根廷的奶牛农场减少了一半，牛奶不得不以比国内高得多的价格从乌拉圭进口。单一作物的机械化农作方式迫使数十万农民离开土地，贫困和营养不良现象大量出现。统计显示，20 世纪 70 年代阿根廷全国生活在贫困线以下的人口比例仅为 5%；在转基因农作物大肆入侵后，这个数字在 1998 年陡然攀升至 30%，2002 年又激增至 51%；营养不良的人口在 2003 年占 3700 万总人口的 11%～17%（恩道尔，2008）。

在深受美国粮食战略影响的发展中国家中，菲律宾和阿根廷只是比较有代表性的两个，其他类似的国家还有很多，如南美洲的巴西、巴拉圭、乌拉圭、墨西哥等国和亚洲的印度、中国、巴基斯坦、缅甸等国，都在本国土地上开展了大规模的转基因作物种植。转基因作物的大肆入侵不仅给各国的传统农业结构带来了冲击，也使得农业产业链在不同程度上被美国农业综合企业巨头所控制。正如美国前国务卿基辛格所言："控制了石油，就控制了所有国家；控制了粮食，就控制了所有人"，美国早已将粮食作为维系世界霸权的战略武器，通过左右世界粮食供给和价格，作为自己在世界范围内实施政治和经济诉求的一个重要手段。因此，对众多发展中国家来说，粮食问题已经不再是仅仅事关经济发展抑或是社会稳定的一个组成部分，更应该被提高到国家安全层面，为本国的粮食安全和政治独立而进行全面的战略思考。

5.2 中国的粮食安全隐患

5.2.1 中国的农业资源禀赋与现状

1. 光、热条件优越，但气候条件复杂，干湿状况的地区差异较大

中国幅员辽阔，南北相距 5500 多公里，跨越近 50 个纬度，大部分地区位于北纬 20°~50°之间的中纬度地带，全年太阳辐射总量充足，可以满足农作物生长期间的热量条件[①]。从雨水分布来看，全国各地的干湿状况大体可以 400 毫米等雨量线为界，即从大兴安岭起，经通辽、张北、榆林、兰州、玉树至拉萨附近，沿东北斜向西南一线，分为东南和西北两大部分。东南部为湿润、半湿润区，西北部为半干旱和干旱区，约各占国土的一半。东南部受太平洋季风环流影响，雨水较充沛，年降雨量随纬度高低和距海远近变化于 400~2400 毫米。而西北部半干旱、干旱区的年降水量一般在 400 毫米以下，有些地方仅数十毫米甚至数毫米，限制了农业和林业的发展。中国绝大部分农业产区处于亚热带和温带季风气候带，由于夏季风各年的进退时间、影响范围和强度等都不相同，季风气候具有不稳定性，导致降水在年际变化较大，年内分布不匀，洪涝、干旱、低温、霜冻、台风等农业气象灾害发生的频率较高。

2. 土地总量资源丰富，但人均资源高度短缺

中国土地资源的绝对量很大，全国土地总面积约占世界土地总面积的 7.3%，仅次于俄罗斯和加拿大，居世界第 3 位。地理形态复杂多样，山地

---

① 除分别占国土面积 1.2% 和 26.7% 的寒温带以及青藏高原多属高寒气候外，其余 72.1% 的地区处于温带（占国土 25.9%）、暖温带（占 18.5%）、亚热带（占 26.1%）以及热带和赤道带（占 1.6%）。

多、平地少，海拔 3000 米以上的高山和高原占国土的 25%，此外还有约 19% 难以利用的土地和 3.5% 的城市、工矿、交通用地。耕地面积约为 1.1 亿公顷，从总量上看，耕地面积较大，约为世界耕地总面积的 7%，仅次于俄罗斯、美国和印度居第 4 位，但人均占有量却非常有限，仅为 0.08 公顷，只相当于世界人均耕地的 32%、法国的 28%、美国的 10%、加拿大的 5%、澳大利亚的 3%。过去几十年来，中国的人均耕地面积不断减少，仅在 1996～2003 年，由于建设用地等原因，全国耕地面积就减少了近 1 亿亩，年均减少 0.8%。今后随着工业化和城镇化的不断深入，中国的耕地面积还有继续减少的可能。

3. 耕地质量不高，土地污染严重

国土资源部于 2014 年发布的《关于发布全国耕地质量等级调查与评定主要数据成果的公告》显示，中国的耕地质量等级总体偏低，优等地、高等地、中等地、低等地面积占全国耕地评定总面积的比例分别为 2.9%、26.5%、52.9%、17.7%。近年来，随着城市化、工业化的发展，城市和村镇周边排灌条件好、经过多年培育的优质耕地被大量占用，补充的耕地主要分布在水热、区位、地形条件相对较差的地区，耕地总体质量持续下降，中、低等耕地比例大幅度上升。同时，中国耕地还存在土壤地力低、有机质含量低问题。目前中国土壤对农产品贡献率仅为 20%，比发达国家低 20%。土壤有机质含量仅为 2.08%，远低于欧美水平。另外，耕地退化严重，退化面积占到耕地总面积的 40%，具体表现为东北黑土地变薄、南方土壤酸化、北方土壤盐碱化[①]。

在耕地面积不断减少、耕地质量不高的情况下，当前主要靠增加农用化学品和能源的投入量来维持高产，化肥和农药的使用量不断增加。目前中国的氮肥使用量为世界的 30%，每公顷高出世界平均水平 2.1 倍；磷肥的使用量为世界的 26%，每公顷高出世界平均水平 1.9 倍。同时，中国也是世界上最大的农药使用国，农药使用量是世界平均水平的 2.5 倍，其中高毒农药占有相当高的比例。化肥和农药的使用强度已经远远超过了土地

---

① 王宇：《农业部：中国耕地质量存在"两大两低"问题》，http://www.chinanews.com/gn/2015/09-20/7533615.shtml。

和水体所能承载和自净的能力，致使10%以上的耕地受到了不同程度的污染，造成土壤板结，土壤结构变差，农田养分失调，综合肥力下降，并且增加了土壤中的重金属与有毒元素含量。目前全国受重金属污染的农田约2500万公顷，每年被重金属污染的粮食多达1200万吨。此外，农用塑料薄膜、畜禽粪便和工业"三废"及生活污水的不合理使用与排放，也严重危害着耕地状况和农产品质量。

4. 水资源短缺，且分布不均

中国的农业发展还受到水资源方面的巨大限制。中国是世界上水资源最短缺的国家之一，人均水资源占有量只有世界平均水平的1/4。同时，水资源的地区分布严重失衡。长江流域及长江以南耕地只占全国总耕地的37.8%，拥有的径流量却占全国的82.5%；黄河、淮河、海河三大流域径流量只占全国的6.6%，耕地面积却占全国的38.4%。长江流域每亩耕地平均占有水量达2800万立方米左右，黄河流域为260万立方米，海河流域仅为160万立方米。缺水的地方大都是以过度抽取地下水来维持的，使得地下水位不断下降，如华北平原地下水位年均下降速度超过1米。中国地下水每年超采100亿立方米，超采面积达19万平方公里，深层地下水超采面积达9万平方公里。地下水超采不仅使农业灌溉不可持续，更会引起一系列严重的后果①。此外，水量分配在时程上也极不均衡，年际间变化幅度很大，全国有相当大的地区易受洪、涝、旱、渍等自然灾害的侵扰，同时气候变化将在今后二三十年内进一步加重南涝北旱的现象。2014年发布的《第三次气候变化国家评估报告》中指出，受气候变化影响，中国的年平均降水量可能增加2%~5%，年平均气温将继续上升，蒸发增强，将导致北方水资源短缺状况进一步加剧，旱区面积持续扩大，同时南方地区洪涝灾害发生概率增加。

5.2.2 中国的粮食供需平衡存在较大压力

中国的粮食产量在经过1998~2003年的短暂下滑后，已连续多年保持

---

① 长期超采地下水会引发地面沉降、地表塌陷、土壤盐碱化等后果，还有可能加重地震灾害。

快速增产态势，单产水平也在不断提高，但是中国并未出现粮食富余的情况，粮食净进口量反而在不断上升，粮食供需平衡变得越发紧张。中国粮食需求可以分为两大类、四大用途。两大类是指食物用粮和非食物用粮，食物用粮按用途分可分为口粮和饲料用粮，非食物用粮主要分为种子用粮和工业用粮。其中，食物用粮占到全部粮食需求的 80% 以上，食物用粮的需求变动决定着粮食需求的总体变动。

在食物用粮中，长期以来口粮消费都占到粮食消费总量的 50% 以上，是中国第一大粮食用途。但近些年随着人们生活水平的提高和膳食结构的改善，人们对肉、禽、蛋、奶等食品的消费不断上升。这种膳食结构的改善带动了饲料用粮的快速增长[①]，而口粮消费比较稳定，每年消费量基本稳定在两亿吨上下。其结果是，饲料用粮在粮食消费总量中的比重由 1995 年的不足 30% 上升至 2015 年的 40% 以上，而口粮消费在粮食消费总量中的比重逐年下降，已由 1995 年的 60% 下降至 2015 年的 30% 左右，饲料用粮已经超过口粮成为中国粮食消费结构中的第一大用途和推动中国粮食消费量增长的主要因素。

非食物用粮中，受制于耕地面积，种子及新增储备用粮增长缓慢，在粮食消费总量中的比重基本保持在 5% 左右。与之相比，在食品、医药、化工、制酒等行业的快速发展下，工业用粮呈现出高速增长态势，近些年的年均工业用粮总量比 1995 年增长了近一倍，占到粮食消费总量的 20% 左右，成为拉动粮食消费的又一关键因素。

总体而言，虽然近些年来中国的粮食产量保持着平稳较快的增长，但是却越发难以满足粮食需求的快速上升，特别是在 2007 年之后，粮食出口量逐年下降，而进口量快速增加，粮食缺口不断扩大。2015 年，中国粮食缺口达到创纪录的 3200 万吨，占到当年中国粮食总产量的 5% 以上。相应地，粮食贸易逆差也达到 90 亿美元，中国正从自给自足向粮食进口大国转变。

---

① 据国家统计局数字测算，1995 ~ 2012 年间，中国居民的肉禽类消费量增长了 99%，奶消费量增长了 527%。而一般估计，生产 1 斤鸡肉需要消耗 2 斤粮食，生产 1 斤猪肉需要消耗 4 斤粮食，生产 1 斤牛肉需要消耗 8 斤粮食。膳食结构的改善极大地提高了饲料粮食的消费量。

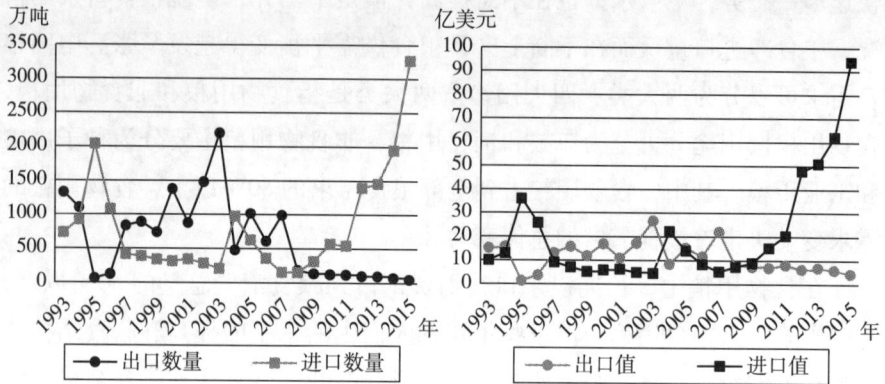

数据来源：中国国家农业部网站。

图 5-4　中国粮食进出口情况

从上文中中国农业资源禀赋与生产现状来看，未来中国的粮食生产还将存在较大制约。从 1998 年以来，中国的人口年增长率虽在逐年下降，但仍在 0.5% 以上；与此同时，人均粮食消费量却在加速增长，2003 年以来年均增幅超过了 0.5%。在进一步工业化和城镇化的发展趋势下，扩大粮食生产很难通过扩大耕地面积来实现，这就意味着，粮食单产必须年均增长 1% 以上，才能保持与人口、消费增长的供需平衡。20 世纪 50 年代，中国粮食单产年均增长率为 1.59%，60 年代为 2.42%，70 年代为 4.62%，80 年代为 2.78%，90 年代为 2.20%，2000 年后的年均增长率仅为 0.87%。随着中国粮食单产水平的不断提高，进一步提高粮食单产的难度也越来越大，有效推动粮食单产提高的五个最主要因素：有效灌溉面积、化肥、农机动力、农药和良种的提高作用都在减弱（刘景辉等，2001）。从世界范围来看，技术水平进步对粮食单产提高的推动作用也在逐渐减弱，相关数据表明，世界粮食单产年均增速已由 20 世纪 60 年代的 2.7% 下降到目前的 0.9%，预计到 2030 年还将进一步放缓（吴敬学和赵姜，2012）。

一般而言，某种商品在国内供给难以满足需求的情况下，通常可以通过国际贸易来弥补供需缺口。但是对于中国这样一个大国来说，只能适度进口粮食，大量依赖国际粮食市场并不现实。仅在正常的国际贸易环境下，国际市场也难以满足中国的粮食需求。国际粮食贸易规模较小，每年全球谷物贸易量仅相当于中国粮食总产量的一半左右，其中大米的全球贸易量仅为中国消费量的1/4。有限的国际供给在面对中国的大量需求时，必然导致高企的价格。而且全球粮食总体供求尚处在紧平衡状态，库存一使用比率多年来始终处于较低水平，在紧张年份供求结构失衡加剧还会导致国际粮价的大幅攀升。更为重要的是，粮食并不等同于一般的商品，粮食安全事关国家的社会稳定和经济发展，所以粮食本身具有战略属性。在特殊的国际环境下，粮食通常被赋予一定的政治诉求，成为国际政治博弈的武器。因此，国际粮食贸易深受国际政治环境的影响，具有相当大的不确定性。从世界范围看，多数大国的粮食自给率都在90%以上。如，澳大利亚的自给率超过200%，美国、加拿大、法国、德国等国的自给率在100%～200%之间，俄罗斯、印度、巴西等国的自给率在90%～100%之间。

5.3　中国粮食企业"走出去"：必要性与能力

综合考虑中国国内的农业资源禀赋、生产现状和国际粮食市场环境，中国的粮食安全正面临着越来越严峻的挑战。在这种背景下，中国农业企业积极"走出去"，通过购买土地兴办农场、承包或租赁农场、合资合作等方式扩大境外农业资源的开发利用，成功建立起一批境外农产品供应基地，对缓解国家的农业资源压力、提高粮食安全水平具有重要意义。

1. "走出去"有助于缓解人均资源的紧张程度

中国正处在高速工业化和大规模城镇化的经济发展阶段，对土地资源的占用使本已不多的人均耕地资源更加严峻，而环境的恶化和气候的变化也将使中国的水资源更加紧缺。反观国外，却有很多农业生产条件得天独厚的国家，丰富的农业资源并未得到充分利用。世界上主要产粮大国如美国、加拿大、俄罗斯、乌克兰等，都有大量的土地处于闲置状态；许多粮食自给率很高的发展中国家，耕种面积也远远小于可耕地面积①；此外，还有很多农业资源禀赋优良的欠发达国家，仅仅由于缺少先进的农业技术和生产资料，致使农业效率低下，粮食自给率水平不高，农业资源处于大量闲置状态，农业生产潜力巨大②。

2. 有助于弥补自然灾害频繁发生给粮食生产造成的损失

中国的农业生产自古以来饱受自然灾害的困扰，是气象灾害最为频发的国度之一，特别是水旱灾害非常频繁。据邓云特《中国救荒史》的统计，从公元前206年到1936年，中国共发生旱灾1035次，平均每两年就发生一次。近些年来，自然灾害发生频率逐渐加大，受灾范围也越来越广。20世纪50年代，中国的年均受灾面积为2225.5万公顷，进入21世纪后年均受灾面积为4865.9万公顷，增长了一倍多。频繁而又广泛的自然灾害给中国的农业生产造成了极大的危害，20世纪60~90年代，自然灾害造成粮食减产的幅度平均为5%，棉花减产25%，油料减产15%；近几年，因自然灾害造成的粮食减产损失每年都在300亿公斤左右。在难以掌控的自然灾害面前，中国的农业安全需有风险分散的全球意识。将农业生产拓展到境外更加广阔的气候和自然条件不尽相同的地域中，既可丰富粮食的供给，又可在国内受大规模自然灾害冲击的时候，在一定程度上为国内的粮食安全提供保障。

3. 有助于减轻土地和环境的压力

中国在有限的土地上养活着日益庞大的人口，并竭力满足不断升级的饮食需求，使得耕地承载了过重的负担，耕地得不到休整，质量不断退化。为了不断推高作物产量，中国还使用了巨量的化肥和农药。不均衡的、过量的施肥不仅使耕地的质量进一步恶化，还给环境带来严重污染，农作物的品质也越发得不到保证。如果中国农业企业能够积极实施"走出去"战略，通过海外垦田或农业合作等拓展方式来释放国内的耕地压力，

---

① 如巴西的可耕地面积为37600万公顷，耕种面积不到6000万公顷；秘鲁可耕地面积约770万公顷，种植面积仅为260万公顷。

② 如非洲的赞比亚和莫桑比克，土壤肥沃，水资源丰富，气候温和，日照充足，适合大面积种植多种农作物，但两国的耕种面积仅仅占到可耕地面积的不足15%。

使国内耕地得到妥善休整和合理利用，将有助于国内农业生产的长远发展和农业资源的可持续利用。

自改革开放以来，中国的农业生产取得了长足的进步。通过国家强有力的投入和对国外农业科技的大量引进，中国农业实现了科技水平的大幅提升，特别是在种苗类、农化类、动物药类、农产品加工类等方面还形成了一批居于国际领先和国际先进水平的技术，取得了一定的绝对优势①。另外，与欠发达国家相比，中国的农业技术在技术成熟度和技术适应性方面也具有较强的比较优势。这主要体现在以下方面：一是农作物杂交生产技术，如杂交水稻和杂交玉米等成熟技术；二是动植物保护技术，如生物农药和兽用疫苗取得了突破进展；三是设施农业技术，如以蔬菜栽培为主的设施农业已经非常完善；四是农业机械化技术，与欧美国家相比，中国的设施农业机械、饲料加工机械、耕作与收获机械、灌溉设备等简单实用，价格合理，在一些发展中国家广受欢迎；五是沼气等农村能源技术，中国农村沼气技术的推广应用规模居国际首位②。除了农业生产技术以外，培育和推广良种良法、测土配方施肥、统一科学的田间管理以及统一机播机收等先进的农业管理技术的普及和推广，也对中国的粮食生产起到了巨大的推动作用。

中国农业生产的进步，集中体现在粮食单产率的提高上。2014 年，中国的粮食单产③水平达到了 5.89 吨/公顷，已远高于 3.87 吨/公顷的世界平均水平，虽然与北美、西欧等地区单产水平最高的发达国家相比，还有一定的上升空间，但是已远高于世界其他国家和地区（参见图 5 - 5）。可见，中国有能力在除上述地区以外的任何地区开展农业开发与国际合作，

----

　① 2006 年，中国农业部对国内 267 家种苗、农化、动物药品、饲料、农产品加工、农业工程和信息咨询等七大类国家级和省级农业科研机构创办的农业科技企业的调研评比显示，在 286 项技术中，居于国际领先和国际先进水平的技术共有 45 项，其中种苗类有 19 项。另据其他相关研究，中国水稻分子育种等 25 个领域的研究达到了世界先进水平，主要农作物种子创新等 50 个领域的研究接近世界先进水平（傅素英，2009）。

　② 参见《中国农业企业走出去初具规模，具备技术优势》，载《中国经济时报》，http://news. china. com. cn/rollnews/2011 - 04/08/content_ 7231446. htm。

　③ 粮食单产量按照谷物收获土地每公顷千克数来计量，包括小麦、水稻、玉米、大麦、燕麦、黑麦、小米、高粱、荞麦和杂粮。

特别是在农业资源禀赋更为丰富的撒哈拉以南非洲和亚洲其他地区，应当作为农业"走出去"的重点地区，经济较为发达但农业相对落后的大洋洲、前苏联12国和中南美洲等地区，土地资源十分丰富，也可作为中国农业"走出去"的目的地。

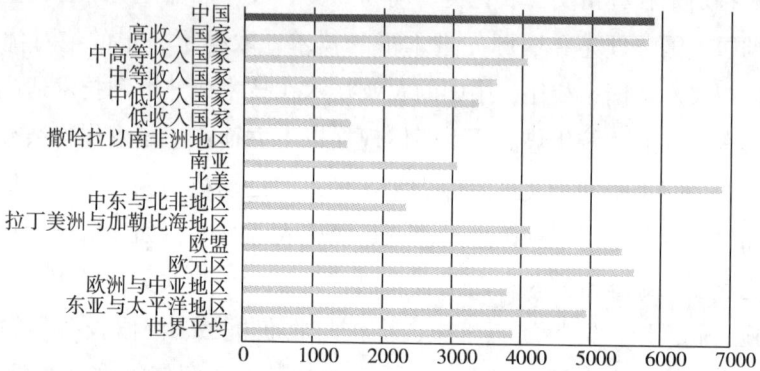

数据来源：联合国粮农组织数据库。

图5-5　世界各地粮食单产量（每公顷千克数，2014年）

第6章 中国企业"走出去"与中国金融战略

6.1 中国外汇储备战略

6.1.1 中国外汇储备发展情况

1994 年，中国施行了外汇管理体制的改革，取消了企业外汇留成，实施银行结售汇制度，并通过汇率并轨，在银行间建立了统一的外汇买卖机制，从而将外币的境内结算和流通限制在特定的金融机构之内。从 1996 年 7 月开始，对外商投资企业实施结售汇制度，将所有进出口和外资引进净额的结算货币限定为人民币。外汇管理体制改革建立了强制结售汇、银行外汇周转头寸限制和事实上的固定汇率制三位一体的制度安排，此后中国一举扭转了改革开放 10 余年来外汇储备低速徘徊的局面，在外贸顺差、直接投资净流入和热钱涌入的驱动下，中国的外汇储备开始快速增长。1996 年，中国外汇储备突破 1000 亿美元；2001 年 11 月，中国在卡塔尔首都多哈签署世贸组织文件，正式加入世贸组织，此后国际贸易额和外汇储备量开始飞速增长，2003 年的外汇增长量超过了 1000 亿美元；2004～2006 年年增外汇储备超过 2000 亿美元；到了 2007～2010 年间，外汇储备年增长量更是在 4000 亿美元以上，外汇储备总量超过 3 万亿美元；2011 年以后，外汇储备增长放缓，甚至开始出现回落。截至 2015 年末，中国外汇储备余额为 3.3 万亿美元。

6.1.2 中国外汇储备适度规模

外汇储备的大幅增长，使得如何对其规模进行管理成为一个重要问

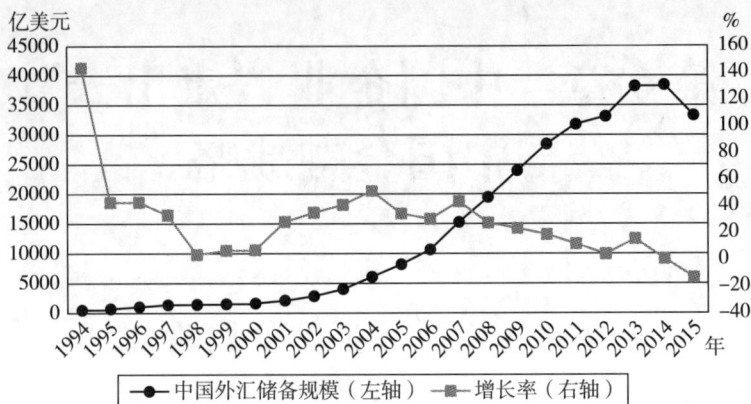

数据来源：国家外汇管理局。

图6-1　中国外汇储备增长情况

题，而确定一国所需的外汇储备规模，关键是判断其适度性。

通常认为，外汇储备应具有抵补国际收支逆差的能力。如，英国经济学家弗莱明（J. M. Fleming）认为，一国金融当局应具有运用储备融通国际收支逆差而无须采用支出转换政策、支出削减政策和向外借款融资的能力，那么储备规模和增长率就应该使其抵补国际收支逆差的能力最大化。而国际收支又主要表现在对外贸易和对外债务的变动上，所以外汇储备应能满足该国的支付贸易和债务需求。具体来说，支付贸易需求是指能够应付对外贸易中对外汇的需求。耶鲁大学经济学教授特里芬（Robert Triffin）提出，一国为保证进出口中的外汇需要，应至少保持三至六个月进口总额的外汇储备，避免在进出口上出现大的外汇短缺。该法则也成为了国际货币基金组织判断各国外汇储备适度水平的标准。而债务需求通常被定义为一国的外汇储备应能满足短期外债到期而债权人不予展期所产生的外汇需求。

从支付贸易需求角度来看，近些年来中国外汇储备的增长远高于进口增速，已经远远超出了贸易进口的外汇需求。表6-1给出了按照进口指标测度的外汇储备的适度规模，可见在加入世贸组织之前，中国的外汇储备对6个月进口额的超额储备还保持较为平稳的增长，加入世贸组织后超额储备开始加速上升。截至 2015 年末，外汇储备对 6 个月进口额的覆盖率已达 397%，也即外汇储备是当年 6 个月进口额的 3.97 倍。从债务需求角度来看，中国外汇的超额储备也是非常巨大的。伴随着外汇储备的快速增长，中国外债余额也呈现出井喷之势，特别是以企业和个人为主体的短期外债，在外债余额中的占比从 2001 年之前的 10% 左右快速上升至 2015 年的 65% 以上。尽管如此，中国外汇储备对外债的覆盖率仍然保持了长期的快速增长，并于 2009 年达到历史极值。随后几年虽出现回落，但维持在高位。如表 6 - 1 所示，截至 2015 年末，中国外汇储备对外债余额的覆盖率为 235%，对短期外债的覆盖率为 362%。综合考虑支付贸易需求和债务需求，中国的外汇储备在 2005 年才实现完全覆盖，但当年的超额储备①就接近 2 千亿美元，到 2014 年末更是增加到 1.98 万亿美元以上。

表 6 - 1　　　　中国外汇储备与 6 个月进口额、外债总额、

短期外债的对比情况　　　　单位：亿美元

年份	1995	1997	1999	2001	2003	2005	2007	2009	2011	2013	2015
外汇储备	736	1399	1547	2122	4033	8189	15283	23992	31812	38213	33304
6 个月进口额	660	712	829	1218	2064	3301	4779	5028	8717	9750	8398
覆盖率（%）	111	197	187	174	195	248	320	477	365	392	397
外债总额	1066	1310	1518	2033	2194	2965	3892	4287	6950	8632	14162
覆盖率（%）	69	107	102	104	184	276	393	560	458	443	235
短期外债	119	181	152	838	1028	1716	2357	2593	5009	6766	9206
覆盖率（%）	618	771	1019	253	392	477	648	925	635	565	362
超额储备	-990	-623	-800	-1129	-225	1923	6611	14677	16144	19832	10744

数据来源：国家外汇管理局、海关总署。

在结售汇制度下，中国的外汇储备快速增加，早已满足了支付贸易和债务需求。与此同时，巨额外汇储备的形成还对中国的金融稳定起到了积极作用，巨额外汇储备对外债的高覆盖率可以大大提高国家信用等级，从而降低了中国政府和企业在国际市场融资的成本，同时也是稳定人民币汇

---

①　这里定义为外汇储备减去 6 个月进口额和外债余额后的余额。

率的重要保障，在货币层面上为中国金融体制改革、人民币成为可自由兑换货币打下了基础。

但是这并不意味着，外汇储备越多越好。应该认识到，持有外汇储备也是有成本的：

（1）持有外汇储备意味着暂时放弃了其对应的实际资源的使用。外汇储备表现为持有一种以外币表示的金融债券，而并非是可投入国内生产使用的资源。适量的外汇储备对于保证国际经济活动的顺利开展是必要的，但是过量持有外汇储备就意味着暂时放弃了将这些资产用来进口资源、商品和劳务以增加生产和就业，这必然会影响到国民收入增长和居民财富积累。实际上，在中国外汇储备快速积累的近十年时间里，国际上各类资源价格也在一路增长，而中国并未建立有效的战略资源储备机制，这造成了持有超额外汇储备的巨额机会成本。

（2）外汇储备的价值取决于所配置资产的价值保有，当配置资产发生贬值时，会使外汇储备价值受到很大损失。中国的外汇储备资产配置主要考虑安全性和流动性，导致收益率长期处于较低水平。在中国的官方外汇储备资产中，50%是美元资产，以美国国债和政府机构债券为主，这些债券的名义收益率只有4%～5%，综合考虑通货膨胀率以及美元波动之后，实际收益率通常不足1.5%。而在储备货币发生大幅贬值时，外汇储备会遭受较大损失：从反映美元币值的美元指数走势来看，2001年美元指数的最高点为121.02，2008年的最低点为71.15，贬值幅度为41.21%；再从人民币汇率的角度看，从2005年7月21日改革人民币汇率形成机制以来，人民币汇率从汇改前的8.27上升至最高6.0左右的水平，升值幅度接近30%。可见，仅由于美元贬值和人民币汇率变动，中国外汇储备的"缩水"规模已非常大。

（3）巨额的外汇储备造成了外汇市场上的外币供应大于需求，并逐步转化成人民币升值的压力。近些年来，国际上要求人民币升值的言论此起彼伏，以美国为首的西方国家利用国际舆论，不断从经济上和政治上迫使人民币升值，并不断强化人民币升值的预期。国际游资也不断地涌入中国，豪赌人民币升值，更加剧了人民币升值的预期，使得中国人民币汇率形成机制的改革几乎无法在一个平等、有序的情况下进行，加大了汇率制度改革的风险①。不仅如此，游资大量进入还加速了金融和地产泡沫的形成，并导致了价格机制的扭曲和资源配置无效。在2009年中国房地产市场大幅上涨的背后，就充斥着大量国际游资的投机行为。

（4）在结售汇制度下，外汇储备的增加就要相应扩大货币供应量，如果外汇储备过大，外汇占款就会成为中央银行投放基础货币的主要方式，这不仅会增加通货膨胀的压力，还会损害货币政策的独立性和有效性。在外汇占款成为中央银行投放基础货币的主要渠道之前，中央银行主要通过对商业银行和非金融机构再贷款、再贴现进行基础货币投放。基础货币从投放到扩张为数倍的货币供给总量需要经过一个较长的过程，即从中央银行到商业银行再到企业的一系列存贷转化过程。然而，在高额外汇储备导致外汇占款大量增加后，巨额的外汇占款直接通过银行结售汇体系将基础货币扩张为数倍的货币供给量，货币供给时滞大为缩短，致使央行对货币总量的控制难度增加。

（5）更为重要的是，外汇储备过度积累还会导致国内财富分配与经济结构失衡加剧，并造成可观的社会福利损益。超额外汇储备带来的基础货币的过量投入，必然引发本币实际购买力的快速下降，直接导致本国居民福利快速流失。随着本币购买力的下降和资产价格的上升，财富分配失衡会更加严重。除了在总量上制约宏观调控的效力，外汇占款还会从结构上削弱宏观调控的效果。当外汇占款成为社会资金投放的主要方式，出口多、引资多的地区或行业人民币资金就会相对充裕，而外汇创收少的地区或行业人民币资金就相对短缺，从而加剧资金在不同地区和行业间分配的不平衡状态，给宏观调控带来很多负面影响。

当前中国的外汇储备持有量已经远远大于抵补国际收支逆差所需储备量，而持有超额储备的成本不断加大，加强中国外汇储备的有效管理、提高外汇储备的经济效益显得尤为重要。

---

① 如日本1985年签订了"广场协议"，日元走上了被迫升值的道路。最终导致了日本20世纪90年代经济危机的爆发以及经济的长期低迷。

6.1.3 外汇储备管理与中国企业"走出去"

1. 外汇储备管理的传统策略

外汇储备的首要职能是维持人民币汇率的稳定，同时还要保证对外支付能力和增强国家抵抗风险的能力。要保证这个首要任务，外汇储备必须符合"安全性、流动性、保值性"这三个基本要求。长期以来，中国把安全性和流动性作为外汇储备管理的核心原则，而保值或增值没有得到应有的重视。随着持有过量外汇储备导致的财政成本、机会成本和货币政策自主性丧失成本的日益增加，外汇储备管理策略愈加重视储备资产的收益，力求通过提高外汇储备的投资收益实现保值增值。

具体来说，中国的外汇储备管理策略和运用主要集中在以下方面：

（1）出于流动性和安全性等因素考虑，中国动用了大量外汇储备购买美国国债及机构债。2000年时，中国仅持有603亿美元国债，到2008年中国所持美国国债金额达到7274亿美元，超越日本（6260亿美元）成为美国第一大债权国，增长十分明显[①]。截至2015年6月底，中国所持美国国债规模为1.27万亿美元，占到当时3.69万亿美元外汇储备余额的34.4%，若再计入0.24万亿美元机构债，外汇储备中的美元债权类资产的比重超过40%[②]。但过分偏重安全性和流动性，就会在投资方面存在较大的效率损失和机会成本。

（2）向股份制改革的金融机构注资。2003年底，由国务院批准设立的国有独资投资控股公司——中央汇金投资有限责任公司成立，当即向中国银行和中国建设银行注资450亿美元，支持它们启动股份制改革。2005年4月，汇金公司又向中国工商银行注资150亿美元，启动了工商银行的股改。注资的目的是改善商业银行的资产负债结构，推动这几家商业银行的股份制改革，帮助它们成为真正意义上的商业银行。此后，汇金公司又陆续向多家金融机构注资。汇金公司通过行使出资人的权利和义务，督促金

---

① 数据来自《中国到底持有多少美国国债?》，载于中国产业信息网。http://www.chyxx.com/news/2014/0416/238007.html。

② 数据来自美国财政部报告，*Foreign Portfolio Holdings of U. S. Securities at End - June* 2015。

融机构落实各项改革措施，完善公司治理结构，成为国务院维护金融稳定、防范和化解金融风险的一个"工具性"公司。

（3）尝试外汇储备的市场化运作。2007 年 9 月 29 日，中国投资有限责任公司挂牌成立，开始尝试以主权财富基金①的方式对外汇储备进行市场化运作。中国财政部通过发行 1.55 万亿元特别国债购买 2000 亿美元外汇储备为中投公司进行了注资。中投公司实行政企分开，自主经营，商业化运作，其宗旨是积极稳健经营，在可接受的风险范围内，实现长期投资收益最大化。自成立以来，中投公司于 2008 年至 2015 年间，取得境外投资年度净投资收益率分别为 − 2.1%、11.7%、11.7%、− 4.3%、10.6%、9.33%、5.47%、− 2.96%，8 年来实现累计年化净投资收益率为 4.58%②。尽管投资收益尚且可观，但与世界一流主权财富基金相比还存在一定距离。基于自身的财务投资者定位，中投公司对外汇储备的市场化运作仅以保值增值为目的，不寻求对境外战略性资产的获取或控制。

（4）通过 QDII 制度拓宽境外投资渠道。特许境内机构投资者（Qualified Domestic Institutional Investors，QDII）制度的推出是中国外汇管理制度的重大突破，指的是在资本项目未完全开放的情况下，允许政府所认可的境内金融投资机构到境外资本市场投资的机制。QDII 通过设立若干以外币为单位的封闭式基金，来投资境外证券市场，这不仅有助于减缓外汇储备的过快增长，降低货币当局管理外汇储备资产的难度，同时通过在国际市场进行跨期和跨市场的投资和资本运作，有利于开拓中国外汇资产的全球配置机会，在更大的范围内承受风险和收益。

2. 外汇储备的战略性调整

尽管外汇储备管理和运用更加灵活，但目前还是更多地从金融层面来考虑投资收益与安全性和流动性之间的平衡。实际上，从持有外汇储备的成本角度来说，应该弱化超额外汇储备的储备属性而强化其资源属性，要

---

① 主权财富基金是一种不以简单持有储备资产维护本币稳定为目标的特殊基金，它一般由国家成立专门投资机构进行管理运作，资金来源大都是国家财政盈余与外汇储备。相对于传统机构投资者，主权财富基金具有承担更高风险以获得更高回报的潜力。

② 数据来自中投公司 2015 年度报告。

更多地从国家经济发展的全局出发，考虑到长期、战略性的目标，唯此才能实现超额外汇储备的资源价值。而通过中国企业"走出去"与世界范围内的资源和市场对接，或许是实现外汇储备资源价值的最佳方式。

陈立（2006）提出了"能力储备"的概念，指出在中国经济处于转型时期时，应加强中国经济发展过程中的自主创新能力，而能力储备则是指有利于提高国家整体经济竞争力而进行的投入，通过这些投入能够获得支持经济发展的战略资源，从而可以保证实现经济社会的稳定和可持续发展，包括物资生产能力的储备、所需人才的储备、技术进步的储备、市场控制能力的储备等。类似地，张劲晗（2006）提出了中国外汇储备功能的转型方向：一是将部分外汇储备转化为战略物资储备，二是将部分货币外汇储备转化为能力储备；夏斌（2006）建议利用中国的外汇储备来建立大宗初级产品的战略储备体系；李志鹏等（2007）提出利用期货手段来实现对矿产品的储备，并建议用外汇储备来为这一方式提供资金支持。

中国当前的高速经济增长很大程度上是建立在资源和环境损耗上。而且中国在全球的生产分工中的地位不高，出口产品附加价值较低，处于整个价值增值链的中下端，更加加剧了中国能源和资源供给紧张的情况。因此，中国通过外汇储备进行合理调整，增加能力储备，从而全面加强中国经济的国际竞争力，提升中国在国际分工中的地位，关系到中国经济的长期可持续发展。而能力储备的获取，需要中国企业"走出去"。

如前文所述，中国企业已经逐步具备了跨国并购的能力与条件。改革开放以来，中国的市场化程度不断加深，中国企业在日益改善的竞争环境下发展壮大；对外开放条件下的国内市场国际化，使得中国企业在一定程度上承受了来自跨国公司的竞争压力；并且在跨国公司的溢出效应下，中国企业获得了管理知识、技术和人才储备。在这种情况下，通过中国企业"走出去"获取能力储备，客观条件已经基本成熟。

随着中国经济的不断发展壮大，中国对海外经济资源的依赖程度不断提高，长期来看中国经济的可持续增长首要在于摆脱经济资源的约束。近些年，中国已经意识到能力储备的重要性，加大力度将充沛的外汇储备转换成对石油、矿石等关键资源的战略储备。但同时也要看到，与采购资源增加战略储备相比，控制海外资源的开采权具有更大的战略意义，而实施对海外重要经济资源开采权的获取离不开中国企业"走出去"。以日本为例，日本国内资源极度匮乏，一直以来都是铁矿石的进口大国，但日本却有着世界最大的钢铁公司，并可以在很大程度上影响铁矿石的国际市场价格。其原因就在于，日本企业很早就"走出去"，对世界上主要矿产企业股权实施收购，既保证了国内企业的原料供应，同时也降低了获取关键资源的风险。

摆脱资源约束，还应鼓励企业"走出去"，加强对中国具有战略意义的境外基础设施建设进行投入。当前，中国经济发展受到的资源能源约束，不仅来自于国内资源的匮乏，还来自于境外资源输送通道存在瓶颈制约。如中国对石油、天然气的进口主要来自中东、北非等地，由于航运路途遥远、中东不稳定的安全因素以及美国对中东、马六甲海峡等海上重要航线的控制，中国的能源进口通道存在严重的风险隐患。其实，中国周边国家也蕴含着丰富的能源储藏，通过沿线重要港口、跨境输油气管道、铁路与公路的建设，对于保障资源与能源供给的安全性，加强中国与周边国家的经济贸易关系，具有重要作用。

加强能力储备，还应鼓励企业"走出去"，通过股权投资积极获取国外的先进技术和关键设备。科技是第一生产力。现阶段，中国的整体科技水平与发达国家相比，还存在较大差距，在提升自主研发投入的同时，加大对关键设备、关键技术的获取，仍是提高中国技术水平、快速实现技术追赶的重要途径。然而，国际上先进国家通常对后进国家实施技术封锁，特别是在一些核心竞争领域的关键技术和装备，普遍存在出口限制，通过技术引进的方式难以获取国际最先进的技术。通过企业"走出去"，与拥有先进技术的海外公司建立资本纽带，进而获得技术和设备，可为中国的技术追赶和自主创新打下基础，有助于中国经济的长期可持续发展。

总之，中国的外汇储备问题由来已久，其背后的深层次问题也不是在短时间内形成并且可以在短时间内解决的。由于中国一直以来实施的低成本、依靠外需、对环境保护和资源消耗关注不够的出口导向型经济发展方式与战略，再加上中国的外汇结存的机制以及中国的汇率制度，外汇储备年年攀升，成了全球外汇储备最多的国家。不能否认，充足的外汇储备对一国有非常重要的意义，如在国防、外交上，充足的外汇储备为中国争取了许多话语权和主动权，而且这些方面的利益是很难用货币来衡量的。但却不能因此而否定中国外汇储备过多的现状，也不能否认外汇占款的过多给中国货币政策带来的巨大压力，更不能否认要为中国的外汇储备找到更为合理、更为科学的使用方式的必要性。外汇储备是中国的宝贵财富，而能力储备又关系到中国经济长远的、健康的发展，将这两者有效地结合起来，既可以解决中国庞大的外汇储备造成的诸多负面影响，还可以有效地促进中国经济的长期可持续发展，可谓一举两得。中国企业"走出去"，是将中国外汇储备与世界范围内的资源与市场对接的关键通道，鼓励中国企业"走出去"对外汇储备的战略调整具有重要意义。

6.2　人民币国际化战略

6.2.1　人民币国际化的时代背景与意义

1. 国际货币体系存在弊端

2008 年，次贷危机爆发并迅速演化为国际金融危机，将当前国际货币体系的内在缺陷和改良问题再次推到了学术讨论的中心。

国际货币体系就是各国政府为适应国际贸易与国际支付的需要，对货币在国际范围内发挥世界货币职能所确定的原则、采取的措施和建立的组织形式的总称。国际货币体系具有三方面的内容和功能：一是规定用于国际间结算和支付手段的国际货币或储备资产及其来源、形式、数量和运用范围，以满足世界生产、国际贸易和资本转移的需要；二是规定一国货币同其他货币之间汇率的确定与维持方式，以确保各国间货币的兑换方式与比价关系的合理性；三是规定国际收支的调节机制，以纠正国际收支的不平衡，确保世界经济稳定与平衡发展。

当前的国际货币体系又叫牙买加体系，始于 1976 年的"牙买加协定"和"IMF 章程第二次修正案"，二者宣布了布雷顿森林体系的终结。牙买加体系的特点是没有本位货币及其适度增长约束，没有统一的汇率制度，也没有国际收支协调机制，其基本的运行框架如下（杨小军，2008）：

（1）储备货币多元化。牙买加体系下国际货币本位已经与实物价值完全脱钩，多种强势国家的信用货币，如美元、欧元、日元等充当世界货币的角色。其中美元在储备货币中仍占主导地位，尽管地位有所削弱，但仍然是最主要的国际计价单位、支付手段和国际价值储藏手段。因此，牙买加体系也被认为是布雷顿森林体系的延伸。其他强势货币如欧元、日元以及特别提款权等作为储备资产的地位不断提高。

（2）汇率安排多样化。"牙买加协定"允许成员国自由作出汇率安排，既可以继续实行固定汇率制，也可以实行浮动汇率制，还可以实行盯住某一种主要货币或一篮子货币的汇率制度等。就当前的国际货币体系结构来看，全球汇率制度呈现出明显的"中心—外围"架构。货币被世界通用的少数发达国家位于这一架构的中心，实行浮动汇率制度，向外部输出货币，接受来自外围国家的实体性资源。位于外围的广大发展中国家多采用固定汇率制度，通过持有中心国家的货币满足支付和储备需要，同时向中心输出资源。

（3）国际收支调节机制多渠道。在牙买加体系下，由于实行以浮动汇率制为主体的多元化的汇率制度，成员国可以灵活运用汇率机制、利率机制、IMF 的短期贷款与干预、国际金融市场及商业银行的融资等多种手段对国际收支进行调节，因此更强调国际货币基金组织的协调作用。但自牙买加体系建立以来，国际货币基金组织并未对国际收支调节机制作出明确的规定，在制度上无任何设计和约束来敦促或帮助逆差国恢复国际收支平衡，完全由逆差国自行调节国际收支失衡。

在这种架构安排下，牙买加体系有着内在的固有缺陷：

（1）本位机制主要受美国经济和美元信用影响，基础不稳定。尽管在牙买加体系中有欧元、日元等跻身世界货币行列，但是美元仍然是全球最主要的货币，占据着全球 60% 以上的外汇储备份额。在某种程度上说，牙买加体系仍然是一个单极货币体系，自然也难以避免单极货币体系所拥有的先天缺陷，即货币体系的核心国家在面对个体利益与维系整个货币体系运转责任的矛盾时，会倾向于维护个体利益，特别是在核心国家发生金融危机或经济危机时，会通过货币体系霸权向外分散风险，导致危机从局部向全局扩散，从而威胁到国际金融与世界经济稳定的整体利益。实际上，无论是 21 世纪初的互联网泡沫危机还是此番次贷危机，美国都放弃了维护国际货币体系稳定的责任，采取大幅降息或量化宽松等货币政策，给其他经济体造成了较大冲击，并导致全球流动性泛滥。

（2）多种汇率制度并存加剧了汇率体系运行的复杂性，并助长了国际金融投机行为。良好的国际货币体系应能提供相对稳定的汇率环境，但是在牙买加体系的"中心—外围"汇率制度架构下，储备货币国采取独立货币政策加自由浮动的汇率制度，使得汇率波动自体系中心向外震荡，而外围国家追逐强势货币、抛售弱势货币的行为更是加剧汇率的起伏，同时外围国家出于本国经济利益也不断爆发汇率战，致使牙买加体系下货币和金融危机时有发生。汇率的波动为日益增长的游资提供了投机的温床，据国际清算银行于 2016 年 9 月公布的外汇市场调查数据，全球日均外汇交易量超过五万亿美元。其中绝大部分是没有任何贸易背景和生产背景的投机性外汇交易，这种投机行为必然会加剧危机爆发的规模和频率。

（3）国际收支调节机制尚不健全。自牙买加货币体系建立以来，IMF并未对国际收支调节机制作出明确的规定，也无相应的制裁措施。国际收支虽然可以通过多种渠道加以调节，但各种渠道本身都存在着缺陷。如汇率调节机制受进出口商品结构与需求弹性的限制、利率调节机制给本国经济带来的副作用、通过资金融通调节会造成发展中国家的外债积累，商业银行间的逐利性竞争也容易导致贷款约束放松，等等，但更为重要的是各自为政的国际收支调节机制使得国际协调难以实现。尽管 IMF 要求各国将保持汇率的稳定作为首要原则，但各国政府却大都将国内的宏观经济目标放在首位，往往采取一些不利于国际收支平衡的经济政策。特别是一些发达国家，为了实现本国的经济目标，国际收支长期处于失衡状态，致使本币汇率剧烈波动，严重影响到国际货币体系的稳定。

2. 国际货币体系改革与人民币国际化

针对牙买加体系存在的弊端，国际社会对改革国际货币体系的呼声早已有之并日益强烈。从改革方式来看，主要有三类观点：一是用新的国际储备货币或超国家的储备货币替代美元；二是建立多元化的国际货币体系，建立相互制约、相互竞争的国际货币关系，削弱美元的霸权地位；三是建立全球单一货币体系，各国货币退出流通。但是从现实角度来看，第一类观点存在着难以克服的缺陷，而第三类观点更像是美好的愿景，在当前的条件下很难具备操作性，唯有第二类观点最为可行，也是当前国际货币体系改革的主要方向，可以看作是第三类观点的阶段性目标。

首先，一国货币能否成为国际货币，关键取决于货币发行国的经济规模和状况。虽然当前有欧元、日元等货币在国际货币体系中占据了一定的市场份额，但是背后支撑其信用的经济体都无法与美国相抗衡，因此目前尚不存在一种能够取代美元的国际货币。而且只要是主权货币，在成为国际货币后就会存在与美元同样的缺陷，并不能在根本上改变现行的国际货币体系。一些学者建议用 IMF 创造的特别提款权作为国际货币，以此解决主权货币存在的缺陷。然而在浮动汇率下，特别提款权难以承担主要储备货币的功能。特别提款权是 IMF 以各国外汇储备作为准备创造出来的用于弥补各国对外清偿力不足的一种账面资产，是作为一种储备资产的补充而存在的，并不是实际流通的货币，IMF 只能根据准备有限度地创造一定数量的特别提款权，并不具备发行超国家储备货币的信用基础。

其次，建立全球单一货币体系，需要在几种主要国际货币之间实行固定汇率制，类似于欧元区的货币联盟，在此基础上才能建立超主权的储备货币，最终形成全球的单一货币。然而欧元区的实践表明，固定汇率下各国统一了货币政策却没有统一财政政策，必然酝酿着巨大的风险。这也是欧元区爆发债务危机的深层次根源。这就意味着，在全球单一货币体系下，需要出让本国的货币政策和财政政策。这在当前的国际政治、经济环境下并不具备可行性，建立全球的货币联盟的条件尚不成熟。

实际上，美元霸权给美国带来的好处是巨大的，美元不会自动退出国际主导货币的舞台，这是国际货币体系改革的限定条件。在这个条件下，真正具有可行性的就是建立多元化的国际货币体系。在这个体系中，各经济体根据地理位置、经济开放程度、经济规模、进出口贸易的商品结构和地域分布、国内金融市场的发达程度及其与国际金融市场的一体程度和相对的通货膨胀率等因素，结成几个不同的区域货币同盟，甚至是成立统一货币区，每一个统一货币区内的区域统一货币构成了国际多元货币体系中的一极。正如蒙代尔提出的"金融稳定三岛"理念，提倡美元、欧元和亚元分别承担起区域货币的职责，共同构成三元货币体系。这种制度选择的优点是显而易见的：它为世界各国从事国际经济交易提供了三种可供选择的清偿工具，避免了用一种货币充当国际货币而存在的特里芬困境（即"信心和清偿力之间的矛盾"），也避免了两极货币格局容易产生的"跷跷板效应"；对称的三元国际货币体系也可为各国的外汇储备提供分散汇率风险的机制，使第三种货币成为另外两种货币波动的平衡力量；另外，寡头垄断的国际货币之间相互制衡，既竞争又合作，有利于降低相互之间宏观经济政策的协调成本，也有利于维持国际金融市场的繁荣与稳定。

作为亚洲两个最大的经济体，中国和日本必定在建立未来的亚洲统一货币过程中发挥核心作用。日本的货币国际化起步较早，虽然经历了初期的快速发展，但是却在美国的干预下陷入了失去的十年，日元国际化也以失败而告终，国际化水平不升反降。这就要求人民币能够肩负起改革国际货币体系的重任，尽快成长为区域乃至国际上有影响力的货币。而从当前中国经济的状况来看，中国已然具备了货币国际化的基础条件：

（1）经济实力快速增长，为人民币国际化提供了坚实的基础。改革开放后，中国经济实力不断增强，经济总量已跃居世界第二位，占到了全球经济总量的10%以上。经济的持续快速发展为人民币国际化提供了坚实的基础，人民币的国际地位也理应与中国的经济实力相匹配。

（2）币值长期稳定，逐渐积累起良好的信誉。一方面，中国多年来保持对外贸易和国际收支的双顺差，并实行着稳健的货币政策，人民币汇率稳中有升，增强了人们对持有人民币的信心，使人民币具有较高的国际信用。另一方面，在1997年的东南亚金融危机中，中国力保人民币不贬值，避免了金融危机的进一步深化，赢得了国际社会的广泛赞誉。在2008年的国际金融危机中，人民币依然保持坚挺。中国政府为维护币值稳定作出的努力和态度，也是人民币信誉的有力保障。

（3）外汇储备充足，为人民币国际化提供支撑。截至 2015 年末，中国的外汇储备高达 3.3 万亿美元，是全球第一大外汇储备国，超额储备超过 1 万亿美元。充裕的外汇储备提供了足够的国际清偿手段，为人民币国际化提供有力支撑。

（4）跨境人民币业务发展迅速，人民币区域化实践态势良好。自 2009 年中国与东盟等多个国家和地区开展了跨境贸易人民币结算试点以来，跨境贸易人民币结算业务增长迅猛，截至 2015 年末，银行累计办理跨境贸易人民币结算业务已达 7.23 万亿元。伴随着跨境贸易人民币结算的推进，人民币资金跨境循环路径也不断建设和完善，如准许境外货币当局、中国香港及中国澳门人民币业务清算行和境外参加行等境外机构使用人民币资金投资国内银行间债券市场、允许以中国银行境外机构为主体的中资金融机构办理使用境外人民币向境内企业发放贷款等，为境外机构依法持有的人民币提供了合理的运用渠道，提高了人民币在境外的接受度和认可度。此外，自 2008 年国际金融危机以来，中国积极开展同他国（地区）的货币合作，先后同 33 个国家和地区签署了双边本币互换和结算协议，总额度超过了 3.3 万亿元人民币，扩大了人民币的使用范围。

除了对国际货币体系改革带来积极影响以外，人民币国际化也将给中国经济带来巨大收益。如：人民币国际化将使中国在国际经济交易中使用人民币计价和结算，从而消除汇率风险和货币交易成本，改善贸易环境；降低积累大量外汇储备的必要性，从而消除持有大量外汇储备的成本问题；为世界提供人民币流动性还将给中国带来可观的铸币税收入。更为重要的是，人民币国际化能够提高国内货币政策的独立性，增强抵御金融危机的能力，并在国际金融体系中拥有更多话语权。

6.2.2　人民币国际化与中国企业"走出去"

在货币国际化的过程中，一个核心问题是本币采取何种输出方式来为世界经济增长和国际贸易发展提供清偿能力，也即本币的国际流通问题。顺畅的输出渠道和充分的国际流通量是货币国际化成功的前提和基础。

历史上主要国际货币在国际流通问题上的解决方法都不尽相同。在英镑成长为国际货币的过程中，由于率先实行了金本位，英镑的信誉获得了极大的提高，受到全球资本的青睐，各国实行金汇兑本位制，即各国本币同英镑挂钩，本币不能再兑换成黄金而只能兑换成英镑进行国际结算，因此各国同英国的经济往来以及各国之间的大部分商业关系都需要通过英国来兑换和筹措资金。与此同时，英国也凭借英镑的特殊地位进行着大规模的海外投资活动。正是凭借着大量的资本输出英国向世界各国输出了巨额货币，建立起英镑霸权的国际货币体系。美元的崛起与英镑有相似之处。美元在国际化的初期也是通过与黄金挂钩建立起货币信誉，进而确立了美元的国际货币地位。但是美元的输出主要是通过长期的大规模的贸易逆差来实现的。20世纪80年代，日本开启了本国货币的国际化进程。不同于英国和美国，日本不具有与黄金挂钩提升货币信誉的历史机遇，在国际贸易中又长期保持顺差地位，所以日元国际化走出了与英国、美国完全不同的道路，主要是依托实体经济发展与强大的国际贸易优势，通过大规模跨国投资向世界各国提供日元资金，以此推动日元的国际化进程。虽然日元国际化后来在美国的干预下失败了，但其在这一时期的成功经验却是不可忽视的。日本经验表明，货币国际化不一定要通过美元的模式实现，日本创造了在贸易顺差的条件下通过对外投资实现日元国际化的新模式。这对有着与日元相似的初始条件的人民币来说，具有重要的借鉴意义。

此外，对外投资与货币国际化之间还存在深层次的互动机理，二者可以起到相互促进的作用：

（1）对贸易顺差国来说，扩大对外投资能带动资本项目的流出，抵消经常项目下的国际贸易顺差，改善本国国际收支，有助于减少本币升值压力，维护币值稳定，建立和巩固本币的信用；与此同时，对外投资和币值稳定可以改善本国的对外经贸环境，为货币国际化营造良好的外部环境。

（2）对外投资有助于促进区域经济合作，提高区域经济一体化程度，进而带动区域货币合作，为货币区域化和国际化创造良好条件。借助中国—东盟自贸区等区域性经济组织，中国与周边国家逐步建立起共同的经济利益，对外投资和经贸往来促使区域经济一体化程度不断提高，扩大了本币资金的跨境流动规模和本币在区域内的使用范围，在此过程中培养区域内国家经济个体对本币的持有和使用习惯,使本币逐渐承担起区域内国际贸易的计价和结算货币,并进而形成本币的境外循环。

(3)货币国际化有助于降低企业对外投资的汇率风险。企业在进行对外投资活动中,汇率变动会对企业的资金成本、债务结构和外币资产价值产生重大影响,因此汇率风险是制约企业对外投资的重要风险之一。货币国际化可以给企业对外投资装上"安全阀",使企业可以运用本币进行投资,并根据自身的经营情况和国际市场的变化动态,利用本币进行投融资变换,从而达到规避汇率风险、降低投资成本和增加投资收益的目的。

(4)货币国际化有助于拓宽企业海外投融资渠道。资金来源与成本是企业进行对外投资的关键问题。在本币国际化的过程中,通过在国际市场上进行本币融资,不仅可以大大拓宽企业筹集资金的渠道,降低融资成本,提高融资效率,还可为境外循环的本币资金提供投资和回流渠道,促进本币境外循环良性发展。

在当前国际货币体系弊端日益凸显的时代背景下,随着中国经济的快速发展和国际经济话语权的不断提升,人民币逐步走向国际化的基础条件已经具备。顺应时代的发展和国家经济发展要求,人民币国际化已经成为国家金融发展战略的重要构成部分。在这个既定的时代背景和政策导向下,中国企业加快"走出去",与人民币区域化和国际化协调发展,具有重要意义,但同时也为企业"走出去"提出了新的要求。在"走出去"的过程中,中国企业要力求配合人民币国际化战略和国际化进程,制定服务于人民币国际化的特色资本输出模式,如对外投资与贸易往来中主动使用人民币、可考虑对愿意使用人民币的外商给予奖励等;与此同时,中国企业也要充分利用人民币国际化取得的成果,在对外投资活动中注意规避汇率风险,拓宽投融资渠道,助力企业开展稳健高效的国际化拓展。

下　篇

中国企业"走出去"战略实施

第7章 企业"走出去"的理论基础

一国企业"走出去",通过跨国直接投资等方式开展跨国经营,早在20世纪60年代就引起了学术界的注意。1960年,美国学者斯蒂芬·海默(Stephen Hymer)的博士论文《国内企业的国际化经营:对外直接投资的研究》发表,成为最早研究跨国公司海外投资的理论著作,开创了以跨国直接投资为研究对象的新的研究领域。此后,"走出去"相关理论不断深入,并朝着多个方向发展,但至今仍未出现一个普遍接受的理论框架。本章将对已有理论进行梳理,在此基础上结合现实中普遍存在的在政府主导下的企业"走出去"行为,对理论进行补充修正。

7.1 发达国家跨国直接投资理论

1. 垄断优势理论

海默在其博士论文中提出了用垄断优势来解释美国企业的对外直接投资行为,后经其导师金德尔伯格(C. P. Kindleberger)教授等人的完善和发展,形成了系统的垄断优势理论。海默在对美国企业对外直接投资的研究中发现,这些企业主要分布在资本相对密集、技术先进、集约程度高和规模经济明显的行业,如汽车、石油、电子、化工等制造业部门,这些行业往往垄断程度较高。因此,他认为,要解释战后美国跨国公司的对外直接投资,必须从不完全竞争的前提出发进行研究。

该理论认为现实中的市场充满了不完全竞争,商品差异性、特殊的市场技能和价格联盟等,政府的有关税收、利率和汇率等政策,企业特殊的管理技能、在资本市场上的便利以及受到专利制度保护的技术差异等原因,都会造成要素市场的不完全。正是这种市场的不完全致使在技术、资金、规模经济和组织管理等方面具有优势的跨国公司拥有了垄断的优势,这种垄断的优势足以抵消跨国经营必须承担的通讯、信息、语言障碍等多于当地企业所承受的各种附加成本，并与东道国国内企业相比更有竞争力。

西方学术界认为，垄断优势理论标志着跨国公司问题从传统的贸易、金融等理论中分离出来，成为一个独立的研究领域。该理论以美国制造业跨国公司为研究对象，凸显了垄断优势在企业对外直接投资中的重要作用，因此该理论更多适用于解释来自发达国家跨国公司的对外直接投资行为。但自20世纪90年代以来，来自发展中国家的对外直接投资规模快速增长，不仅流向了发展中国家，也大量流入发达国家，对此现象该理论显露出了解释力上的不足。此外，从很多跨国公司的成长来看，垄断优势恰恰是在对外直接投资的过程中不断获取和强化的，因此垄断优势可能与企业对外直接投资互为因果。

2. 产品生命周期理论

1966年，美国哈佛大学教授弗农（Raymond Vernon）通过观察和研究战后美国跨国公司对外直接投资行为，将国际贸易理论与对外直接投资理论相结合，提出了国际产品生命周期理论。该理论认为，产品的生命周期分为三个阶段：起始于发达国家的新产品设计与开发阶段、技术成熟并开始向其他发达国家投资设厂进行生产的产品成熟阶段、技术优势彻底丧失后生产向欠发达国家转移的产品标准化阶段。在产品生命周期的不同阶段，企业的比较优势会随之发生动态变化，进而导致贸易与投资的流向也发生转变。例如，在新产品设计与开发阶段，企业在国内和国际市场上都具有垄断地位，表现为贸易的出口流向。在产品的成熟阶段，创新国的国内市场逐渐达到饱和，其他发达国家的市场开始成熟，发展中国家市场逐步形成，为了应对海外市场对产品日益增加的需求，更好地实现规模经济和降低成本，企业会选择向其他国家市场投资建厂。到了产品的标准化阶段，企业不再拥有技术优势，只能选择向成本更低的国家转移生产来获得参与价格竞争的利润空间。这表明，在国际生产中，任何产品的生产地点将在一定程度上取决于该产品处在生命周期中哪一个阶段，而对外直接投资则是国际生产过程或产地转移的结果。

该理论通过动态分析企业在产品生命周期不同阶段所具有的特殊优势和企业在东道国所能获得的区位优势，解释了跨国公司发展对外直接投资的动因和时机选择，弥补了古典贸易理论的比较优势静态分析的局限，比较符合战后一段时间内主营标准化产品设计和生产的跨国企业的国际化实践，为制造业跨国公司的成长提供了一个有力的分析工具。但这也是该理论的局限性所在，即该理论对资源获取和基础设施建设等领域的对外直接投资无能为力。同时，该理论在面对 20 世纪 70 年代后西欧国家和日本对美国的大规模直接投资活动，以及近二十年来发展中国家对发达国家直接投资迅速增长这些现象时，难以提供有力的解释。

3. 内部化理论

1976 年，英国学者巴克利（P. J. Buckley）和卡森（M. Casson）在《跨国公司的未来》一书中，将罗纳德·科斯（Ronald Coase）的交易成本理论应用于跨国公司的对外直接投资行为分析中，提出和发展了用来解释企业跨国经营动因的内部化理论。该理论也把市场不完全性作为分析研究问题的基本前提，认为中间产品（如知识、信息、技术、零部件、原材料、商誉、营销技巧、管理方式与经验等）市场不完全，从而导致参与市场交易的成本增加。公司在进行其经营活动中会面临各种市场障碍，为克服外部市场障碍或弥补市场机制的内在缺陷，公司可以通过将交易各方改成公司所属各子公司之间进行，形成内部化市场，从而保障自己的经济利益。当内部化过程超越国界的时候，就产生了对外直接投资行为，这也即是跨国公司的形成过程。可见，决定企业实行对外直接投资的因素就是决定企业实行市场内部化的因素，主要为外部市场失效和中间产品交易困难。内部化虽然也要支付代价，但对外直接投资的内部化带来的收益会远远超过国际外部市场的交易成本和对外直接投资的内部化成本。

内部化过程主要是通过以下五个方面来体现的：

（1）当买卖双方因信息不对称，交易成本过高难以成交时，可通过并购或新建子公司使交易在企业双方内部进行，从而避免或减少了交易成本。

（2）市场存在某种双边垄断僵局，交易条件不稳定，经营活动不确定性增加时，通过直接投资企业相互参股或并购建立较稳定的长期合作关系，从而使经济活动获得一定保障。

（3）拥有内部化优势的企业可获得内部化的收益。跨国公司内部市场可将子公司的经营活动置于统一的相互依赖控制之下，充分应用包括差别定价、转移定价等手段提高公司的整体经营效益。

（4）当政府通过税收、汇率政策等调控手段对外部市场干预时，跨国公司可通过内部化来减少某些无效干预。

（5）市场内部化后，企业新增交易的边际成本接近为零，其违约的风险也近乎为零，有利于企业的发展。

在内部化理论中，跨国企业对外直接投资的动因源自企业通过内部组织体系和信息传递网络以较低成本在内部转移这种优势的能力，而非企业特有的技术优势本身。当投资企业与受资国之间存在不可能在非完全竞争市场上获得的互补优势要素时，就会产生对外直接投资行为，通过直接投资以较低的成本将优势转移到国外，从而对自己的优势进行全面的控制，最大限度地获取优势带来的收益。不孤立地强调企业已拥有的特定优势，而是强调企业通过内部组织体系以较低成本将其在内部转移，这是内部化理论与垄断优势理论的主要区别所在。这也就回答了垄断优势理论所无法回答的一个问题：为什么拥有技术优势的企业采取直接投资而不是通过出口或者技术转让来谋求利益？答案就是当知识技术的市场交易成本高于市场内部化的成本时，企业可能选择直接投资而不是技术转让。

内部化理论从跨国公司主体角度来解释对外直接投资的动因，对发达国家之间、发达国家与发展中国家之间的直接投资有较好的解释力，被一些经济学家称为"外国投资的一般理论"。但是，内部化理论在面对对外直接投资过程中受客观经济环境和国家政策等外部因素影响下的投资区位选择问题，以及在面对跨国公司的跨产业链对外直接投资现象时，难以提供有效的说服力。

4. 比较优势理论

比较优势理论的思想最早源于英国古典经济学家大卫·李嘉图（David Richardo），认为一国即使在所有商品生产上都处于绝对劣势，但只要在不同商品间存在生产技术上的差别，就会出现生产成本的相对差别，每个国家都应根据"两利相权取其重，两弊相权取其轻"的原则，集中生产并出口其具有"比较优势"的产品，进口其具有"比较劣势"的产品。

20世纪初，瑞典经济学家赫克歇尔（E. Heckscher）与俄林（B. Ohlin）从各国生产要素（劳动、资本、自然资源等）的比例与稀缺程度来解释比较优势的产生，提出了国际贸易领域的要素禀赋优势论，认为每个国家有不同的生产要素禀赋，使得不同国家的生产要素价格各不相同，商品的相对成本比例不同；各个国家应生产并出口本国要素供给丰裕的商品，进口本国生产要素稀缺的商品。

在比较优势和要素禀赋论的基础上，1978年，日本经济学家小岛清在其著作《对外直接投资论：日本海外直接投资模式》中，从企业比较优势动态变迁的角度来解释日本企业跨国经营问题。该理论认为，一国对外直接投资应该从本国（投资国）已经处于或将陷于比较劣势的产业（又称边际产业，同时也是对方国家具有或具有潜在比较优势的产业）依次进行，通过将比较劣势产业转移到国外生产，并进口相应产品，不仅可以降低东道国的生产成本，也可以通过进口降低母国的成本，实现互利共赢。小岛清的比较优势投资理论更多的是从国家产业发展的视角出发，企业跨国经营具有浓厚的政府引导意味，与着眼于企业层面的"美国式"的垄断优势论抑或内部化理论具有明显的区别。该理论是从特定历史时期日本的产业发展实践中提炼出来的，虽然具有严格的前提条件，但在一定程度上对一国政府规划产业发展和转移活动具有借鉴意义。

5. 国际生产折衷理论

1976年，英国里丁大学教授邓宁（J. H. Dunning）在归纳和吸收以往对外直接投资理论成果的基础上，提出用折衷主义方法来解释对外直接投资活动，将其发表在《贸易经济活动的区位和跨国企业：折衷理论方法探索》一文中，并在其后发表的一系列著作中对此进行了更为深入全面的阐述。该理论认为，要想全面回答企业为何选择对外直接投资以及如何投资等问题，必须将企业的对外投资动机、条件、能力、区位等因素综合起来加以考虑，而这些因素可归结为企业是否具有以下三个优势：所有权优势、内部化优势和区位优势。

（1）所有权优势，又称为"垄断优势"或"竞争优势"，是指企业拥有或掌握某种财产权和无形资产的优势，包括：研发、管理与技术水平、营销技巧、企业生产效率、规模经济、相对的市场力量等。企业是否拥有所有权优势是决定企业是否有对外投资动机和能力的前提条件，但并非充分条件，因为拥有所有权优势的企业也可通过出口和技术授权等方式来实现这些优势的价值。

（2）内部化优势，是指企业拥有组织和经营活动方面的优势，可以将外部不完全的市场进行内部化的能力。外部市场不完全主要表现在两个方面，一是结构性的市场不完全，如竞争壁垒、政府干预等；二是自然性的市场不完全，如知识市场的信息不对称和高交易成本。企业通过直接投资，可以将所有权优势内部化在一个共同的企业内部，按企业自身的需要和流程来配置资源，使企业的垄断优势发挥最大的效应。因此，企业要想成为跨国公司，必须有其内部化特有优势的动力。内部化优势的大小决定着跨国公司将如何选择利用其所拥有的资产参与国际经济的形式。

（3）区位优势，是指东道国存在的不利于企业出口而有利于企业直接投资的各种因素，包括：东道国的政治经济制度、政策法规优越而形成的有利条件及良好的基础设施等；东道国不可移动的要素禀赋所产生的优势，如丰富的自然资源、地理位置和劳动力等。

该理论认为，上述三种优势是否完备决定了企业应选择何种方式参与国际经济活动。在对外直接投资、对外贸易和非股权转让这三种最为常见的参与国际经济活动的方式中，如果企业仅拥有一定的所有权优势，则应选择以对外技术转让的形式参与国际经济竞争；如果企业同时拥有所有权优势和内部化优势，则对外贸易是参与国际经济竞争的一种较好形式；如果企业同时拥有所有权优势、内部化优势和区位优势，则对外直接投资是参与国际经济活动的最佳形式。由此可见，在邓宁的国际生产折衷理论中，跨国直接投资现象发生的充分条件是需要以上三个优势同时具备，缺一不可。

总的来说，国际生产折衷理论借鉴和综合了以往的跨国公司理论，较

114

为全面地分析了企业发展对外直接投资的动因和决定因素。但是该理论将对外直接投资的条件限定得过于严格，难免存在片面性。这与许多企业的对外直接投资行为并不相符，特别是那些来自发展中国家的明显不具备以上三种优势的企业，不仅大力发展了对外直接投资，而且很多企业还投向了发达国家。其原因在于，邓宁的理论也是以发达国家的制造业公司为研究对象来构筑的，企业拥有独占式技术优势就成为跨国经营的必要前提，这对于阐述发达国家以夺取市场和获得高额利润为目的的企业跨国经营活动是适当的，但并不适用于许多发展中国家企业的跨国经营。这些企业跨国发展的目的常常正是为了直接地从某些国家和地区吸取包括技术在内的多种资源优势，发现国外的区位优势，特别是利用和转移这些区位优势的内部化能力，则显得更为重要。

7.2　发展中国家跨国直接投资理论

鉴于发达国家跨国直接投资理论在解释发展中国家跨国直接投资行为上的不足，自 20 世纪 80 年代以来，一些西方学者对此展开了研究，形成了一系列新的理论和观点。

1. 小规模技术理论

1983 年，美国经济学家刘易斯·威尔斯（Louis T. Wells）在专著《第三世界跨国企业》中对发展中国家对外直接投资的竞争优势来源进行了系统全面的分析，提出了小规模技术理论。该理论认为，虽然发展中国家企业在对外投资行为中不像发达国家企业那样，拥有绝对的竞争优势，但是发展中国家可能具有以下三个方面的相对优势，作为企业对外直接投资的竞争优势来源：

（1）拥有为小市场需求服务的小规模生产技术。面对需求非常有限的低收入国家市场，发达国家企业的大规模生产技术无法实现规模效应，而发展中国家企业所具有的小批量生产技术刚好可以弥补这个市场空缺，因此获得对外投资优势。

（2）发展中国家的民族产品在海外生产可以更好地满足当地市场的需

要。出于满足海外同一种族群体对本民族产品的特殊需要，一些发展中国家的企业可以进行海外生产，利用当地的资源以节约成本。

（3）寻求低价产品的生产与营销策略。发展中国家对外直接投资企业往往寻求工资水平比本国更低的劳动力，以降低产品成本，以低价营销来与发达国家跨国公司通常采取的名牌产品创建和经营的方式进行竞争。

小规模技术理论的核心在于摒弃了以往认为的企业必须具有绝对的技术优势才有条件进行对外直接投资的观念，把发展中国家跨国企业竞争优势的产生和世界市场需求结构的变动结合起来，强调世界市场是多层次的、多元化的，那些与发达国家跨国公司相比技术不够先进、经营范围和生产规模不够庞大的众多小企业，因为具有小规模技术优势和低价格竞争优势等，也能够在大型跨国公司未能顾及的领域进行跨国投资与经营，从而形成发展中国家企业的国际竞争优势。这对于提高发展中国家企业"走出去"的信心，指导发展中国家进行"走出去"的实践具有一定的积极作用。

2. 技术地方化理论

1983 年，英国经济学家拉奥（Sanjaya Lall）出版了《新跨国公司：第三世界企业的发展》一书，从发展中国家跨国公司技术优势的形成路径角度出发，通过研究印度跨国公司的竞争优势和投资动机，提出了解释发展中国家对外直接投资行为的技术地方化理论。该理论认为，发展中国家在进行对外直接投资的过程中，会在以下几个因素的作用下，形成自身独特的技术优势，正是这些独特的技术优势的形成保证了投资行为的成功：

（1）发展中国家企业拥有容易本地化的技术和知识，并且这种本地化的技术和知识往往与当地的资源和要素禀赋相适应。

（2）能够对进口的技术和产品进行改造，以便更好地满足当地市场的需求，并与跨国公司的产品形成差异化定位。

（3）能够创新适应小规模生产条件下的生产技术，以此获得更高的经济效益。

（4）能够根据当地消费者的品位和购买能力，开发出与名牌产品不同的消费品，形成一定的竞争能力。

也就是说，发展中国家的企业如果不只是简单的模仿技术，而是能够根据实际情况对外国技术作出适宜的调整，那么这种技术地方化的过程可以给发展中国家的跨国公司带来竞争优势。

与小规模技术理论相比，技术地方化理论不仅分析了发展中国家企业所拥有的国际竞争优势，即适合第三世界供求条件的技术、优势的产品差异、营销技术、适合当地条件的管理技术、低成本投入等，而且指出了竞争优势的来源——企业创新活动。该理论更加注重发展中国家企业对技术的引进和再生过程，明确提出了对外国技术的"学习、创新和地方化"是发展中国家企业获取国际竞争力的重要渠道。该理论不仅指出了落后国家能够以比较优势参与国际竞争，而且指出了如何获取这种竞争优势，对于推动发展中国家的企业积极参与国际竞争，指导发展中国家企业大力推进技术创新，积极实施"走出去"战略具有重要的现实意义。

3. 技术创新产业升级理论

20世纪80年代中后期，英国里丁大学的坎特维尔（John A. Cantwell）和托兰提诺（Paz Estrella E. Tolentino）将技术创新与经济发展问题相结合，对发展中国家对外直接投资问题进行了系统的考察，提出了发展中国家对外直接投资的技术创新产业升级理论，尝试从动态化与阶段化的角度分析发展中国家的对外直接投资。该理论主要从技术累计过程的动态化和阶段化角度来解释发展中国家的对外直接投资活动，认为发展中国家产业结构的升级，是发展中国家企业技术能力不断积累提高的结果；而发展中国家企业技术能力的提高是与他们对外直接投资的增长直接相关的，即技术能力的存在和积累不仅是国内生产活动模式和增长的重要决定因素，同时也是国际生产活动的重要结果。技术创新是一国产业、企业发展的根本动力，技术积累对一国经济发展具有促进作用，在这一点上发达国家和发展中国家没有本质的差别。但发达国家与发展中国家企业的技术创新具有不同的特性：发达国家企业的技术创新主要表现为大量的研究与开发投入，处于尖端的高科技领域，引导技术发展的潮流；而发展中国家企业的技术创新并没有很强的研究与开发能力，更多的是通过外国技术的进口，在对技术消化吸收的基础上进行技术创新。这种技术创新又随着管理水平、市场营销水平的提高而得到加强。

技术提升路径决定了发展中国家对外投资的产业和地理分布特征。该理论认为，产业分布和地理分布是随着时间的推移而逐渐变化的，并且是可以预测的。受国内产业结构和内生技术创新能力的影响，发展中国家企业在对外直接投资时，会从以自然资源开发为主的纵向一体化生产活动，逐步过渡到以进口替代和出口导向为主的横向一体化生产活动。从海外经营的地域选择来看，发展中国家跨国公司的对外直接投资通常遵循以下的发展顺序：首先是选择在文化、种族等方面存在联系的周边国家进行直接投资；随着海外投资经验的积累，逐步从周边国家向其他发展中国家扩展；进而，在本国工业化程度不断提高和产业结构调整的基础上，开始从事高科技领域的生产和开发活动，与此同时，为获取更先进复杂的技术，投资逐渐转向发达国家。

由此可见，技术创新产业升级理论是以技术积累和创新为内在动力、以投资地域扩展为产业升级助力的对外直接投资理论。随着技术的积累和投资经验的丰富，发展中国家对外直接投资逐步从资源依赖型向技术依赖型发展，产业构成与地区分布也随之呈现阶段化特征。该理论有力地诠释了20世纪80年代以来发展中国家尤其是东亚新兴经济体对外投资的结构由发展中国家向发达国家、由传统产业向高技术产业流动的轨迹，对于发展中国家通过对外投资来加强技术创新与积累，进而提升产业结构和加强国际竞争力具有普遍的指导意义。然而需要注意的是，该理论仍然把现有的技术水平作为影响企业国际生产活动的决定性因素，在技术水平的影响下，企业有着不可逆的对外直接投资路径，而这与一些发展中国家的逆向投资行为并不相符。

如果说，前面介绍的以发达国家跨国公司为研究对象的跨国直接投资理论主要基于跨国公司自身的垄断优势运用，那么上述这几个有代表性的发展中国家的跨国直接投资理论关注的则是发展中国家跨国企业所具有的相对竞争优势。现实中，大量具有相对竞争优势的中小企业走出国门开展跨国经营，这类跨国经营更多的是在本国周边国家的区域化经营，以利用相对优势获取区域市场为主。这在一定程度上弥补了发达国家跨国直接投

118

资理论的不足，但在面对全球化背景下发展中国家对外直接投资多样化的现实，特别是近些年来发展中大国规模巨大、遍布全球的海外投资浪潮时，仍不具备充足的解释力。实际上，发展中国家企业的很多跨国投资都不属于运用优势资产的市场开拓行为，而是更多地运用资金去获取资源与优势资产。在这类跨国投资中，企业的优势已非国际扩张的先决条件，而是企业国际扩张的目的和结果。针对这种现象，学术界尝试从创造性资产寻求角度来对此进行解释。

4. 创造性资产寻求理论

吴彬和黄韬（1997）率先构建了一个二阶段理论模型，从母国和东道国两个市场上来考虑企业的经营活动，就如何理解不具备任何优势企业的FDI行为进行了有意义的理论尝试。该理论认为，FDI的行为者一般不会将所有的业务全部转移至东道国，而是在两个市场上同时进行经营活动。对企业来说，当两个市场之间具有某种相关性时，单独考虑一个市场上的收益情况并不能决定在该市场上的策略，而是需要综合考虑两个市场，力图达到总收益最大的状态。在这种策略下，企业会尝试进入东道国市场来获取经验，通过试探、熟悉和学习，掌握各种经营要素，如风土人情、市场状态、政府政策等。当企业发现自身在东道国经营处于优势状态时，将会通过追加投资等方式扩大经营，充分发挥优势，在与东道国企业竞争中获得超额利润；而当企业不具备竞争优势，特别是当投资者本身在技术水平、管理水平及对国际惯例的了解方面存在缺陷时，也可通过在更为先进的市场上获得有关信息，积累经验，从而提高自己的总体营销能力，保证在竞争中不会轻易"出局"，与此同时，在东道国市场上处于不利地位而带来的损失可以通过竞争能力的改善在母国（或第三国）更好地经营来弥补。此后，国内一些学者（吴先明，2007；丁祥生、张岩贵，2007；周伟，2006；尹冰等，2006）围绕创造性资产进行了诸多补充论述，进一步明确了不具备竞争优势企业的跨国直接投资行为的目标和驱动因素。

创造性资产不同于自然资产，它是包含在人、所有权、制度和物质能力中的知识、技巧、学习和经验积累及组织能力，即基于知识的资产。由于发达国家知识基础深厚，创新体系和基础设施完善，高技术和创新型人

119

才集中，在知识/技术的创造与利用方面具有很高的效率，世界范围内绝大部分新技术和新发明都集中在发达国家，因而发达国家拥有大量的创造性资产。但是，以知识为特征的创造性资产具有较高的转移成本，大多数创造性资产具有隐性、不可编码和因果模糊等特性，难以通过市场交易获得。发展中国家通过技术引进、许可交易、合资合作获得的都是成熟或淘汰的、标准化的技术，并不具有创造性的特征。同时，发达国家跨国企业也在千方百计地强化其对创造性资产的控制，不愿意把能带来竞争优势的创造性资产转移给发展中国家的合作伙伴。尽管近年来跨国公司的研发全球化趋势不断增强，越来越多的发达国家的跨国公司把研发中心设在了一些发展中国家，但发达国家跨国公司控制创造性资产的动机并未减弱。不仅新设立的研究机构主要采用独资形式，而且对原有合资企业也通过各种手段提高股权控制。因此，发展中国家企业要想获得创造性资产，只能通过 FDI 方式嵌入到发达国家的创新体系和创新集群中，借助技术溢出效应，学习和吸收发达国家的专有技术，从而获取创造性资产（刘明霞，2009）。

7.3 "走出去"理论的扩展：从个体意识到国家行为

通过梳理既有理论不难发现，无论是优势资产运用，抑或是创造性资产寻求，所要理解和解释的都是企业主体意识和自主行为下的"走出去"，其根本上都可统一在企业自身的发展战略和成本收益分析下。然而，在近些年风起云涌的跨国投资并购浪潮中，一些来自发展中大国的跨国企业，特别是有着国有背景或政府控制的跨国企业，其某些跨国投资行为已经超出企业自身的发展诉求，而是更多地与国家发展战略相契合。这种契合似乎赋予了企业以某种"力量"或"优势"，可以使企业跨越自身可承受的风险和成本收益边界，迈入国际化经营或者跨国直接投资的进程中。面对此种现象，单纯从企业层面分析，而无视企业背后的政府因素，忽视宏观与微观的结合、政府与企业的互动，必定是难以窥视事情的全貌的。

对广大发展中国家来说，加速经济发展，力求尽快缩小与先进国家的距离，已成为当今国际环境下国家的首要发展目标，特别是一些已经进入经济增长快车道的发展中大国，对进入发达国家行业和成为世界强国的愿望更加迫切①。然而，经济的发展取决于人力、资本、技术、市场等诸多要素，仅仅依靠国内资源的初始禀赋和技术的内生性演进是远远不足以支撑经济的快速发展和赶超的。在当今全球化时代，有效利用外部资源和市场，是实施追赶的发展中大国所必需的能力。不仅如此，为了获得可持续的国际竞争优势，发展中大国还迫切需要掌握技术、知识、管理等全球经济竞争的核心资源，而这必须在自主研发的同时辅以跨国投资获取来实现。从某种程度上来说，跨国投资已经成为发展中大国实现经济发展战略诉求的一种重要方式②。

当然，任何战略的顺利实施都不能缺少有效的实施主体，跨国投资需要有足够强大的企业实体做基础。按照传统跨国直接投资理论，一国通常在实现了较高的人均收入水平、国内企业具备了所有权优势或是产品处于生命周期的早期等情况下，该国企业才算具备大规模跨国直接投资的能力，而这也成为了判断一国能否进行大规模跨国投资的限定条件。然而，发展中大国通常具有一些独特的禀赋，使其能够在经济整体还未达到一定水平的情况下，孕育出一批具有跨国投资实力的大型企业，跨越式地进入大规模跨国直接投资的进程中。这些禀赋包括：

---

① 如韩国在《2020 远景规划》中，计划通过三步走实现 2020 年超过英国成为世界七强；印度经济战略目标是成为南亚地区的经济中心、制造业中心和金融中心，到 2020 年成为名副其实的世界经济大国；俄罗斯总统普京称俄罗斯有望在未来十年内成为世界 5 大经济强国之一；巴西也早已致力于进入世界经济强国之列，从"新兴十国"到"世界第六大经济体"，巴西正向此目标大踏步迈进；南非在《2030 国家发展规划》中计划未来二十年内实现年均经济增长 5.4%，经济增速继续赶超欧美发达国家。

② 以金砖五国为例，2005 年的金砖五国的跨国并购规模为 156.7 亿美元，占到当年全部发展中国家跨国并购的 22.8%，占到全球跨国并购的 3.4%；到了 2011 年，金砖五国的跨国并购规模达到了 553.0 亿美元，占当年全部发展中国家的 53.4%，占到全球的 10.5%。若以并购项目数量来看，趋势同样明显：2005 年金砖五国共完成 229 起跨国并购，占全部发展中国家的 29.9%，占全球的 4.6%；到了 2011 年，完成并购数量上升到 356 起，占全部发展中国家的 35.2%，占到全球并购总数的 6.2%（2012 年《世界投资报告》）。

1. 国家规模较大，但经济发展不平衡

发展中大国普遍具有辽阔的国土面积，气候、环境与自然资源分布上的差异导致人口的分布不均，进而影响到地区间经济的均衡发展。特别是近几十年来，随着世界范围内生产力整体水平的快速提高和各国逐渐加入到经济全球化的进程中，这种地区间的经济增长差异不仅没有缩小，反而逐渐被拉大，区域分化更加明显。例如，在巴西人口密集的东南沿海地区，经济最为发达，被称为"发达的巴西"，而北部和东北部是经济最不发达的地区，被称为"落后的巴西"；印度的区域增长失衡也十分显著，印度的 16 个大邦中，卡纳塔克邦、旁遮普邦、哈里亚纳邦等经济发展强劲，地区生产总值增长在 7% 左右，但哈尔邦、奥利萨邦、阿萨姆邦和北方邦等区域的地区生产总值增长仅在 2% 左右，人均收入水平不及前者的一半；同样，在中国的东部、东南部沿海地区与中、西部地区，俄罗斯的西部和远东地区，也都存在着显著的地区经济发展不平衡。这种失衡既源自地区初始禀赋的差异，在某种程度上也是经济发展过程中有意或无意的资源优先配置的结果，因此，发展中大国能够在人均收入水平显著低于发达国家的情况下，依靠总量扩张和资源倾斜下的非平衡发展，产生远超国家整体经济发展水平的发达地区，乃至发达的产业和大型企业。

2. 政府主导或干预较为明显，一些行业存在明显的垄断

在快速步入现代化进程的发展中国家中，虽然经济发展模式不尽相同，但普遍存在着强有力的政府主导或干预，通过看得见的手弥补不健全的市场经济体制和法律制度缺失。政府干预主要表现在以下两个方面：

（1）通过政策制定间接指引经济发展走向，诱导资源配置。政府通过编制各种发展计划来引导经济发展走向，明确优先发展部门，并通过产业政策、优惠信贷和税收政策以及制定法律法令等，影响资源配置方向，支持重点发展的产业、部门和企业。以韩国为例，韩国 20 世纪 60 年代初提出了实现工业化的目标，实行"出口第一主义"战略，70 年代又根据形势的变化有步骤地实施了重工业化战略；与此同时，韩国政府成立了经济企划院等职能机构，用于贯彻执行经济发展计划。在此期间，诸如《中小企业基本法》、《限制垄断法》、《外汇管理法》、《外资引进法》等一系列法律法规也相继出台，调节和保障政府主导下的发展模式。

（2）政府出资建立国有企业，直接参与经济。在市场经济自身发育迟缓、市场机制尚不健全的情况下，发展中国家政府通过建立国有企业直接控制一些关键部门的发展，实现经济干预。拉美国家在工业化进程中，国家拥有主要的钢铁企业、公共设施、大部分矿山及矿山产品加工企业，并垄断石油开采、精炼及石化部门，如规模较大的有阿根廷石油矿藏管理局、玻利维亚石油矿藏管理局、墨西哥石油公司、智利石油公司、巴西石油公司等。东亚各国也通过没收、投资、合资等方式开设企业，直接控制甚至垄断一些关键的行业和部门。韩国在20世纪60年代大规模发展国有经济，从钢铁、石油化工到公共事业、旅游等领域，都被国有企业所控制，到了70年代韩国国有经济在社会总投资中比重一度达到1/3（娄晓黎，2004）。

3. 一些产业加速成熟，能够较好地融入全球产业链分工中

发展中大国所具有的后发优势、经济规模优势、市场规模优势以及政府为弥补市场机制缺陷而时常采取的保护、扶持等产业政策，极大地促进了一些产业的加速进化，提高了产业成熟度。发展中大国都经历了长期的工业化进程，在此过程中形成了一些优势产业，如巴西的飞机制造、印度的制药、俄罗斯的军工等，具有较强的国际竞争力。丰富的资源和具有竞争力的优势产业，使发展中大国可以较好地融入到全球产业链分工中。这不仅为本国企业的发展壮大和国际化经营打下基础，而且通过国际收支顺差积累了大量的外汇储备，为跨国直接投资提供了资金保障。此外，发展中大国普遍具有资源优势，自然资源和初级产品丰富，这也是发展中大国外汇积累的重要来源。

由于这些独特禀赋，发展中大国孕育了一批具有较大规模、较强资金实力和一定产业成熟度，特别是在一些关键领域具有垄断优势的大型国有企业，这些企业构成了国家经济发展战略的实施载体。从市场的角度看，每个企业都是一个独立运行的经济主体，投资决策取决于企业自身的经营与发展策略。然而，从国家或政府的角度来看，这些企业在某种程度或某些情况下，是国家意志在经济领域的延展，企业个体贯彻并服务于国家意

志。如果将国家视为一个企业，那么这些国有企业可以视为这个企业的子公司。从这个角度就可以很好地理解，为何契合国家发展战略可以赋予企业以某种"力量"或"优势"，使企业跨越自身可承受的风险和成本收益边界。因此，在国家整体战略统筹下，企业个体的跨国投资不仅取决于企业自身的发展与盈利，而且也取决于为国家战略带来的正外部性，甚至在某些情况下，后者才是跨国投资的真正价值所在。

第8章 中国企业"走出去"模式范例：安哥拉模式

2000 年 10 月，在中国政府的倡议和广大非洲国家的热烈响应下，中非合作论坛第一届部长级会议在北京召开，来自 45 个非洲国家的外交部长、主管对外合作或经济事务的部长以及部分国际机构和地区组织的代表出席了会议，会议通过了《北京宣言》和《中非经济和社会发展合作纲领》两个历史性文件。中非双方决定在 21 世纪，建立和发展长期稳定、平等互利的新型伙伴关系，并建立中非合作论坛机制。该论坛每 3 年举行一届部长级会议，至今已经成功举办了五届，成为中国和非洲国家在南南合作范畴内的集体对话机制。

实际上，中国参与非洲发展有着更加久远的历史，在新中国成立之初，就参与到对非洲的援助中，对非洲的基础设施、生产、教育奖学金和医疗卫生等展开援助。随着中国改革开放后经济体制向市场经济转变，中国的对非关系也由单向的对外援助逐渐转向互利共赢的务实合作①。此后中非双方的经济合作日益广泛而深入，同时中国也将非洲作为"走出去"的重要目的地，并在近些年呈现出加快进入的态势。在这个过程中，中国尝试了一些卓有成效的合作方式，有力地带动了"走出去"战略的实施和拓展，其中尤以安哥拉模式具有代表性。

8.1 中国与安哥拉合作情况

1. 安哥拉的基本情况

安哥拉共和国位于非洲西南部，三面为陆地环绕，西部面向大西洋，

---

① 1982 年底，时任中国国务院总理赵紫阳访问非洲期间宣布，今后将以"平等互利、讲求实效、形式多样、共同发展"这四项原则指导中国与其他发展中国家的经济关系，并强调与非洲国家的合作"方式可以多种多样……包括……承建工程、合作生产、合资经营，等等"。

国土面积 125 万平方公里，年均气温在 22℃左右，气候宜人，被称为"春天的国度"，发展农业和渔业生产具有得天独厚的条件。安哥拉还是一个自然资源的富庶国，蕴藏着丰富的矿产资源和林业资源，有"南部非洲聚宝盆"之称，以石油和钻石为主的开采业成为安哥拉的主要经济支柱。

然而，优越的自然条件并未给这个国家带来富裕和繁荣。16 世纪末至 19 世纪上半叶，安哥拉一直被葡萄牙当作掠夺奴隶的重要来源地，奴隶贸易几乎主宰了整个安哥拉经济。20 世纪中叶，安哥拉爆发了反对葡萄牙殖民统治的独立解放运动。独立运动在一定程度上对安哥拉的经济和社会改革起到促进作用[①]，但好景不长。1975 年，安哥拉的三个民族主义组织——安哥拉人民解放运动、安哥拉民族解放阵线和争取安哥拉彻底独立全国联盟（以下简称"安盟"）之间爆发了内战，将安哥拉推入到长达二十多年的水深火热中。内战期间，安哥拉的经济水平出现了大幅倒退，农业凋敝，工业生产严重不足甚至停滞，国家基础设施遭到极大破坏，交通运输几乎瘫痪。矿业部门受到的冲击较小，且恢复迅速，特别是 20 世纪 90 年代中期以后，随着国内战事的缓解，矿业部门的投资迅速增加，石油和钻石产量持续增长。

直至 2002 年 2 月，"安盟"首领撒文比被政府军击毙后，安哥拉的内战才得以结束，安哥拉进入了期盼已久的和平重建时期。此后，安哥拉政府积极调整外交政策，谋求国际社会对安哥拉重建的慷慨援助，帮助国家实现经济重回快速发展的轨道。作为对安哥拉重建与独立自主发展的回应，同时也被安哥拉重建中蕴藏的巨大商机所吸引。在政府的鼓励和支持下，中国企业开始快速进入安哥拉，加大投资和开发，中安双边贸易和能源关系飞速发展，迈入了中安关系的黄金时期。作为开启中安经济合作的标志性事件，由中国政府主导、中国进出口银行具体开展实施的互惠贷款合作业务无疑起到了关键的推动作用。这就是著名的"安哥拉模式"。

---

① 葡萄牙当局逐步增加对安哥拉基础设施建设（水坝、水力发电厂和运输体系等）的投资，放宽了外国资本的投资限制，并向外国矿业公司颁发特许证，允许它们在安哥拉从事钻石、铁矿及石油等矿产资源的勘探与开发活动，同时大力发展剑麻、咖啡等种植业。受此影响，内战爆发前，安哥拉年均经济增速达到了 7.8%。

2. 互惠贷款合作

2004 年 3 月，中国商务部和安哥拉财政部经过磋商，签订了"石油换贷款"的框架协议：中国进出口银行向安哥拉提供 20 亿美元的低息贷款，用于安哥拉的战后重建工程，包括建设铁路、公路、农业灌溉、医院、学校等公共服务设施，安哥拉在 17 年内每天为中国提供 1 万桶原油（Foster 等，2009）。由于该协议不像国际货币基金组织和巴黎俱乐部等国际援助机构那样附加种种条件，又具有较低的利息（利率 1.7%），因此对迫切需要资金的安哥拉政府来说意义重大。截至 2007 年底，协议第一期约 10 亿美元的工程已陆续竣工。由于上述协议的成功实施，中安两国又在 2007 年 9 月签署了一项框架协议，合作协议金额同样为 20 亿美元。此外，中国进出口银行还追加了 5 亿美元贷款，以增补完善首期已竣工项目（刘青建和李源正，2011）。

在互惠贷款的支持下，安哥拉的战后重建得以顺利开展，按照合作协议①，中国公司在其中承揽了大量基础设施工程项目。如：中国路桥建设总公司与安哥拉签署了建设 1200 公里道路的协议，根据协议，该公司为安哥拉修建从罗比托港到本格拉港的沿海道路，耗资 5 亿美元，并重建一条 371 公里长的连接罗安达、本戈省和威热省的道路（耗资 2.12 亿美元，其中 3000 多万美元用于购买建设本戈省道路及桥梁所需的设备）和翁吉瓦与洪贝之间一条长达 171 公里的公路。除铁路、公路、桥梁等基础设施外，中国企业还涉足其他一些建设领域，例如在安哥拉许多省份建设医院、学校，在首都罗安达的市区内修建供水系统、新旅馆、足球场和购物中心，为安哥拉建设电信和供电系统和新线路等（刘青建和李源正，2011）。截至 2010 年底，安哥拉前 25 亿美元的互惠贷款协议项下，审批通过了 63 个项目，累计批贷金额 24.84 亿美元，其中 48 个项目已经完工。新 20 亿美元贷款协议项下，已有 16 个项目获得批准，批贷金额 10.52 亿美元。

---

　　① 　中国进出口银行向安哥拉提供的贷款中，30% 预留给当地企业，70% 预留给中国企业，用于支付产品和服务。——［美］黛博拉·布罗蒂加姆：《龙的礼物：中国在非洲的真实故事》，2012 年 7 月第 1 版。

中国对安哥拉展开大规模互惠援助的同时，也促进了两国石油企业的深入合作（汪峰，2011）：2006年双方合资组建了中石化—安哥拉石油国际公司，中安分别拥有75%、25%的股份。通过该合资公司，中石化在安哥拉的三块资质最好、储量最丰富的石油勘探区——第15、第17、第18号区块竞购到20%、27.5%和40%的权益。此外，该公司拟在罗比托港投资30亿美元建设一座日处理20万桶的炼油厂，将大幅提升安哥拉的炼油能力，降低其每年进口成品油的巨额费用[①]。2009年中石化、中海油又共同出资13亿美元收购了马拉松石油公司在安哥拉第32区块20%的权益。此外，中石化与安哥拉国家石油公司在安哥拉海上第3号区块和第10号区块进行开发合作。

除基础设施建设和石油合作以外，中安双方还在农业、文化、投资等多个领域开展了日益广泛而深入的合作。总体而言，互惠贷款有力地推动了中安双方经贸合作的快速发展。这在双边贸易额的增长上表现得非常明显：2003年时中安双边贸易额为23.5亿美元，2009年增长到170.6亿美元，8年间增长了7.3倍，而同期世界进出口贸易总额仅增长了1.6倍，中国的进出口贸易总额增长2.6倍，安哥拉的进出口贸易总额增长4.2倍（刘青建和李源正，2011）。安哥拉也在2006年一跃成为中国在非洲的第一大贸易伙伴，同时也是中国十大贸易逆差来源国（地区）之一。

不仅如此，互惠贷款在保障中国能源安全方面起到了更加重要的作用。截至2009年，在安哥拉原油的出口对象国中，中国所占份额增长到30%左右，仅次于美国；而安哥拉也已在2004年超过伊朗成为中国进口原油的第二大石油供应国，并在中国石油进口总量中的占比逐年上升，2009年中国从安哥拉进口原油达到3217万吨，占到当年进口原油总量的15.8%。安哥拉原油的稳定供应多元化了中国的能源来源，优化了原油进口来源地结构，降低了中国从海外进口原油的风险，对保障中国能源安全意义重大。

---

① 安哥拉虽然为产油大国，但是自身的石油炼制能力较差，70%的成品油需要依赖进口。

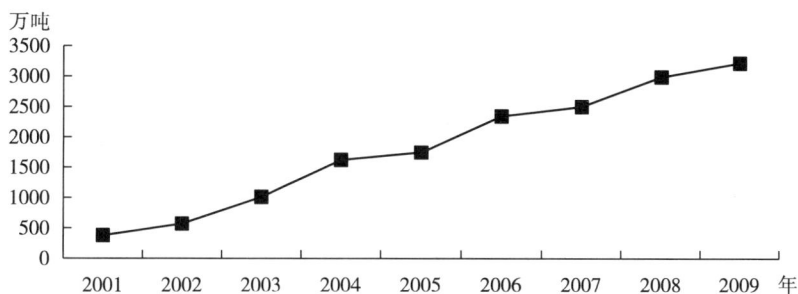

数据来源：汪峰（2011）。

图8－1 中国从安哥拉进口原油情况

鉴于互惠贷款合作在安哥拉取得的巨大成功，这种被广泛誉为"安哥拉模式"的合作经验被快速复制到了更多的发展中国家（参见表8－1）。这种模式在帮助这些国家获得紧缺资金、技术、经验和人才的同时，也丰富了中国的能源与资源供给，并让中国企业更多地参与到这些国家的经济建设中，实现双赢，共同发展。

表8－1 部分中国进出口银行开展的互惠贷款合作项目（截至2010年）

东道国	互惠贷款额度	合作情况
赤道几内亚	20亿美元	前5亿美元项下，中国进出口银行共审批5个项目
刚果（布）	10亿美元	中国进出口银行累计审批14个项目
埃塞俄比亚	5亿美元	中国进出口银行累计审批了16个项目
苏丹	30亿美元	中国进出口银行累计批准了13个项目
刚果（金）	60亿美元	中国进出口银行累计批准了11个项目

资料来源：根据公开资料整理。

8.2 安哥拉模式

8.2.1 "安哥拉模式"的内涵

按照中国进出口银行的定义，"安哥拉模式"，又称互惠贷款合作，是指在政府部门主导下，合作国以对华出口能源/资源产品收入作为还款来源和担保，换取中国进出口银行提供的带有一定优惠性质的自营贷款，由中国企业在该国用进出口银行贷款承建工程项目、出口机电产品的合作模式。

在互惠贷款出现之前，中国对海外项目主要通过优惠贷款和普通出口信贷两种传统方式融资。但这两种传统的融资模式面临着三对矛盾：（1）借款国急需大量资金建设基础设施与我国援外资金有限之间的矛盾；（2）中国企业开拓海外项目的融资需求与中信保国别风险额度过低和企业不愿直接负债之间的矛盾；（3）借款国需要大量融资与借款国无法提供足额有效担保之间的矛盾。囿于这些困境，中国无法满足发展中国家日益增长的融资需求，出口信贷发展缓慢，中国企业也难以参与到发展中国家的经济建设中，带动产品和服务"走出去"。在这种情况下，中国进出口银行设计开发了互惠贷款合作模式，有效地解决了上述矛盾，推动出口信贷业务迅速发展。这种用于发展和用资源进行偿付和担保的金融模式，最早或可追溯到中国早期作为受援国接受日本援助的经历。

20世纪70年代，中国的经济结构与今天的许多非洲国家相似，基本上是个自然资源丰富的农业国家。1973年第一次石油危机爆发后，出于能源安全和能源供给多元化方面的考虑，日本开始从中国的大庆油田进口石油。中日两国签署了一份长期贸易协定，日本承诺融资出口100亿美元的技术、成套设备和建设器材，中国同意在延期付款的基础上出口同等金额的原油和煤炭来进行偿付。此后，从中国进口的石油一度占据了日本进口总量的近乎一半，而中国利用日本贷款资金来建设运输和能源的基础设施，并打造出口能力。日本第一批对华援助贷款主要用在了铁路和港口修建上，以方便中国向日本出口石油和煤炭。这些项目完成后，剩余的日元贷款用来修建了水电站、火电站、城市供水系统、电信和公路等基础设施。① 这种以投资换资源和"补偿"贸易②为特色的合作模式达到了预期的双赢效果：日本的能源供给得到了保障，本国企业得到蓬勃发展，与此同时，中国的基础设施得到了扩建，进而加快了经济发展的步伐。

在传统出口信贷理论和早年援助经验的基础上，中国进出口银行对互惠贷款模式做了进一步的创新，使其在满足非洲国家的融资需求的同时，能够更好地控制风险和帮助中国企业"走出去"。这些创新主要表现在四个方面（如图 8 - 2 所示）：

（1）贷款依据：传统出口信贷是以商务合同为主导，先有合同再签贷款协议；互惠贷款是以融资行为为主导，先有贷款总协议，然后再根据各具体项目签订商务合同。

（2）贷款对象：传统出口信贷是贷款协议绑定单一合同，规模小、效率低；互惠贷款是贷款协议对应一揽子合同，成规模、高效率。

（3）担保方式：传统出口信贷是主权担保加出口信用险，但这种担保方式实际上并不能降低国家的整体风险；互惠贷款是用商品贸易的现金流作保证，以市场方式化解金融风险，风险较小且更加可控。

（4）参与角色：传统出口信贷是较为简单的参与方，银行仅作为融资提供者；互惠贷款是由贷款银行行使全面"操盘手"职责，引导多个利益分享方参与其中。

8.2.2　"安哥拉模式"的业务流程

一项典型的互惠贷款合作业务通常分为两部分：贷款总协议业务流程和分项业务流程。总体业务流程如下：首先由东道国的财政部向中国进出口银行提出贷款申请。中国进出口银行进行初步评估并同意开展下一步工作后，东道国财政部与中国商务部就贷款条款签署框架协议，与中国进出

---

① ［美］黛博拉·布罗蒂加姆：《龙的礼物：中国在非洲的真实故事》，2012 年 7 月第一版。
② "补偿"贸易是指企业在没有外汇的情况下先行赊购，进口设备和机器，然后用它们生产的商品进行偿付。

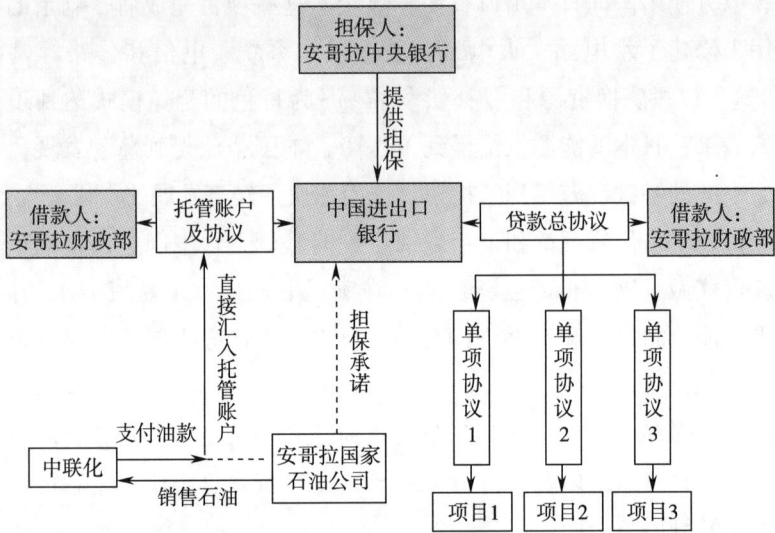

图 8-2　"安哥拉模式"结构

口银行签署优惠贷款协议。至此，贷款总协议业务流程结束，相关协议中
会明确如图 8-2 所示的合作各方的组织结构。

　　贷款总协议达成的是整体的合作意向，双方仅商定一个总的贷款金
额，待开展具体项目后就进入到分项业务流程，如图 8-3 所示。以安哥拉
的互惠贷款合作为例，首先安哥拉财政部向中安联合工作小组提交具体项
目，如修复公路等基础设施建设项目，中安联合工作小组根据项目向安哥
拉财政部推荐项目操作的执行机构（项目承包商、进口商等企业）。通常
按照相关协议要求，大部分项目工作交由中方企业负责具体操作实施。随
后安哥拉财政部会对推荐的执行机构进行组织招标，最终选出安方和中方
的执行机构，并由双方签署商务合同。合同签署后，需经安哥拉财政部提
交中国进出口银行进行审核，并提交贷款申请。中国进出口银行批准项目
后，与安哥拉财政部签署该项目的贷款协议。至此，该项目成功立项进入
操作实施阶段。此后，中方执行机构将根据合同向安方执行机构提交单
据，要求支付项目款项。安方执行机构凭此单据经安哥拉财政部向中国进
出口银行发出提款申请。中国进出口银行核准后将款项拨付给中方执行机
构，完成结款。

中国进出口银行

7.签署贷款协议之后项目批准　6.提交贷款申请和商务合同　10.发出提款申请；报告项目进程　11.拨付款项

中国执行机构（承包商、出口商）

中安联合工作小组　1.提出项目　安哥拉财政部　3.组织招标

2.推荐执行机构

4.签署商务合同

8.根据合同提交单据、要求付款

安方执行机构（业主、进口商）

5.提交已签署的商务合同

9.提交单据，报告进程

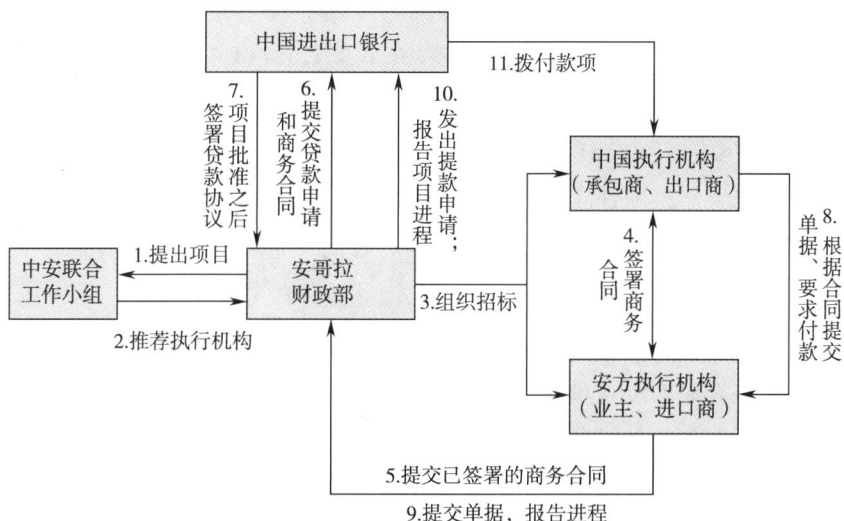

图 8 - 3　互惠贷款合作的具体项目业务流程

值得注意的是，在互惠贷款合作业务中，中方提供的优惠贷款通常不会打入由东道国控制的账户中，而是由中国进出口银行直接将贷款交付给施行项目操作的中方或安方执行机构。这种方式可以有效降低借款国出现贪污和资金挪用的风险，有助于保证项目的经济效益和贷款的安全回收。

8.2.3　"安哥拉模式"的关键要素与实施条件

上文中简要介绍了"安哥拉模式"与其业务流程，从中可以看出，"安哥拉模式"结构精巧，操作严谨规范，既实现了风险可控，又达成了多方互利共赢。实际上，"安哥拉模式"的成功实施除了上述这种特殊的金融安排以外，还有赖于其他一些关键的要素和条件，包括：

1. 经济与需求的互补性

"安哥拉模式"并非完全意义上的救济式援助，而是建立在四项原则指导下的互惠合作式援助。这种互惠合作要建立在资源与需求的优势互补的基础上，以卓有成效的方式开展合作。对缺少资金和技术的受援国来说，贷款与援助项目要切实与本国的发展目标相结合，帮助本国经济进入良性发展轨道。对施援国来说，互惠合作要以本国参与全球范围内的资源配置为根本驱动因素，以获取本国经济可持续发展所需的关键要素为核心，如此才能形成互利共赢、共同发展的良好合作局面。

2. 政府的支持与推动

"安哥拉模式"虽由中国进出口银行"操盘"，但却是在中国整个援助体系下开展的，离不开政府的支持和推动。中国援助体系以国务院为最高管理部门，具体事务主要由以下三个核心部门负责操作实施：商务部、外交部和中国进出口银行。其中，外交部派驻国外的外交官处于"第一线"，既负责反馈东道国各种诉求，又负责实现本国对东道国的各种政策目标；商务部（主要是对外援助司、国际经济合作事务局和对外投资与经济合作司）处于中国援助体系的中心，负责规划贷款、编制援助预算、管理援外合作项目、承担招投标工作，以及支持中国企业寻找海外业务和与中国进出口银行联合发放优惠信贷等。

不仅如此，中国政府还在更广阔的维度上全力推动着"走出去"战略。2000年后，中国领导人以更高的姿态推动"共同繁荣"，通过创建区域性组织来支持一系列将援助与经济合作结合在一起的计划，如：2000年，中国举办了中非合作论坛；2003年，中国—加勒比经贸合作论坛与中国—葡语国家经贸合作论坛相继举办；2004年，举办了中国—阿拉伯国家合作论坛；2006年，举办了中国—太平洋岛国经济发展合作论坛……这些新的论坛将援助纳入到一套广泛的经济合作政策当中，而且定期进行对话和高层会议。每个论坛均包括如下承诺：为投资设立优惠基金，对种类繁多的输华商品实行零关税待遇，减免债务，为该地区官员赴华培训提供奖学金，等等①。

此外，中国政府还将建设境外经贸合作区作为"走出去"的重要平台。境外合作区以企业为核心，以商业为基础，作为营利性事业由中国企业建设和运转。获得资格进入合作区的中国企业将在可行性研究、土地租金和基础设施方面获得政府的支持，还可获得出口退税和相对容易的换汇支持。而且，一旦被选为可获资助的合作区，在向国家开发银行或中国进

---

① ［美］黛博拉·布罗蒂加姆：《龙的礼物：中国在非洲的真实故事》，2012年7月第一版。

出口银行等政策性银行申请资金或参股的时候，也将容易得多；在与东道国政府磋商用地、税收鼓励或工作许可的时候，中国大使馆还将提供外交支持。截至2015年，中国企业已在俄罗斯、越南、埃塞俄比亚、尼日利亚、柬埔寨、泰国、埃及、赞比亚、毛里求斯、印度尼西亚、韩国、委内瑞拉、马来西亚、巴基斯坦等十余个国家建立了合作区，并与印度、孟加拉国等国签署了合作备忘录。合作区一般由两三种产业主导，并辐射到上下游多个配套产业，利于形成产业集群效应，直接或间接地带动了数百家企业"走出去"。

3. 稳定的现金流和可控的担保机制

"安哥拉模式"由安哥拉中央银行提供担保（主权担保），以安哥拉国有石油公司的现金流作为保证和还款来源，而现金流的稳定由中安之间的石油贸易来实现，即通过协议商定安哥拉对中方的石油供应，中方将支付的油款直接汇入安哥拉财政部在中国进出口银行的托管账户中，作为还款资金来源。这种担保机制与传统出口信贷只能依赖于主权担保和国家信用风险相比，更加安全可控。通过这种担保机制的建立，中方既实现了贷款安全，又获得了持续、稳定的石油供给。"安哥拉模式"中担保机制是实现"石油换贷款"的关键环节。这种担保机制由于中国的资源稀缺而具有广泛的可复制性，如中国在加蓬的30亿美元"铁矿石换贷款"、在几内亚的10亿美元"铝矾土换贷款"、在刚果（金）的60亿美元"铜、钴换贷款"等（刘海方，2011）。

4. 中国企业抱团出海

"安哥拉模式"通过贷款总协议对应一揽子合同，并在单个项目中通过推荐中方项目操作执行机构的方式来使中国企业有序参与其中。这种方式既规避了中方企业海外竞逐项目形成恶性竞争，又最大限度地降低了中国企业的海外经营风险，保障了海外经营的收益，同时可以在一个贷款协议下引导和帮助多个行业的企业"走出去"，带动产品、服务、技术和劳务的输出，有助于形成互补、互助、互惠、互利的利益共同体。

8.3 "安哥拉模式"与"走出去"战略

通过前文梳理中国企业"走出去"战略的意义，结合"安哥拉模式"的操作方式和实际效果，可以看出，"安哥拉模式"在支持中国企业"走出去"战略上是高度契合的，集中表现在以下三个方面。

1. 缓解资源约束

"安哥拉模式"通过"资源换贷款"的方式，在一定程度上有助于缓解中国目前和未来一段时期极其严重的资源短缺问题。以"石油换贷款"为例，借助优惠贷款，中国可从石油生产国直接进口原油，与石油生产国进行能源项目合作，与其他石油企业建立战略联盟，甚至通过并购、参股、投标等途径开拓海外基地，取得"份额油"。到海外取得"份额油"已经成为中国石油发展"走出去"战略实施的一个重要举措[①]。而且，"安哥拉模式"下的资源获取，实质上是以东道国政府对中方的债务作为担保，这保障了资源获取的稳定性和长期性，有助于中国的能源与资源安全。

2. 优化外汇储备管理

正如前文所述，在保证外汇储备安全性与流动性的同时，考虑到持有大量外汇储备的成本，外汇储备管理的战略性调整应从储备属性转向资源属性，强化超额外汇储备的资源价值，提高超额外汇储备的经济效益。"安哥拉模式"可对优化外汇储备管理起到积极作用，将超额外汇储备以优惠贷款形式发放给东道国（存放在中国进出口银行的托管账户中），虽然自身的资金回报较低，但安全性高。更为重要的是，这种方式带动了中国企业"走出去"获取资源和项目，为中国企业带来了巨大的协同效应。

3. 舒缓产能过剩

借助"安哥拉模式""走出去"的中国企业，大多处在产能过剩的成

---

① 在与安哥拉的互惠贷款合作中，截至 2010 年，中国企业共获得了七个石油区块。

熟性产业，如建筑材料、机械、设备、轻工业、化工、纺织业等。而这些产能过剩的成熟产业，对大多数发展中国家来说，却是技术先进的、产能严重不足的。通过向东道国输出产能，无论是对舒缓国内的产能过剩，还是对东道国的产业发展和技术进步，都会起到积极的作用。

第 9 章 中国企业 "走出去" 模式
范例: 境外经贸合作区模式

2006 年 11 月 4 日, 在 "中非合作论坛" 高峰会上, 时任中国国家主席胡锦涛宣布, "在今后 3 年内, 在非洲地区建设 3 ~ 5 个境外经济贸易合作区", 得到非洲国家的热烈响应。经过多年的探索和实践, 中国境外经贸区已经走出非洲, 走向全球。截至 2015 年 9 月底, 中国已在全球 33 个国家开展 69 个经贸合作区建设, 建区企业累计完成投资 67.6 亿美元, 带动 688 家中资控股企业 "走出去", 累计实现投资 99.2 亿美元。其中, 在 "一带一路" 沿线国家建设的合作区有 48 个, 分布在 18 个国家①。境外经贸区已经成为中国对外投资的成功模式和重要方式, 有力地推动了中国企业 "走出去" 战略落地, 并成为 "一带一路" 建设的重要承接点。与此同时, 中国境外经贸合作区经验也得到了国际社会的高度认可。在 2010 年 9 月召开的 "中非共享发展经验高级探讨会" 上, 时任世界银行行长佐利克对中非经贸合作区给予积极评价: "中国政府在非洲一些国家支持建立工业园区, 它使中国超越矿业和基础设施领域的投资, 为非洲创造就业岗位提供非常好的机会, 这是非常值得欢迎的事情。"

9.1 中国境外经贸合作区背景与发展现状

20 世纪 80 年代以来, 中国逐步调整了对非洲的援助政策, 更加注重在平等的基础上建立互利合作的经贸合作关系。非洲国家也普遍希望中国通过投资带动非洲经济的发展, 包括加大对制造业和基础设施领域的投资力度、帮助改善中非贸易结构、加大对非洲技术转让等。在这种背景下,

---

① 石岩:《商务部: 中企在建境外经贸合作区 69 个, "一带一路" 沿线 48 个》, 载《中国新闻网》: http://www.chinanews.com/cj/2015/11 - 04/7605696.shtml。

1994 年，时任埃及总统穆巴拉克访问中国，对中国改革开放和经济特区建设取得的巨大成就和由此产生的示范效应印象深刻，继而提出希望中国帮助埃及建立一个经济开发区。1996 年，我国国家领导人访问了埃及，埃方提出愿意在埃及苏伊士地区划出一块土地给中方使用，由中方在埃及建立一个自由区。1997 年，时任埃及总理詹祖里访华，两国政府就中国帮助埃及建设自由区事宜签署了谅解备忘录，中方承诺帮助埃及在苏伊士地区建设自由区，并提供建设经济特区的经验，对有关自由区建设的研究报告进行评估，鼓励中方企业界参与项目建设。次年，埃及政府通过了苏伊士湾西北经济区规划方案，中埃共建苏伊士自由区项目正式启动。2003 年，埃及颁布总统令，将苏伊士自由区确定为经济特区。

作为中国最早开展的境外经贸合作区项目，苏伊士经济特区的建设并非一帆风顺。自 20 世纪 90 年代中埃双方动议开始，苏伊士经济特区经过了长达十年的蛰伏期。起初因缺少政府的强力引导以及企业自发的商业基础，特区建设非常缓慢。直至 2006 年，中国商务部发布《境外中国经济贸易合作区的基本要求和申办程序》，从制度建设和财政支持①上鼓励和推动境外经贸合作区的发展；同年 11 月，时任国家主席胡锦涛在中非合作论坛北京峰会上提出了推动中非新型战略伙伴关系发展的重要举措②。自此以后，中埃苏伊士经贸合作区才得以迅速落地，境外经贸合作区模式也得以加快推广。

2006 年以来，商务部会同有关部门，按照"政府引导、企业决策、市场化运作"的原则，积极、稳步推进合作区建设。最初，商务部采取招标、考核的方式，分别于 2006 年和 2007 年经过两次招标遴选，批准在非洲设立 7 个经贸合作区，包括：尼日利亚莱基自贸区、尼日利亚广东经贸合作区、赞比亚中国经贸合作区、毛里求斯晋非经贸合作区、埃塞俄比亚东方工业园、埃及苏伊士经贸合作区、阿尔及利亚中国江铃经济贸易合作

---

① 每一个确定下来的对外经济贸易合作区，国家将有 2 亿~3 亿元人民币的财政支持，中长期人民币贷款最多可以达到 20 亿元。

② 包括宣布设立中非发展基金，以及之后 3 年在非洲国家建立 3~5 个境外经济贸易合作区等。

区。随后，商务部放弃招标、考核的建区审批形式，改为由商务部制定、公布合作区建设标准，建区企业达到标准后向商务部提出申请，经商务部组织专家考核、验收后成立。此后，中国境外经贸区迅速在全球范围内开花结果。截至 2015 年，中国在全球范围内在建 69 个境外经贸合作区，其中有 13 个已经通过商务部确认考核。

9.2 境外经贸合作区模式

9.2.1 合作区运作模式

中国企业在境外投资建设的境外经贸合作区（以下简称合作区），是在国家统筹指导和双边政府的支持下，以商业运作为基础，以促进互利共赢为目的，以企业为主体，实施中国企业"走出去"的全新对外投资方式。其基本运作模式是：由国家商务部牵头，与中国关系较好且国内政治稳定的东道国政府达成一致意向后，在国内发布合作区建设标准，遴选合格的实施合作区建设经营的企业主体（以下简称实施企业），然后由该实施企业与东道国政府进行协议谈判和签约，在东道国开展合作区建设以及后续的对外招商和合作区运营工作，吸引国内外相关企业入驻，并为入驻企业提供基础设施和增值服务。具体包括：

1. 信息咨询服务

（1）政策咨询。实施企业为入驻企业搭建与东道国政府部门和有关机构沟通、协调的平台，提供包括投资、贸易、金融、产业等相关政策咨询服务。

（2）法律服务。实施企业为入驻企业提供东道国与投资相关的法律咨询服务，帮助入驻企业了解东道国基本法律，熟悉投资环境，寻找和委托相应的法律服务中介机构。

（3）产品推介。实施企业协助入驻企业参加东道国举办的展览会、行业产品对接会、贸易洽谈会等，为企业搭建合作平台，推介入驻企业生产的产品。

2. 运营管理服务

（1）企业注册。实施企业建立与东道国外资管理部门或投资促进机构的沟通和联系机制，为入驻企业提供在东道国注册登记的相关咨询服务，协助入驻企业办理注册登记、投资项目环境影响评估和规划设计审批等相关手续。

（2）财税事务。实施企业为入驻企业提供东道国相关财务和税收方面的政策咨询，并协助入驻企业在财务管理、商标注册、税收申报和缴纳等方面的工作。

（3）海关申报。实施企业为入驻企业提供东道国关于海关申报、进口设备清关、仓储运输、进出口手续、原产地证明及关税申报等相关咨询服务。

（4）人力资源。实施企业为入驻企业提供东道国关于员工管理、人员签证等政策咨询服务，并协助入驻企业举办员工培训、人员招聘、人才交流等人力资源方面的事务。

（5）金融服务。实施企业为入驻企业提供投融资、保险等金融咨询服务，协助企业办理相关金融手续，建立入驻企业和国内外金融机构联系的渠道。

（6）物流服务。实施企业可根据入驻企业的要求，提供必要的物流服务，包括运输、存储、装卸、搬运、配送、信息处理等。

3. 物业管理服务

（1）租赁服务。实施企业根据入驻企业的要求，为其提供标准厂房、写字楼、仓库、展示厅、堆场等设施的租赁服务。

（2）厂房建造。实施企业可在入驻企业新建厂房时，提供必要的支持，协助其办理包括设计、施工招投标、申请厂房建筑许可证、厂房开工证以及验收执照等在内的相关手续。

（3）生产配套。实施企业为入驻企业提供生产配套便利和服务，包括供电、供水、供暖、通讯、通气、安保、废水处理、垃圾处理、有毒废料处理等。

（4）生活配套。实施企业可为入驻企业提供员工宿舍、高级公寓、运动健身、文化娱乐以及各式餐饮等生活配套设施服务。

（5）维修服务。实施企业可为入驻企业提供专业、高效的维修服务，帮助入驻企业解决生产、生活遇到的维修困难。

（6）医疗服务。实施企业可为入驻企业有关人员提供简易医疗救治服务，并与合作区所在地医院建立畅通的紧急救治通道等。

4. 突发事件应急服务

实施企业应做好突发事件应急预案，有效预防和应对火灾、水灾、罢工、破坏活动等突发事件的处理救援工作，保障园区及入驻企业在经营活动中的人身财产安全。

9.2.2 合作区功能模式

根据合作区所在东道国资源禀赋的不同，合作区可以具有多种功能形态，如加工贸易型、资源利用型、商贸物流型以及综合型合作区等。

加工贸易型合作区主要依托东道国低廉的生产要素成本、具备一定的工业基础和劳动力资源、有利的地理交通位置、宽松和优厚的对外贸易条件等加工贸易优势资源，围绕主导产业吸引产业链上下游企业进驻，形成产业集群。如沿苏伊士运河走廊兴建的苏伊士经贸合作区，依托亚非欧大陆贸易枢纽，将合作区定位为以纺织服装、日用轻工和冶金冶炼为主导产业的加工贸易区，着力围绕龙头企业打造"园中园"，包括"石油装备产业园"、"高低压电器产业园"、"纺织服装产业园"和"新型建材产业园"等。

资源利用型合作区主要依托东道国的自然资源优势，形成自然资源开采加工产业链，并延伸发展配套产业和相关服务业。如由中国有色矿业集团运营的赞比亚经贸合作区，依托当地铜矿资源，形成了铜钴开采、冶炼到深加工的产业链条，并向建材、加工制造等方向发展；俄罗斯龙跃林业经贸合作区，依托俄罗斯远东地区富集的森林资源，建成以木材精深加工为主、以森林采伐和木材初加工为辅的合作区，实现木材资源综合利用全产业链建设。

商贸物流型合作区主要依托东道国的免征关税、宽松的市场准入、便利的地理交通等区位资源优势，发展以商贸物流业为主导产业、以金融、地产开发、休闲旅游等辅助产业配套发展的合作区功能布局。如位于匈牙利布达佩斯市的中欧商贸物流合作园区，配合匈牙利政府将匈牙利建设成为欧洲物流枢纽中心的国家发展规划，将合作区定位为商贸物流服务型园区，园区内产业集商品展览、展示、交易、体验、仓储、集散、物流、配送、信息处理、流通加工、办公、生活于一体，商贸和物流服务平台，服务于园区企业和进入欧洲的中国企业。

综合型合作区依托东道国复合优势，形成兼具加工制造、商贸物流或资源开发等功能为一体，多产业综合配套发展的多功能合作区。如泰国泰中罗勇工业园，充分发挥巨大的市场容量和较强的市场辐射能力、完善的公共与工业基础设施以及水陆空全方位交通便利优势，园区内建有一般工业区、保税区、会展中心、物流基地以及配套的商业生活设施，形成了集制造、仓储物流、转口贸易和商业生活区于一体的现代化综合园区。

9.2.3 境外经贸合作区的盈利模式

合作区通常具有初始投资大、建设周期长、长期持续运营等特点，这使得合作区在生命周期的不同阶段，具有不同的盈利模式。

合作区从筹划启动到完成一期建设，一般需要10~15年的时间，历经三个阶段。其中前1~5年为园区建设第一阶段，主要完成"七通一平"等基础设施建设，达成企业生产的必备条件。该阶段是成本投入期，需要投入大量的启动资金，且无法提供产品或服务。但该阶段可以获得中国政府的财政和金融支持。中国政府在审核授权后，给予合作区开发商2亿~3亿元人民币的财政支持和不超过20亿元人民币的中长期贷款。

随着合作区园区周边环境改造和基础设施建设的完成，园区土地获得了一定的升值空间，同时也具备了招商引资的基础条件，此时合作区建设进入第二阶段，基本上可以开展"边投资，边建设，边招商，边运营"的滚动经营模式。该阶段合作区可通过出租和出售土地、承揽入园企业的建筑工程、出租和出售工业厂房仓库等方式获得一定程度的收入。

随着入园企业的增加，聚集效应开始显现，园区企业的各类生产、生活需求日益丰富，此时园区进入建设的第三阶段，可通过提供配套服务获得盈利，如：出租出售公寓、写字楼、商铺等商业地产，建设餐饮、教育、医疗、酒店、娱乐等生活配套设施，开发商贸、仓储、物流、展会及住宅地产，提供物业服务、维修服务和商业服务等。

最后，随着园区建设的成熟，生产生活配套设施与服务齐全完善，招商引资也基本完成，园区经营可进入高附加值的领域，如金融服务、资产证券化、投资孵化等，分享园区产业成长的收益；同时，也可通过园区建设运营经验总结开展智力输出活动，如咨询、规划、园区承建、委托经营等拓展业务领域，实现可持续发展。

9.2.4　境外经贸合作区的政府支持模式

如前文所述，境外经贸合作区是在中国和东道国两国政府的引导和支持下，以企业为主体开展建设和运营的创新境外投资方式，合作区开发商将获得来自中国政府和东道国政府的政策支持。

在中国政府支持方面，每个通过商务部遴选的经贸合作区开发商可获得2亿~3亿元人民币的财政支持，主要包括建设前期招投标、可行性研究、规划勘察设计费用及基础设施建设费用，如建设用地、办公场所租赁、"七通一平"和其他法律咨询、企业注册、报关报税、投资许可、工作许可等服务费用，资助金额按各项实际支出30%的比例计算。同时，中国政府将对入园企业的境外实物投资视同出口，给予退税；入园企业还能享受中国国有或政策性银行贴息贷款及给予"走出去"企业的各类专项资金支持；在外汇管理上也有宽松便利的政策；中国驻各国大使馆提供外交上的支持，与入园企业一道与东道国政府商讨土地、税费和劳工等方面的内容。另外，合作区开发商所在省、市级政府也会出台各类优惠措施，扶持本省、市的海外园区项目和入园企业（唐晓阳，2010）。

东道国政府也普遍重视境外经贸合作区的发展，特别对非洲国家而言，经贸合作区被视为促进本国工业化和脱贫致富的良策，因此通常会得到诸如税收、外汇、清关、注册手续等方面政策的大力支持（如表9-1所示）。同时，为了进一步得到东道国政府的支持，合作区开发商还经常采取与当地企业合资建设的方式，以此规避风险。

表9-1　　　　　　　　东道国政府给予合作区的优惠政策

合作区	主要优惠政策
赞比亚中国经贸合作区	1. 按照有关规定，在合作区内投资不低于50万美元，从事《赞比亚发展署法》规定的优先行业或产品，并且获得赞比亚发展署颁发的相关执照的企业，首次实现盈利的第一年至第五年，免缴公司所得税；首次实现盈利的第六年至第八年，按适用税率的50%缴纳公司所得税；首次实现盈利的第九年和第十年，按适用税率的75%缴纳公司所得税；首次宣布红利的第一年至第五年，免缴红利的预扣所得税；向外国机构支付的管理费、咨询费、利息和向外国承包商支付的费用，免缴预扣所得税。 2. 进口原材料、资本性货物和机器设备（零配件除外），五年内免缴关税。 3. 在当地采购或从国外进口的用于优先行业投资的货物和服务，免缴增值税等。
埃及苏伊士经贸合作区	1. 在合作区设立生产和服务性企业，以注册资本中方投资实际到位额（含现汇和实物）为基数，每年按5%给予资助，使用商务部无息贷款部分不享受资助。 2. 在合作区设立餐饮、理发、便利店和物流等服务性机构的对其房租、煤、水、电、气等运营费用给予全额资助。 3. 对国内企业为在合作区设立的企业投保中国出口信用保险公司海外投资保险的费用给予全额资助。 4. 对国内企业为在合作区长期工作的中方人员向保险机构投保人身意外伤害保险的费用给予全额资助，每人最高保险金额不超过100万元人民币。
泰国泰中罗勇工业园区	1. 在泰中罗勇工业园投资，拥有土地永久产权。 2. 前8年可免除企业所得税，后5年企业所得税减半征收。 3. 8年内免征进口机器关税。 4. 为外销目的，5年内进口原材料免缴关税。 5. 自产品销售之日起10年内，可将交通、水电费用作为成本从所得税中双倍扣除。 6. 自企业有收入之日起10年内，基础设施安装和建设费的25%可作为成本从利润中扣除（可选择在任何一年扣除）。

合作区	主要优惠政策
尼日利亚广东经贸合作区	1. 尼日利亚现行的关于纳税、关税及外汇管制等方面的法规不适用于区内企业。 2. 外商投资可随时撤出，外商所得利润和红利可自由汇出。 3. 无须办理进出口许可证。 4. 在工厂建设期间免交土地租金。 5. 区内允许兴办外商独资企业。 6. 进口设备、原材料等物品免征进口关税。 7. 产品进入欧美市场不受配额限制并享受优惠税率。 8. 提供"一站式"服务，所有审批手续均可在出口加工区管理局一次办毕，办事程序简易。 9. 尼日利亚颁布了相关法令保障投资者的利益，如尼日利亚 63 号法令等。

资料来源：路红艳（2013）、黄梅波和唐露萍（2012）。

9.3　境外经贸合作区的经济意义

经过多年的探索和发展，境外经贸合作区这种全新且富有成效的对外直接投资新模式，已经成为落实中国"走出去"战略的重要举措，同时也为东道国真正带去了互利共赢的经济效益。

对中国企业而言，境外经贸合作区为"走出去"企业搭建了理想的平台，将为其带来多个方面的功效。

一是境外经贸合作区为"走出去"企业营造良好外部环境。合作区以两国政府之间的协议为基础，以中国政府强大的经济实力和国际政治影响力为后盾，可以避免企业独自面对复杂多变的国际政治经济局势时的风险和压力。而且，合作区以中方企业或以中方为主的合资企业承建，并提供园区配套设施及信息咨询、运营管理等综合服务，为"走出去"企业营造了与国内相似的生产经营环境，解除企业后顾之忧。

二是境外经贸合作区优化产业布局，增加中国企业国际竞争力。合作区会根据东道国初始禀赋和综合优势，规划园区内产业布局，进而吸引产业内及产业链上下游相关企业进驻，帮助中国企业抱团出海，协同发展，形成产业聚集效应和规模效应，降低境外投资风险，提升国际竞争实力。

三是境外经贸合作区有助于缓解国际贸易摩擦，疏导企业出口困境。中国经济已经成长为世界第一大贸易国和出口国，逐年增大的贸易顺差日益引起贸易伙伴的不满，贸易摩擦不断。特别是近些年，全球经济持续低迷，国际贸易保护主义愈演愈烈，致使中国企业出口形势日趋严峻。在拥有特殊出口优势的国家建设合作区，引导相关产业企业"走出去"，将"中国制造"变成"东道国制造"，利用东道国向目标市场出口无限额、无关税等优势转移出口，成为疏导出口困境较为理想的解决方案。

对东道国而言，境外经贸合作区也为东道国带去了实实在在的经济利益和外溢效应，促进了当地经济的发展。包括：

一是注入资金和技术，推动东道国工业化进程。一些东道国囿于资金和技术，难以开启和推动工业化进程。经贸合作区模式为东道国带去了中国的资金和技术，以及配套的基础设施建设，进而吸引更多企业入驻，投资生产，帮助东道国工业进程实现跨越式发展，并带动东道国财政和外汇收入的增长。

二是增加就业机会，提升本地劳动力技能和素质。合作区内入驻企业通过雇佣和培训本地员工参与企业生产运营，能够帮助东道国增加就业岗位，提升员工个人素质和劳动技能，为东道国培训一批工业化的技术人才和管理人才。此外，合作区对周边地区和相关产业具有辐射作用，能够带动诸如当地原材料供应、工程建设、服务业和销售业的繁荣，为东道国创造更多就业机会。

三是输出经验和技术，提升东道国持续发展的能力。东道国通过参与合作区的战略制定、投资规划、工程建设、园区管理、商业运营等环节，从中学习到中国建设和管理开发区的先进经验。园区内入驻企业也将通过本地员工培训、与本地企业开展合资合作等方式，为东道国带去先进的经营理念、技术和管理经验。

综上所述，境外经贸合作区模式顺应了东道国渴望借鉴中国发展经验与中国产业结构急需调整的内外诉求，为中国企业"走出去"、实现双方优势资源对接与协同发展提供了良好平台。近些年，随着合作区模式的成熟和推广，越来越多的合作区投入建设运营，成为中国"一带一路"和国际产能合作战略实现的重要抓手。但同时也应看到，合作区模式长周期经营的性质无论是对合作区建设企业还是区内企业的发展都存在一定挑战，政府应在推广模式的同时，还应进一步加强对合作区的政策扶持和风险保障，并在招商引资、信息服务和人才建设等方面加强公共服务职能，促进合作区长期可持续发展。

第 10 章　中国企业"走出去"中的风险管理

　　风险是企业"走出去"过程中首当其冲且又相伴始终的问题。对本土环境下成长起来的企业来说，纷繁复杂的国际环境是个全新的世界，存在着更多的不确定性。企业在这种环境下经营面临着更加巨大的风险，而管理风险的能力直接决定着企业"走出去"的成效。近些年中国企业"走出去"虽然突飞猛进，但还处于起步阶段，经验还有所欠缺。从"走出去"的实践结果来看，中国企业的风险意识整体上不断提高，经营状况总体向好，但投资失败的案例也屡见不鲜，不时反映出政治风险集中、并购整合不利、法律意识薄弱、战略经营失误、融资渠道狭窄等问题，付出了高昂的学费。因此，如何应对风险已成为企业"走出去"的必修科目，对风险的识别、评估与管理应成为企业国际化经营的核心管理职能之一。

　　稳健的风险管理，制度建设是基础。鉴于企业风险的多样性和复杂性，跨国企业通常运用集约式资源实行全面风险管理，将风险管理的理念、技术和方法融入到各项业务运作流程和操作中。构建全面风险管理体系，对我国企业的境外拓展具有重要意义。为此，本章将从介绍全面风险管理的理念和框架开始，探讨目前我国企业"走出去"所处的历史阶段和该阶段的风险特点，并着重分析其中的政治风险和整合风险。

10.1　企业"走出去"中的风险管理制度建设：全面风险管理

　　对跨国企业而言，风险管理至关重要。然而，中国企业"走出去"过程中，普遍缺乏明确的风险管理理念，风险分析和评估能力还比较弱，风险应对和管控机制尚不完善。作为对标，"世界一流跨国企业往往都有健全的内部控制体系，建有比较完善的风险预警指标系统，备有全套的应急预案，建起统一的风险管理文化，从战略决策层面到具体业务层面都严格执行风险管理流程，利用信息化手段将风险管理固化于业务流程，并与日常经营管理融为一体"①。

欧美跨国企业的风险管理意识大幅强化始于20世纪90年代，随着全面风险管理理念的兴起，跨国企业逐渐将风险管理放到全局的战略高度。进入21世纪，欧美主要国家更加积极推进全面风险管理体系，特别是近十年来，多数欧美企业都已经建立了完整的全面风险管理体系。这对中国企业"走出去"有很强的借鉴意义。

10.1.1 全面风险管理的理论演进

现代风险管理意识的形成和管理体系的建立，经历了漫长的渐进发展历程。按照风险管理理念，风险管理的发展大致可分为三个阶段：早期的传统的风险管理阶段、20世纪90年代处于过渡期的现代风险管理阶段和进入21世纪后逐渐形成的全面风险管理阶段。

风险研究的起源最早可以追溯到18世纪。1705年，伯努利发现大数定律，建立了近代保险业的数理基础。此后不久，世界上第一家保险公司在英国成立，风险管理初露端倪。1921年，经济学家奈特将风险和不确定性纳入经济学分析框架中。1963年美国学者梅尔（R. I. Mehr）与赫尔奇斯（R. A. Hedges）合著《企业风险管理》，1964年威廉姆斯（C. A. Williams）与汉斯（R. M. Heins）合著《风险管理与保险》，开启了对风险管理的系统性研究，成为早期风险管理的代表性著作。后者将风险管理界定为"通过对风险的识别、衡量和控制，实现以最少的成本将风险导致的各种不利后果降低到最低限度的科学管理方法"，代表了当时对风险管理最为完备的认识。此后，日内瓦协会（全称"国际保险经济学研究会"）、国际风险管理协会等组织相继成立。该时期的风险研究主要以信用风险和财务风险为关注对象，在风险的测度方法上取得了长足的进步，进

---

① 时任国资委副主任邵宁在2011年2月28日中央企业管理创新暨全面风险管理经验交流会议上的讲话《大力提升企业管理现代化水平建设具有国际竞争力的世界一流企业》。

而促进了保险业的发展，保险相应地成为了该时期风险管理的主要手段。但该时期风险管理理念相对单一，缺乏系统性和全局性。

到了 20 世纪八九十年代，在世界经济一体化进程的影响下，企业面对的社会环境和经济环境都发生了很大的变化，企业经营风险更加多样化和复杂化。特别是拉美经济危机、墨西哥金融危机、东南亚金融危机、俄罗斯金融危机等系统性风险事件的相继爆发，表明企业面临的风险已不再是单一层面风险构成，而是由信用风险、市场风险、操作风险等多种风险因素交织在一起，相互影响叠加。企业仅仅从某项业务或某个部门的角度出发，以零散的方式管理公司所面对的各类风险，已经不能满足实际的需求，而是必须根据风险组合的观点，从整个企业的角度审视并管理风险。

在这样的时代和历史背景因素的推动下，全面风险管理思想开始萌芽和发展。1995 年，澳大利亚标准委员会和新西兰标准委员会共同制定了全球第一个企业风险管理标准——澳大利亚/新西兰风险管理标准（AS/NZS4360），为各行业各部门提供了一套风险管理的标准语言和标准过程。此后，一些发达资本主义国家纷纷效仿，整体上指导和推动了风险管理的发展。在风险管理理念上，该时期将风险管理从早期的"只对可能造成损失的风险的关注"扩展到了"避免或减轻损失与发现机会并重"。正如英国学者胡德（C. Hood）与约尼思（D. K. C. Jones）在 1996 年联合编著的《意外事件与规划》中指出，风险管理是建构风险和回应风险所采取的各类监控方法与过程的统称。他们对风险管理的理解既反映了如何回应风险、处理风险、降低风险水平的客观实体派思维方式，也反映了如何正视风险、与风险共荣共存、在风险中寻求发展的主观建构派思维方式，体现出一种全新的、全方位的现代风险管理理念，是一种"最具统合效果"的界定。

表 10 - 1　　　　　　　　　　　风险管理发展历程

风险管理阶段	年份	标志性事件
传统风险管理阶段	1705	伯努利建立大数定律
	1720	世界上第一家保险公司在英国成立
	1921	奈特（F. H. Kinght）出版《风险、不确定性和利润》

风险管理阶段	年份	标志性事件
传统风险管理阶段	1956	斯奈德（Wayne Snider）提出风险管理概念
	1963	对风险管理展开系统性研究的代表性著作《企业风险管理》由梅尔（R. I. Mehr）与赫尔奇斯（R. A. Hedges）合著出版
	1973	风险管理、保险和经济理论相结合，日内瓦协会（全称"国际保险经济学研究会"）成立
	1979	国际风险管理协会（IRM）成立
	1988	巴塞尔委员会制定了巴塞尔资本协议
	1989	COSO 内部控制管理框架公布
现代风险管理阶段	1995	澳大利亚和新西兰联合制定了世界上第一个风险管理标准（AS/NZS4360）
	1996	全球风险管理专家协会（GARP）成立
	1999	巴塞尔新资本协议修订，制定标准化风险管控制度
全面风险管理阶段	2002	加拿大颁布《风险管理：决策者指南——加拿大国家标准》
	2002	美国颁布萨班斯—奥克斯利法案
	2002	英国制定 AIRMIC/ALARM/IRM 风险管理标准
	2004	美国 COSO 委员会出台了《企业风险管理——整合框架》（COSO – ERM）
	2006	中国国务院国资委出台《中央企业全面风险管理指引》

　　1998 年之后，在美国长期资本管理公司倒闭、"9·11"恐怖袭击和安然公司倒闭等突发性事件的冲击下，全面风险管理思想进一步发展成熟，并促使世界范围内的企业全面风险管理制度建设。在此背景下，美国 CO-SO 委员会于 2001 年提出了对企业全面风险管理进行研究的构想，在以其1992 年发布的《内部控制——整体框架》的基础上，于 2004 年 9 月发布了《企业风险管理——整合框架》（以下简称 COSO 框架）。此后，COSO框架不仅成为在美国上市公司管理层制定内部控制和构建全面风险管理体系所公认、恰当的框架，其影响力也已经扩大到了世界范围。2006 年 6月，中国国务院国有资产监督管理委员会为指导其作为出资人的企业开展全面风险管理工作，增强企业竞争力，提高投资回报，促进企业持续、健康、稳定发展，在借鉴 COSO 框架和考虑我国企业的实际情况的基础上，

制定了《中央企业全面风险管理指引》，指导和推动我国企业风险管理向企业全面风险管理转变。

10.1.2　全面风险管理的理念

全面风险管理的基本思想是：企业全面风险管理应以企业价值或股东财富最大化为目标，以整个企业所有经营和管理活动为考察对象，综合分析和考虑企业现在和未来可能面临的所有风险，充分利用不同风险可以相互抵消、相互影响、相互关联的性质，借助风险识别、风险衡量、风险控制、风险应对、风险定级、风险交流、风险管理决策等一套科学的风险管理方法和过程，及时、有效地发现和控制那些对企业价值有负面影响的因素，同时充分挖掘和利用企业潜在的发展和获利机会（李社环，2003）。全面风险管理兼顾了风险的危害与机会之间、个别风险与整体风险的综合效应之间、企业短期利益与长期发展之间，以及企业内部利益与外部影响及内外关系之间的平衡，已成为企业稳健发展、提升竞争力的重要途径。

全面风险管理与以往传统的风险管理的差异，可以从以下几个方面加以比较，如表 10-2 所示：

表 10-2　　　　　　　　　　传统风险管理与全面风险管理对比

	传统的风险管理	现代的风险管理（全面风险管理）
风险管理的方法	对纯粹的风险进行管理，通常采用回避、转移或损失控制的方法	整体上评估所有风险的综合效应；注重风险与回报的关系
风险管理的态度	风险管理被视为是后勤支持性行为，只有管理层认为必要时候才采取该行为	风险管理是企业进行的一个持续的行为
风险管理的方式	管理方式是分离的，各职能和部门各自独立行事，负责该部门所管辖或经营活动过程中的风险，部门间一般缺乏沟通和交流	组织机构中的任何人都关注企业风险的识别和管理；风险评估和控制开始关注企业的流程，而流程往往是跨部门、跨职能的，并在高层的监督下相互配合
风险管理的流程	通常先对风险检查和评估，然后采取预防或应对措施	从源头开始估计和预防其发生，并持续不断地采取监督性控制，避免企业接受不能承受的风险，或者将风险始终控制在可接受的范围内

10.1.3　全面风险管理框架

1. COSO 框架介绍

COSO 框架提出：企业风险管理是一个受到企业董事会、管理者和其他员工影响，应用于战略制定并贯穿整个企业，对可能影响企业的潜在事项进行识别，把风险控制在企业的风险偏好之内，为实现企业目标提供合理保证的过程。COSO 框架具有如下特征（王农跃，2008）：

（1）企业风险管理是一个动态的过程。企业风险管理不是一个事项或境况，而是贯穿于企业所有活动中的一系列行为。这些行为渗透和固化在管理者经营企业的方式方法中。如果这些机制内置于企业的基础组织并成为企业核心的组成部分，那么企业风险管理会更加有效。通过建立企业风险管理，企业可以直接影响其实施战略和完成愿景或任务的能力。

（2）企业风险管理很大程度上受到人文因素的影响。企业风险管理受董事会、管理者和其他职员的影响。他们确定企业的运营宗旨、战略和目标并进行企业风险管理。尤其是董事会，虽然董事会主要进行监督，但他们也提供指导和批准战略、某些交易和政策。因此，董事会是企业风险管理的一个重要元素。

（3）风险偏好。风险偏好是企业在追求价值时所愿意接受的风险数量。企业经常定性地考虑风险偏好，将之分为高水平、中等水平和低水平，或者也会用定量的方法反映并平衡成长、回报和风险目标。风险偏好与企业战略直接相关。在战略制定时要考虑风险偏好，因为在战略中获得的回报要同企业的风险偏好一致，不同的战略会使企业暴露在不同的风险之中。在制定战略时进行企业风险管理，帮助企业选择与其风险偏好一致的战略。企业风险偏好能够指导企业资源的分配。

（4）可以应用于长期战略制定过程。一个企业制定其愿景或任务并建立支持其愿景或任务并与之保持一致的战略目标（高层次目标）。企业建立实现其战略目标的规划，也会制定想要实现的相关目标，从战略产生，逐级分解到经营单位、部门和程序的过程中，管理者要考虑与战略选择相关的风险。

154

（5）应用于整个企业。管理者要从企业整体组合的视角考虑相关的风险，识别并采取行动把企业整体风险置于风险偏好之内。企业个别单位的风险在单位的风险容忍度之内，但其风险总和可能超过企业整体的风险偏好。通过为特定目标制定风险容忍度，可以反映企业整体的风险偏好。

COSO 框架将企业风险管理分为内部环境、目标制定、事项识别、风险评估、风险反应、控制活动、信息和沟通、监控等八个相互关联的要素，各要素贯穿在企业的管理过程之中：

（1）内部环境：企业的内部环境是其他所有风险管理要素的基础，为其他要素提供规则和结构。企业的内部环境不仅影响企业战略和目标的制定、业务活动的组织和对风险的识别、评估和反应，还影响企业控制活动、信息和沟通系统以及监控活动的设计和执行。董事会是内部环境的重要组成部分，对其他内部环境要素有重要的影响。企业的管理者也是内部环境的一部分，其职责是建立企业风险管理理念，确定企业的风险偏好，营造企业的风险文化，并将企业的风险管理和相关的初步行动结合起来。

（2）目标制定：根据企业确定的任务或预期，管理者制定企业的战略目标，选择战略并确定其他与之相关的目标并在企业内层层分解和落实。目标必须在管理部门识别可能影响其实现的事件之前存在。企业风险管理确保管理部门以适当的程序设定目标，并且所选定的目标支持与实体的使命或展望一致，同时与实体的风险偏好相符。

（3）事件识别：不确定性的存在，使得企业的管理者需要对潜在的会对企业战略执行及目标实现产生作用的事项进行识别。潜在事项对企业可能有正面的影响、负面的影响或者两者同时存在。有负面影响的事项是企业的风险，要求企业的管理者对其进行评估和反应。对企业有正面影响的事项，可以在企业战略或目标制定的过程中加以考虑，以采取有关行动抓住机遇。

（4）风险评估：风险评估可以使管理者了解潜在事项如何影响企业目标的实现。管理者风险评估应从企业战略和目标的角度进行，包括风险发生的可能性和影响两个方面。

（5）风险反应：管理者根据战略和目标选择一种方法或一套行为，使

155

所评估的风险与实体的风险偏好一致。管理者识别并评价对风险的可能反应，包括规避风险、减少风险、共担风险和接受风险。有效的风险管理要求管理者选择可以使企业风险发生的可能性和影响都落在风险容忍度之内的风险反应方案。选定某一风险反应方案后，管理者应在残存风险的基础上重新评估风险，即从企业总体的角度或者组合风险的角度重新计量风险。

（6）控制活动：控制活动是帮助保证风险反应方案得到正确执行的相关政策和程序。控制活动存在于企业的各部分、各个层面和各个部门，通常包括两个要素：确定应该做什么的政策和影响该政策的一系列程序。

（7）信息和沟通：来自于企业内部和外部的相关信息必须以一定的格式和时间间隔进行确认、捕捉和传递，以保证企业的员工能够执行各自的职责。有效的沟通也是广义上的沟通，包括企业内自上而下、自下而上以及横向的沟通。有效的沟通还包括将相关的信息与企业外部相关方的有效沟通和交换，如客户、供应商、行政管理部门和股东等。

（8）监控：对企业风险管理的监控是指评估风险管理要素的内容和运行以及一段时期的执行质量的一个过程。企业可以通过两种方式对风险管理进行监控——持续监控和个别评估。监控还可以包括对企业风险管理的记录，适当的记录通常会使风险管理的监控更有效果和效率。

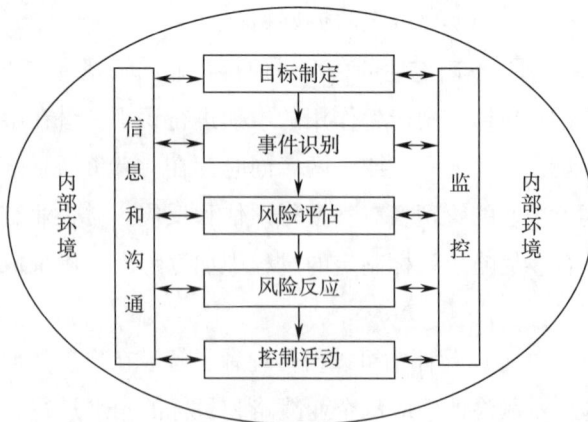

图 10-1　COSO 框架的全面风险管理要素

2. 《中央企业全面风险管理指引》介绍

为了加强国有企业风险管理，促进企业持续、稳定、健康发展，2006年我国国务院国资委出台了《中央企业全面风险管理指引》（以下简称《指引》），对中央企业开展全面风险管理工作的总体原则、基本流程、组织体系、风险评估、风险管理策略、风险管理解决方案、监督与改进、风险管理文化、风险管理信息系统等方面进行了明确要求。

《指引》中的全面风险管理是指：企业围绕总体经营目标，通过在企业管理的各个环节和经营过程中执行风险管理的基本流程，培育良好的风险管理文化，建立健全全面风险管理体系，包括风险管理策略、风险理财措施、风险管理的组织职能体系、风险管理信息系统和内部控制系统，从而为实现风险管理的总体目标提供合理保证的过程和方法。

依据全面风险管理的基本特征，《指引》将其分为五个基本流程：

（1）收集风险管理初始信息。收集风险初始信息是实施全面风险管理第一步，也是后续进行风险分析和风险管理的基础。实施全面风险管理，企业应广泛、持续不断地收集与本企业风险和风险管理相关的内部、外部初始信息，包括历史数据和未来预测。其中，内部信息包含企业的经营战略、主营业务、战略目标以及企业实施的条件和前提假设等。外部信息指外部的社会经济环境以及市场因素等带来的风险类型。企业对收集的初始信息应进行必要的筛选、提炼、对比、分类、组合，以便进行风险评估。

（2）风险评估。风险评估是在企业信息框架构建的基础上，对企业所处的内外部环境和各种风险种类、高低进行全面评价的过程，是对企业面临的风险现状的判断。《指引》中将风险评估分为风险辨识、风险分析、风险评价三个基本步骤。风险辨识是指查找企业各业务单元、各项重要经营活动及其重要业务流程中有无风险，有哪些风险，本质上是对企业的内外部环境再认识的过程。风险分析是在风险辨识的基础上，采用定性与定量相结合的方法①，分析和描述风险发生可能性的高低、风险发生的条件，以及风险之间的正负相关关系等，从而从风险策略上对风险进行统一集中管理。风险评价是评估风险对企业实现目标的影响程度、风险的价值等。企业在评估多项风险时，应根据对风险发生可能性的高低和对目标的影响程度的评估，绘制风险坐标图，对各项风险进行比较，初步确定对各项风险的管理优先顺序和策略。

（3）制定风险管理策略。风险管理策略是指企业根据自身条件和外部环境，围绕企业发展战略，确定风险偏好、风险承受度、风险管理有效性标准，进而选择适合的风险管理工具的总体策略，并确定风险管理所需人力和财力资源的配置原则。风险管理工具通常包括风险承担、风险规避、风险转移、风险转换、风险对冲、风险补偿、风险控制等，一般情况下，对战略、财务、运营和法律风险，可采取风险承担、风险规避、风险转换、风险控制等方法；对能够通过保险、期货、对冲等金融手段进行理财的风险，可以采用风险转移、风险对冲、风险补偿等方法。

（4）制定风险管理解决方案。制定解决方案的工作就是对企业经营范围内的风险战略设计执行方案和具体操作的过程。具体而言，包括组织结构的设计、权责分配、政策秩序的规范、监控手段以及信息系统建立、业务管理的调节方案以及特殊方案的设计实施等。实施方案的设计首先关系到组织结构的设计以及相应的权责分配。企业应该根据不同的组织结构以及不同的事业部门确定其自身面临的主要风险，同时明确其所处的位置和环境对企业整体风险管理的影响。

（5）风险管理的监督与改进。在完善的风险管理策略制定以及实施的同时，企业还需要对风险管理运行过程进行监控，特别是要以重大风险、重大事件和重大决策、重要管理及业务流程为重点，对风险管理的初始信息、风险评估、风险管理策略、关键控制活动及风险管理解决方案的实施

---

① 定性方法可采用问卷调查、集体讨论、专家咨询、情景分析、政策分析、行业标杆比较、管理层访谈、由专人主持的工作访谈和调查研究等。定量方法可采用统计推论（如集中趋势法）、计算机模拟（如蒙特卡罗分析法）、失效模式与影响分析、事件树分析等。部分分析方法可参见《指引》中的《附录：风险管理常用技术方法简介》一章。

情况进行监督，必要时还需采用压力测试、返回测试、穿行测试以及风险控制自我评估等方法对风险管理的有效性进行检验，进而借助监控信息的反馈和检验结果对风险管理的全过程进行优化与改进。

10.2 中国企业"走出去"的阶段与风险

10.2.1 中国企业"走出去"所处的阶段与特点

自20世纪70年代经济体制改革以来，中国企业"走出去"的步伐一直没有停止。处在不同历史时期的企业"走出去"，有着不同的动因和特点。

1978~1991年是中国企业"走出去"的探索起步阶段。该时期中国正经历着由计划经济向市场经济的转变，企业市场化经营能力较弱，且受制于短缺的外汇资源，企业开展境外投资的规模非常有限。该时期积极跨出国门的大多是江浙、粤闽等沿海地区的民营企业，动因以市场获取为主，主要从事的是贸易、制造加工和服务行业，境外投资大多为绿地投资，主要是以合资合营方式投资设厂。

此后的十年间（1992~2000年），是中国企业"走出去"的发育成长阶段。一批生产型企业凭借相对成熟的生产技术、一定的研究与开发能力，以及在国内拥有较大生产基地和销售网络的优势，开始进入境外市场。该时期企业"走出去"的动因更加丰富，市场获取与资源获取并存，表现为境外企业类型从贸易、制造加工向科研、资源开发等行业蔓延。投资方式也更加灵活，从以绿地投资为主向股权置换、并购、参股等多种方式转变。

进入21世纪，特别是在加入世贸组织后，中国企业"走出去"的步伐明显加快。该时期企业"走出去"已经被提高到国家战略层面，国务院各有关部门制定完善了相关的政策法规和配套措施，进行了境外投资管理体制改革，简化了审批程序，加大了政策支持力度。与此同时，经过多年的改革开放，我国已经成为世界第一大外汇储备国。这些都为全面实施

"走出去"战略奠定了良好的基础。这期间涌现了一批勇于进行国际化拓展的优秀民企，如联想、TCL、华为、海尔、海信等，有力地促进了中国品牌和产品在国际市场的拓展。国有企业也加大了"走出去"的力度，特别是加强了在境外能源资源等领域的开拓，相关投资占对外投资总额比例迅速上升，为保障国家能源、资源安全发挥了重要作用。该时期的投资方式呈现出了更加多元化的特性，绿地投资、收购兼并、股权置换、境外上市和战略联盟等多种方式并存。

经过三十多年快速的经济增长和资本积累，我国现已迈入资本输出大国行列。商务部数据显示①，2014 年，我国对外直接投资流量创下 1231 亿美元的历史最高值，同比增长 14.2%，连续 3 年位列全球第 3 大对外投资国。自 2003 年我国有关部门发布年度数据以来，我国对外直接投资实现连续 12 年快速增长。其中，2010～2014 年的年均增长速度达 15.7%。截至 2014 年末，我国对外投资存量为 8826.4 亿美元，较 2013 年大幅提高了 33.6%。与此同时，我国实际使用外资 1285 亿美元，对外直接投资与吸引外资首次接近平衡，我国即将成为资本净输出国。从资本输入国到资本输出国，这种角色的变化具有极其重大的历史意义。因为资本输出是一国参与全球资源配置、影响全球经济规则和贸易格局的重要途径，也是一国经济影响力的重要体现。现阶段，伴随着我国的经济结构调整和产业升级，企业"走出去"正处在市场寻求与资源寻求并重并逐步向全球战略布局的效率寻求型过渡的历史阶段，获取先进的技术、学习成熟的管理经验以及打造世界性的品牌形象，逐渐成为企业实施"走出去"的战略重心所在。对外投资动因的变化与这种角色的转变是相一致的。与之相应地，投资方式中收购、兼并也已成为境外投资的主要开展形式②。

10.2.2　现阶段中国企业"走出去"面对的主要风险

企业海外投资与经营面临多种风险，通常可分为外部风险和内部风险两

---

① 商务部《中国对外投资合作发展报告 2015》。
② 据《2013 年度中国对外直接投资统计公报》数据，2013 年中国企业共实施对外投资并购项目 424 个，实际交易金额 529 亿美元，占到全年对外投资流量的 50% 以上。

大类，外部风险主要是企业因外部环境引起的经营风险，包括政治风险、宏观经济金融风险、法律风险、自然灾害风险、环保风险等；内部风险主要是由企业内部经营决策等因素引起的经营风险，包括战略风险、整合风险、人力资源风险、资金风险、运营风险、技术风险等。在这些风险中，对当前以效率寻求为主要对外投资动因、以收购和兼并为主要对外投资形式的我国企业来说，外部政治风险和内部整合风险尤其值得关注。

政治风险广泛地存在于企业的国际化拓展过程中。据 MIGA（2009）对全球 351 家跨国公司的调查显示，限制跨国公司向新兴市场投资的主要约束条件中，排在首位的就是政治风险，且未来几年的重要性将持续上升。我国企业特别是国有企业在"走出去"过程中，面对的政治风险可能更加严重。相对于民营企业而言，国有企业尽管在获取国家政策支持方面具有优势，抵抗风险能力相对较强，但由于产权属性为国家所有，其境外投资行为更容易被东道国借由国家背景、政府行为、国际政治意图等因素予以抵制、阻碍或否决。近些年来，随着国有企业投资力度的加大，这种将国有企业境外投资问题政治化的趋势愈加明显，并给我国冠以"国家资本主义"、"竞争非中立性"进行指责与发难。这不仅表现在诸如华为和中兴在美国遭遇国会调查、中铝收购澳大利亚力拓交易失败、中海油收购加拿大尼克森能源公司被否决等中国企业试图进入西方发达国家时经常遇到的阻碍，即便是中国企业在发展中国家甚至是欠发达国家进行拓展，也会不时遭受"不公平补贴"、"新殖民主义"等质疑。刘宏与汪段泳（2010）的研究阐述了我国企业"走出去"面对政治风险的普遍与严重程度。他们采用文本解读和定量分析的方法，对商务部编写的《对外投资合作国别指南》系列报告进行研究，发现在我国企业境外直接投资中面临的七类主要外部风险①中，政治风险涉及 136 个国家和地区，风险覆盖率达到了 85%，是我国企业境外投资面对的最主要风险之一。

---

① 包括：政治风险，主要指政治稳定性和政府行政效率；主权风险，主要指民待遇和市场开放度；安全风险，主要指恐怖主义威胁、疫病和其他人身威胁；法律风险，主要指法制健全程度、法律体系熟悉程度和诉讼成本等；文化风险，主要指文化融合性和对中国投资的友好程度；工会及利益相关者风险，主要指工会势力和其他外部利益相关者的影响力和用工便利程度及成本；环保风险，主要指东道国对环境保护责任的要求强度。

　　不同于政治风险的普遍性与难以控制，整合风险通常只存在于并购类国际化拓展中，但却是收购方企业面临的最重要的风险，是决定并购成功与否的关键所在。本质而言，并购交易仅是价值转移或重新分配的过程，本身并不带来价值创造，并购活动的价值创造源于交易后双方的整合及协同效应的发挥。因此，并购整合是并购价值能否成功实现的主要决定性因素。然而，企业并购后的整合是一项复杂的系统工程，并购整合包括战略整合、管理整合、人力资源整合、企业文化整合、资产债务整合等企业管理的各个方面，企业在任一方面整合不力都可能造成组织绩效的下降，使并购难以实现预期目标。国际跨国并购中存在着一个著名的"七七定律"，即70%的跨国并购没有实现预期的商业价值，而其中又有70%失败于并购后的整合，可见整合风险对并购活动的巨大影响。与发达国家跨国公司的国际并购活动相比，我国企业的并购整合难度可能更大，整合风险也更应引起重视。其原因在于，一方面，我国企业只是在最近十多年间才成规模地走出国门，这么短时间内培养起来的优秀跨国经营管理人才非常有限，我国企业普遍缺少大批训练有素的国际化经营人才和管理国外公司的经验积累；另一方面，我国企业海外并购呈现出鲜明的逆势并购特征，将并购作为提升技术与管理水平的有效途径，在并购后的整合行动中表现出强烈的从海外子公司向母公司转移先进技术与管理知识的倾向，但作为并购方的母公司又往往在技术、管理、国际市场经验等方面弱于被并购的海外子公司。这使得在并购后的整合中，母公司的贡献基本局限于提供资金支持，而几乎无法向海外子公司带去更多协同效应和价值输送。这常常不能为被并购方所认同和理解，甚至招致被并购方采取排斥和敌对行为。在这种情况下，并购后的整合过程就会困难重重。

　　如何有效管理政治风险和整合风险，已成为现阶段我国企业"走出去"中的当务之急，有必要进行更加深入的探讨。

10.3　中国企业"走出去"中的政治风险管理

10.3.1　政治风险的内涵

　　20世纪六七十年代，第三世界掀起了民族解放运动，针对跨国公司的没收、征用、国有化事件不断发生，引发了学术界对社会政治环境和对企业影响的强烈关注，"政治风险"一词也相应被提出。"政治风险"反映了当时跨国公司对东道国政府干预的不信任，政府行为成为跨国经营风险的主要来源。进入 80 年代后，跨国公司逐渐感受到，政府以外的社会政治力量对企业的影响日益重要，政治风险的内涵也随之得以扩展。

由于政治风险的外生性和复杂性，厘清政治风险的内涵就非常有必要，有助于企业正确识别与评估政治风险，从而进行科学管理。

1. 政治风险的定义

斯特芬·罗伯克（Stefan H. Robock）在 1971 年的论文《政治风险：识别与评估》中，对政治风险作出如下定义：（1）经营环境中出现的一些不连续性；（2）这些不连续性难以预料；（3）它们由政治化所带来。当经营环境中的这些变化具有对某家企业的利润或其他目标产生重大影响的潜在可能性时，就会构成"风险"。不连续性和对企业的直接影响是罗伯克定义的核心，他认为尽管所有政治环境都是动态的，但逐步的、累进的变化以及既不是不可预测的又不是难以预测的变化不构成政治风险。

Haendel（1979）从风险来源的角度将政治风险理解为东道国政府和民众经常对跨国公司经营进行的干预，包括东道国政府对跨国公司垄断经营的干预（如没收、对资本流出和商业交易的限制等）与部分民众对跨国公司经营的反对（如暴力冲突、恐怖主义、罢工等）。在 Haendel 看来，政治风险并不完全由政府行为所带来，社会的不稳定和政府以外的政治力量同样会给企业带来风险。

Simon（1982）将政治风险定义为"政治风险可视为政府或者社会的行动与政策，或源于东道国或源于其外，对某些特定的或者大多数跨国企业经营与投资产生不利影响。"Simon 进一步扩展了政治风险的内涵，将政治风险的来源延伸到了东道国之外。

Ting（1988）在其著作《多国风险评估与管理》中，将政治风险定义为："环绕某一国际项目或企业的设定经营结果（如收入、成本、利润、市场份额、经营的连续性等）而可能源于东道国政治、政策、或者外汇制度的不稳定性等非市场因素的不确定变化。"Ting 将可能影响企业经营的所有非市场因素的不确定性都归为了政治风险，这与那些认为政治风险仅由政治力量的行为所导致的观点相比，无疑极大地扩大了政治风险的内涵。

总的来看，政治风险的本质是跨国企业的外部经营环境发生变化的可能性，至少包含以下几个基本要素：经营环境变化的不连续性；根源于政府或社会组织等政治力量；对企业经营产生重大影响。

2. 政治风险的分类

（1）按风险的来源与流向分类

政治风险具有高度复杂性与不确定性的主要原因之一在于，政治风险的来源非常广泛。Simon（1982）对此进行了很好的探索，认为跨国公司通常置身在复杂的外部环境中（参见图 10 - 2），无论是跨国公司投资所在的东道国环境，还是跨国公司立足的母国环境，政府的、社会的、法制的、商业的和传媒的主体都可能给跨国公司的发展带来影响；不仅如此，跨国公司还处在国际社会环境①和全球环境②的影响下。

通过分析各个环境中政治风险的源头与流向，Simon 将政治风险分为四大类（如表 10 - 3 所示）：直接的内部风险、直接的外部风险、间接的内部风险和间接的外部风险。在直接的内部风险中，风险源主要来自东道国政府和东道国社会，跨国公司可能会因东道国政府的国有化、剥夺财产、利润汇回母国限制或者东道国社会爆发的游行、骚乱、恐怖袭击甚至媒体负面报道等给企业经营造成负面影响。直接的内部风险通常是政治风险的最主要来源。在直接的外部风险来源中，来自母国政府和社会对跨国公司施加的管制和压力，同样会对跨国公司的海外经营造成影响。此外，还应注意到，一些地区性或全球性的政治力量，在某些情况下也是跨国公司不应忽视的风险隐患。

---

① 国际社会环境指其他国家（地区）以及非政府主体，如地区性组织和有影响力的 NGO 等。

② 全球环境是指超出特定国家或国家群体范围、可以同时影响几乎全部国家的宏观状况，如全球经济衰退、大宗商品剧烈波动，国际金融危机等。此外，全球环境还包括了由世界上大多数国家参与的政府间国际组织，如联合国、国际货币基金组织和世界银行等。

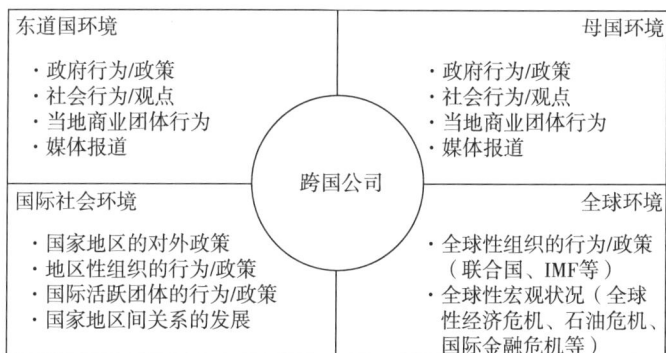

资料来源：Simon（1982）。

图 10 - 2　跨国公司的外部环境

与直接的风险源相比，间接的风险源是跨国公司更加难以预料和掌控的。比如社会与政府间的摩擦、政权斗争、母国与东道国关系的恶化、邻国的暴乱、国际社会对东道国的经济制裁、全球经济趋势的变化如油价的大幅波动等，都有可能波及到跨国公司的正常经营。是否具有敏感的风险嗅觉，是企业能否在风险中处置得当的前提，这对处在国际化经营中的公司提出了更高的要求，对于处在国际化拓展初期的中国企业来说更是迫切需要提高的能力。

表 10 - 3　　　　　　　　　　政治风险的来源与流向

政治风险的来源与流向	政治风险的类型
Ⅰ. 直接的内部风险	
东道国政府→跨国公司	国有化、剥夺财产、本土化，进出口规定、利润汇出限制、环保标准、本地化要求、物价和工资管制、许可证制度、技术转移要求、违背合同、贬值、通货膨胀、通货紧缩
东道国社会→跨国公司	抗议、罢工、暴乱、示威游行，恐怖袭击、联合抵制、公众负面评价
Ⅱ. 直接的外部风险	

政治风险的来源与流向	政治风险的类型
母国政府→跨国公司	税收政策、对跨国公司海外经营的限制、技术转移的限制、对东道国政府官员非法贿赂的罚款
母国社会→跨国公司	公众负面评价、反对投资的压力、抗议，游行示威
地区性组织→跨国公司	规范跨国公司行为的规定、对从成员国雇工的要求、联合抵制
国际性活跃团体→跨国公司	抗议、游行示威、联合抵制、恐怖袭击、反对投资压力
全球性组织→跨国公司	规范跨国公司行为的规定、对从成员国雇工的要求、联合抵制
Ⅲ. 间接的内部风险	
东道国社会→东道国政府→跨国公司	内战，革命、游击战、抗议、暴乱、游行示威、反通商的政客当选、政府限制外国公司的压力
东道国社会→东道国社会→跨国公司	种族/宗教冲突、派别斗争
东道国商业团体→东道国政府→跨国公司	歧视性税收、竞争中的补贴、本地化要求、合资的压力
东道国商业团体→东道国法律团体→跨国公司	法庭对外国企业作出歧视性裁决
东道国传媒→东道国社会→跨国公司	抗拒外国企业情绪的增加，抗议，罢工，联合抵制
东道国传媒→东道国政府→跨国公司	对外国企业管制的加强
东道国政府→东道国政府→跨国公司	争夺领导权、政变、根本性政权变动、官僚政治的拖延、更多针对外国企业的管制政策
Ⅳ. 间接的外部风险	
母国政府→东道国政府→跨国公司	关系恶化、经济制裁、互惠/报复
国家地区→东道国政府→跨国公司	战争、边界冲突、经济制裁、不利于跨国公司的贸易协定
地区性组织→东道国政府→跨国公司	国际经济制裁、国际上公众的负面评价

续表

政治风险的来源与流向	政治风险的类型
全球性组织→东道国政府→跨国公司	国际经济制裁、国际上公众的负面评价
国家地区→国家地区→跨国公司	国际范围的战争影响到东道国、对跨国公司不利的多边贸易协定
国家地区［内部发展］→东道国社会→跨国公司	内部动乱的溢出、反外企情绪的扩散
母国政府→国家地区→东道国政府/社会→跨国公司	由母国对其他国家或地区制定的政策导致的反外企情绪
母国传媒→母国社会→跨国公司	公众对跨国公司在东道国投资负面评价的加强
母国传媒→母国政府→跨国公司	母国政府对跨国公司在东道国投资限制的加强
母国商业团体→母国政府/法律团体→东道国政府→跨国公司	母国政府对抗东道国政府的保护性/法律制裁影响到跨国公司的产品
地区性组织→母国政府→跨国公司	东道国减资的压力
全球性组织→母国政府→跨国公司	东道国减资的压力
全球性发展→跨国公司	利润缩水、扩张的缩减、由全球性通货膨胀、通货紧缩、能源危机引起的减资、商品价格波动、外债危机

资料来源：Simon（1982）。

（2）按风险大小分类

①无差别干预

无差别干预是指不特别针对某些跨国公司，仅仅是为了实现既定的经济社会发展目标或诉求而对境内跨国公司采取的普遍干预措施。相对而言，这是干预程度最低、可能造成的影响最小的一类政治风险。无差别干预通常表现为：要求跨国公司承担某些社会责任；要求跨国公司配套建立某些基础设施；要求由本国公民进入管理层参与跨国公司的管理；制定有利于东道国税收的转移定价政策；要求跨国公司支付某些社会和经济上的附加费用等。

②特殊干预

出于保护本国产业发展的角度，东道国政府可能会针对特定的某类跨国公司采取一系列非公平竞争的干预措施，以此削弱跨国公司的竞争力，维护国内同行业企业的发展。这种干预属于特殊干预，目的明确也更为严厉，对跨国公司的影响较大。其表现形式主要有：仅允许合资经营，且限定合资企业中外国投资者股份占比上限；对外资企业征收附加税和附加的公共产品使用费；限定跨国公司相关产品的销售价格上限；限制跨国公司对某些产业进行投资等。

③歧视性干预

歧视性干预是指东道国政府有针对性地采取强烈的干预措施，限制某些跨国公司的发展，或者迫使其无法持续经营。其可能的措施包括：征收高额税收或其他费用；以不公平竞争或宣称前届政府签订的协议无效等为理由违背合同；冻结跨国公司的利润汇出等。

④产权剥夺

产权剥夺是最严厉的干预措施，指的是东道国政府对跨国公司的资产实行不正当的征用或国有化的过程。按照国际法，征用是主权国家的正当权力，但它必须以公平的市场价格、可自由兑换的货币给予被征用企业的投资者及时地补偿。然而在非正当的产权征用中，投资者通常难以获得公平、有效和及时的补偿，会遭受无法挽回的损失。国有化是东道国政府对本国经济实行强力干预的最直接手段，通过有偿接管或无偿接管直接剥夺企业的产权，通常发生在能源、电网、电信等重要经济部门中，在深陷经济危机中的发展中国家中尤为常见。

10.3.2 政治风险分析方法

理解政治风险内涵是识别政治风险的前提，针对跨国投资的具体项目还需进一步采用定性与定量方法，对政治风险进行更加细致的分析与评估。

1. 定性分析方法

定性判断一家跨国公司在东道国可能遇到的政治风险类型以及风险程度，关键在于要深入了解政治风险产生的内在机理。一般而言，政治风险既有其一般性，又有其特殊性。一般性源自跨国公司所处环境的宏观外部性，而特殊性源自跨国公司的内在属性及其与外部各种政治力量的互动关系。相应地，两者在研究方法上表现为政治风险的宏观视角和微观视角。

（1）政治风险的宏观视角

在早期的观点中，跨国公司面临的政治风险根源于东道国的政治及商业规则的稳定性，而这种稳定性主要受到东道国政治体制稳定性的影响。当东道国有可能发生诸如战争、革命、政治暴力等剧烈变动时，东道国的政治体制被认为是不稳定的。在这种情况下，秩序就会被打破，政治及商业规则将不复存在，或者形同虚设。

Ensor（1981）将政治体制的稳定性与经济发展水平结合起来，按政治体制的不稳定与稳定、经济发展水平的强与弱，对不同国家进行了归类分析（参见表 10 - 4）。结果显示，一国的政治风险主要由该国政治体制的稳定性程度决定，而与经济发展水平关系不大。在一个政治体系不稳定而无论经济状况或差或好的国家中，政治风险的可能性都是较高的。因为在这些国家中，政治领导人通常没有足够的能力为政治及商业规则提供保障，确保企业经营环境的稳定。与之相比，在政治体制稳定而无论经济状况如何的国家中，政治风险的可能性都是较低的，这类国家通常为发达的工业化国家和欠发达的传统农业国。

表 10 - 4　　　　　　　　　国家政治体制和经济模型

政治体制 经济	不稳定	稳定
弱	处于工业化初期、变化迅速的国家	传统农业国
强	经济与技术快速发展、在与政治权力关系上存在冲突的国家	工业化国家，有着稳定的政治环境

资料来源：Ensor（1981）。

尽管东道国政治体制的稳定性对跨国公司的经营有着至关重要的影响，但却并非政治风险的唯一来源，甚至政治体制稳定性本身也有着更深层次的原因。因此，用政治体制稳定性决定政治风险的观点显然简化了政治风险的复杂性。后续研究开始更多关注政治风险的其他宏观因素。

以 Simon（1982）的研究为例，他认为除了考虑东道国政治体制是否

稳定、经济是否发达以外，社会的开放程度也是衡量一国政治风险所必须
纳入考虑的因素，因为它解释了非政府政治因素能够发挥作用的倾向和能
力。在一个开放的社会，存在许多个人及利益集团参与政治的渠道，不满
情绪可以通过选举、抗议、联合抵制和其他非暴力活动来得到宣泄。但在
封闭的社会中，由于缺少这些途径，被压抑的民众往往只能通过暴力行径
来表达诉求。正如 Huntington（1968）的研究所显示的，革命更可能发生
在经济很强但却没有政治活动空间的社会中。从这个角度来看，实际上社
会的开放程度是影响政治体制稳定性的一个深层次原因。但不仅限于此。
除了潜藏的社会动乱风险外，Simon 还认为，在封闭的东道国环境下经营
的跨国公司可能会遭受来自东道国外部的减资压力。因为在某些情形下，
国际组织或母国的社会团体会把跨国公司的投资行为看作是对封闭的、压
制社会力量的东道国政权的默许，或者是对其无意的支持。因此，东道国
以外的政治环境也是分析政治风险不可忽视的重要因素。

将东道国的经济发展、社会开放程度与政治风险的来源和流向结合起
来，可以更加清楚地显示跨国公司在不同情况下面临的各种典型的风险
（如表 10 - 5 所示）。

表 10 - 5　　　　　　　　　经济发展、社会开放与政治风险

		发达国家		发展中国家	
		内部	外部	内部	外部
开放型	直接	东道国政府许可证制度、价格管制、税收不利的法律裁决、媒体的负面报道	母国政府许可证制度、税收政策、地区性和全球性组织对跨国公司经营的监管	本地化要求、合资压力、技术转移和进出口管制、罢工、抗议、抵制、公众的负面观点、不利的法律裁决、媒体的负面报道	母国政府许可证制度、税收政策、地区性和全球组织规范跨国公司行为的法令
	间接	官僚性拖延和繁复手续、选举、公众对于环保控制的压力、当地企业为争取补贴和优惠待遇的压力	母国和东道国贸易争端、对跨国公司不利的双边/多边贸易协定、全球经济发展	政府内摩擦、大规模的罢工、选举、当地企业为争取补贴和优惠税率的压力	母国政府的外交/军事政策带来的公众抵制跨国公司情绪、地区性/边境战争、大量的外债、拖欠债务、大宗商品价格波动

170

续表

		发达国家		发展中国家	
		内部	外部	内部	外部
封闭型	直接	对于利润汇出的限制、罢工、恐怖主义、暴力示威/抗议	母国政府对经营的限制、母国和国际公众负面的意见、减资压力	国有化、剥夺财产、恐怖主义、暴乱、罢工	母国政府对经营的限制、母国和国际公众负面的意见、减资压力
	间接	政变、根本性的政权变化、领导权斗争、革命、游击战争、暴乱	母国和东道国关系恶化、国际经济制裁/联合抵制、国际抗议、全球经济发展	政变、根本性的政权变化、领导权斗争、革命、游击战争、暴乱	母国政府的外交/军事政策带来的公众抵制跨国公司情绪、地区性/边境战争、大量的外债、拖欠债务、大宗商品价格波动

资料来源：Simon（1982）。

（2）政治风险的微观视角

不同于前面的独立于跨国公司去分析政治风险的宏观视角，一些学者将注意力放在了以东道国政府为主导、跨国公司为主要目标的二者互动关系上，试图从微观层面来探索跨国公司政治风险的内因。

Vernon（1971）提出的渐逝协议因素模型是最常用的微观分析方法。Vernon 通过观察和研究美国企业在国际政治环境中的经营状况发现，跨国公司相对于东道国政府在技术和管理等方面谈判地位的式微，是引发政治风险的一个内在原因。起初，由于技术和管理上的优势，跨国公司与东道国政府的谈判是在建立合作关系的基础上进行讨价还价。随着时间推移，当技术和管理经验的溢出效应逐步渗透到东道国的市场环境中时，跨国公司在谈判中的地位随之下降，东道国政府的控制权相应提升，初始协议的效力逐渐丧失，跨国公司开始承受更多的政治风险。

Robock（1971）的研究证实了渐逝协议因素模型的有效性，发现在跨国经营中，石油、金属和财经领域最易遭受政治风险的攻击，而技术和原材料领域较不容易受到攻击，因为这些领域的投资为东道国带去了新技术和新工艺。Robock 进而指出，新技术的注入是跨国公司规避政治风险的最佳途径。

在 Vernon 研究的基础上，Ting（1988）从需求角度对渐逝协议因素模型进行了扩展。Ting 认为，外国投资项目的政治风险与该项目对东道国的"看中价值"呈反向相关。"看中价值"越高，表示东道国对项目的需求程度越高；相应地，跨国公司的谈判地位越高，政治风险就越小。在 Ting 的模型中，除技术和管理因素外，还有其他一些因素决定着项目的"看中价值"（如表 10 – 6 所示）。不过，"看中价值"也是渐逝的。当"看中价值"随着时间的推进、溢出效应、替代性供给抑或是新技术的出现而下降时，跨国公司的政治风险就会上升。

表 10 – 6 渐逝需求因素模型

序号	主要影响因素	"看中价值"
1	投资项目所属产业	对当地经济贡献越大的产业，"看中价值"越大
2	该产业中当地企业的数量	数量越多，竞争越激烈，"看中价值"就越低
3	该产业中当地企业的市场份额	份额越大，外资项目的"看中价值"就越低
4	该投资项目占有当地市场份额	成正比例关系[1]
5	国民经济计划中该产业优先发展地位	地位越高，外资项目可能受到抑制，"看中价值"越低
6	该项目的创新与技术领先的程度	程度大，受鼓励的可能性就越大，"看中价值"越高
7	项目在出口中的作用	出口能力越强，"看中价值"可能越高[2]
8	同产业中外国企业的数量	数量越多，"看中价值"越低
9	获得跨国公司技术的容易程度	越有利于东道国的技术获得，"看中价值"越高
10	跨国公司的形象	形象越好，"看中价值"越高

注：[1]可能并非简单的正比例关系，因为过高的市场份额有引发东道国政府征用或国有化的风险。

[2]取决于东道国的外汇紧缺程度。

资料来源：Ting（1988）。

除了渐逝模型外，Robinson（1988）切入到更细的维度中，从产品的政治敏感性角度研究跨国公司的产品特性与政治风险之间的关系。Robinson 认为，生产政治敏感性低的产品的跨国投资项目政治风险较小；相反，生产政治敏感性高的产品的跨国投资项目政治风险较大；与此同时，得到政治鼓励的可能性也会更大，而产品的政治敏感性取决于该产品在东道国经济中的地位和影响。Robinson 进而设计了一个示意性的产品敏感性测定模型（参见表 10 - 7），用来对特定产品的政治敏感性作定量描述。在模型中，根据东道国的情况对影响产品政治敏感性的因素评分，对绝对肯定的答案评满分①，对绝对否定的答案评零分，介于两者之间的情况评相应的分数，最后累计所有因素的总分用来表示该产品在东道国的政治敏感性，分数越低政治敏感性越强。

表 10 - 7　　　　　　　　产品政治敏感性测定模型

序号	产品政治敏感性影响因素	评分
1	产品供应是否要政府慎重讨论而决定	
2	是否有其他产业依赖本产品	
3	是否是社会和经济上的基本需要品	
4	对于农业生产是否很重要	
5	是否影响东道国国防力量	
6	是否必须利用当地资源才能有效生产经营	
7	近期内当地是否会出现与本产品竞争的行业	
8	是否与大众宣传媒介有关	
9	产品是否是劳务形态	
10	设计或使用是否基于若干法律上的需要	
11	对使用者是否存在潜在的威胁	
12	产品的行销是否会减少东道国的外汇	
总分		

资料来源：Robinson（1988）。

2. 定量分析方法

出于精确化管理风险的需要，一些企业在"走出去"时，需要对政治风险做定量分析。通常而言，风险的定量分析大致可分为概率统计和专家判断两类方法，概率统计以蒙特卡罗方法为代表，专家判断以德尔菲法为代表。

蒙特卡罗方法（Monte Carlo Method）是一种随机模拟数学方法，可用

---

① 各项影响因素的满分数值可根据该因素的权重进行设定。

来分析评估风险发生可能性、风险的成因、风险造成的损失或带来的机会等变量在未来变化的概率分布。其基本思想是：当所求解问题是某种随机事件出现的概率，或者是某个随机变量的期望值时，通过某种"实验"的方法，以这种事件出现的频率估计这一随机事件的概率，或者得到这个随机变量的某些数字特征，将其作为问题的解。具体实施过程中，蒙特卡罗方法可归结为以下几个主要步骤：

一是量化风险。将需要分析评估的风险进行量化，明确其度量单位，得到风险变量，并收集历史相关数据。

二是根据对历史数据的分析，借鉴常用建模方法，建立能描述该风险变量在未来变化的概率模型。

三是计算概率分布初步结果。利用随机数字发生器，将生成的随机数字代入上述概率模型，生成风险变量的概率分布初步结果。

四是修正完善概率模型。通过对生成的概率分布初步结果进行分析，用实验数据验证模型的正确性，并在实践中不断修正和完善模型。

五是利用该模型分析评估风险情况。

蒙特卡罗方法对风险的计算结果严重依赖于概率模型的准确性，明确风险变量和准备描述风险变量的随机过程至关重要。这既需要对风险的机理有深刻的理解，又需要掌握一定程度的历史数据，从而能够进行数学建模。然而，对于实施境外拓展的企业来说，未必有足够的能力和时间来满足这些要求，特别是在短期内实施境外并购项目的情况下。实践中，蒙特卡罗方法更多地被专业的风险评估机构掌握和使用。

德尔菲法（Delphi Method）是用于预测和解决包含多种复杂因素的问题而开发的一种专家匿名判断方法。其基本思想是：对于包含多种复杂因素的判断或预测议题，专家运用他们的经验、知识来进行判断要比纯理论研究或趋势外推等方法有效得多。但是，在面对面的多人会议中，通常存在专家们不能充分发表意见、权威人物的意见左右其他人的意见等弊端。为了解决这些弊端，德尔菲法利用函询形式进行集体匿名思想交流，即专家之间不得互相讨论，不发生横向联系，只能与调查人员发生关系，在对所要预测的问题征得专家的意见之后，进行整理、归纳、统计，再匿名反馈给各专家,再次征求意见,再集中整理归纳,再反馈……直至每一位专家不再有修改意见为止,最后汇总所有专家的看法,作为预测或评价的结果。函询形式使德尔菲法具有很好的灵活性,不需要将专家聚集在一起抑或是在同一时间内对风险进行判断。德尔菲法是一个系统的、全面的、主观的、由具有代表性的专家集体研究的成果,每一个风险变量都由具备较好的观察和地区调研优势的专家组给出权重。与概率统计方法相比,德尔菲法不需要严格的客观数据或者开发数学概率模型,因此对企业"走出去"中的风险评测来说,德尔菲法尤其有用。

除了对风险进行自主定量分析以外,企业还可以借助第三方服务机构的研究成果。关于海外政治经济风险的研究和评估,国外有许多专业机构长期从事这方面的工作,并为企业和政府提供相关的咨询服务。例如,总部设在香港的政治经济风险顾问公司(Political and Economic Risk Consultancy,PERC)、美国的商业环境风险情报机构(Business Environment Risk Intelligence,BERI)、英国的《经济学人》信息部(Economist Intelligence Unit,EIU)、英国的政治风险服务机构(Political Risk Service,PRS)等专业机构,经过长期的发展,都形成了完善的风险评估理论体系和细致明确的量化指标。表 10 - 8 对这些机构风险评估相关情况进行了简单梳理。

表 10 - 8 专业机构的政治风险评估

机构名称	基本情况	风险评估要素	结论性成果
政治经济风险顾问公司(PERC)	PERC 成立于 1976 年,总部设在香港。该公司的调研对象主要是东亚地区的国际商业环境风险。	政治环境、国内社会环境、外部政治风险、外国投资者的情况、教育和人力资源情况、自然环境、商业活动成本等。	每月发布针对东亚各国的专题风险评估报告,定期发布《国家风险的监视咨询》、《商业环境报告》和《亚洲腐败指数报告》,不定期发布专题调研报告,提供诸如政治风险在整体风险中的重要性、商业运作难易程度指数、商业环境透明度等指数和排名。

机构名称	基本情况	风险评估要素	结论性成果
商业环境风险情报机构（BERI）	BERI 成立于 1966 年，总部设在美国华盛顿州。BERI 对外提供 140 多个国家的政治经济风险数据和分析预报。	营运风险、政治风险和外汇支付能力风险	定期发布《各国投资环境风险评估报告》，提供各国投资风险的评分与排名；为国际贷款者专门提供的"国家风险预报"、"金融道德指数"、"劳工素质指数"等；为资源开采业提供风险独家评估，并且提供资源开采业勘探与开发的次级风险指标评估报告，具体内容包括合同风险、人员与设备损毁风险、运营风险、财政风险（如国有化、征用）等。
《经济学人》信息部（EIU）	《经济学人》创办于 1843 年，总部设在伦敦，EIU 是其旗下的经济分析智囊机构。EIU 对 200 多个国家和地区的政治、经济、商业环境进行研究和评估。	对国家政治经济风险的全面评估	提供 128 个国家和地区的风险评级与分析报告（包括主权风险、政治风险、货币风险、银行业风险、经济结构风险）；提供 180 个市场的风险简报（涵盖 10 类风险的 66 个指标）；提供国家风险模型工具供用户分析对比国家间的信用风险；提供 150 个市场的营运风险模型帮助用户规避风险和发现机会。

机构名称	基本情况	风险评估要素	结论性成果
政治风险服务机构（PRS）	PRS 成立于 1979 年，最初是全球企业增长咨询公司沙利文公司（Frost & Sullivan, Inc.）的政治风险服务部门。PRS 对 140 个国家的金融、政治和经济风险进行评估。	政治风险、商业环境、经济和金融风险等。	提供两套风险评级系统：政治风险服务（Political Risk Services, PRS）和全球国家风险指南（International Country Risk Guide, ICRG），其中 PRS 提供 100 个国家报告（包括当前风险评估和对未来 18 个月和 5 年内 18 个风险因素的预测）；ICRG 提供 140 个国家的有关政治、经济和金融的 30 个风险指标的月度数据（1984 年至今）。

资料来源：相关公司网站和维基百科。

此外，其他一些世界知名专业政治经济风险评估机构的研究报告和量化指标也可供跨国企业参考和借鉴，包括 Moody 投资咨询机构（Moody's Investor Services）、《欧洲货币》杂志（Euromoney）、风险控制集团（Control Risk Group）、D&B 国家风险服务部（Dun&Bradstreet）、Alpha 风险国际（Alpha Risk International）、英国 Aon 风险评估机构（Aon plc）、美国 Diligencellc 公司等。

10.3.3　企业"走出去"中的政治风险管理

企业制定风险管理策略需建立在全面系统的风险识别与评估的基础上，根据评估结果和企业自身的风险管理能力，作出稳健的经营决策。例如，当风险水平明显高出企业的风险管理能力范围时，企业应采取回避策略，避免在高风险国家或领域中进行投资活动。正如风险与企业经营始终相伴相随，风险管理也应贯穿在企业"走出去"的整个生命周期中，包括事前（投资决策前的风险管理）、事中（经营中的风险管理）、事后（风险发生后的风险管理）等各个阶段。

1. 事前政治风险管理

企业在跨国投资的前期阶段，主要是对投资项目的可行性进行论证，政治风险因素应纳入到可行性论证中，在风险评估的基础上考察对项目经营的影响，并制定出政治风险的预防策略。

（1）项目经营

风险意味着项目经营状况的不确定性，为了考察项目的预期盈利情况，可将风险因素纳入到项目经营预测财务模型和投资回报测算中进行评估。评估方法通常采用以下几种：

一是根据风险性质和水平调整最低投资回收期；

二是根据风险性质和水平调整应得投资收益率，附加风险补偿；

三是根据风险性质和水平，用确定等值法计算预测期内现金流量；

四是财务模型中纳入风险分散、对冲或转移等管理成本；

五是调整现金流量，以反映特定风险的影响。

上述方法的优缺点和适用性不尽相同，需根据风险评估具体情况选择使用。例如：若风险评估显示，未来存在着风险显著提高的时点，则距离当下可视为投资窗口期，可通过计算最低投资回收期与窗口期进行比较来评估投资收益；当经营期内风险难以评估时，可简单用风险补偿调整应得收益率来计算和评估投资收益，但此方法存在可能夸大远期风险的缺点；条件允许情况下，可用确定等值法替代风险补偿进行更加精细化的预测；同样，后面两种方法也需要建立在风险评估和风险管理精细化的条件下。实践中，将风险因素纳入投资回报测算时的赋值通常难以做到精确量化，而是更多地依靠评估人员的经验和感觉，所以必要时还需用敏感性分析加以弥补。

（2）风险预防

当跨国企业决定进入东道国后，可以通过事先采取某些风险防范措施来一定程度上规避政治风险，如购买政治风险保险、协商投资环境等。

政治风险保险可以有效预防跨国经营中不可预测的政治风险可能造成的损失。许多国家为了鼓励本国资本输出，建立了海外投资保险制度，由具有政府背景的保险公司或机构作为保险人，承担投资者在海外投资过程中的政治风险。承保的政治风险范围根据各国经济利益和对外关系与对外政策的发展而变化，但通常包括征收险、外汇险（也称转移险）、战争与内乱险等。此类政治风险保险一般具有投保金额低、保险范围广、有效时间长（可长达 20 年）等优点。目前，我国的中国出口信用保险公司已初步开展海外投资保险业务。

除了官方的海外投资政治风险保险外，还有很多国际组织和私营机构提供政治风险保险，如世界银行的多边投资担保机构（MIGA）、英国劳合社（Lloyd's）、美国的外国私人投资公司（OPIC）、国际保险公司（AIU）、丘博保险集团（Chubb）、瑞士的苏黎世保险集团（Zurich），等等。其中，私营机构的政治风险担保工具更加灵活，能够满足投资者的个性化需求，且不受国家间政治因素的制约。因此，在英美等发达国家，私营保险市场发展更加迅速。私营机构一般将政治风险分为资产险和合同险两类，其中资产险对征用、没收和设备的重新占用等风险提供保障，合同险对因合同中断或取消而发生的损失或政治动乱引起的其他风险提供保障。

尽管政治风险保险可以提供一定的保障，但是对政治风险的管理也不能完全依赖于投保手段。通常保险仅对部分政治风险提供担保，难以覆盖到所有的政治风险类别，而且保险金额的最高限额为投资金额的 90%，其余部分的损失需由投资者自己承担。当企业进行重大投资时，可能既需要支付高昂的保费，风险发生时又会遭受较大的损失。

除投保策略外，涉及重大投资项目的跨国公司可以尝试在投资之前与东道国政府进行谈判协商，要求优化投资环境，并就双方的权利和义务达成某些谅解条款。此类谅解条款用于明确跨国企业在当地经营的各种（特许）规则，通常称之为特许协议（Concession Agreement）。特许协议主要涉及投资项目将享受的各种政策和应遵守的规则，包括股利、特许权使用费的汇出；转移定价；社会保障和福利设施建设；税收优惠；进入当地市场特别是资本市场融资的可能性；股权成分要求；在东道国市场销售时的价格控制；原材料和部件的采购来源；争议仲裁条款等。特许协议可以提供一定程度的政治保障，但也无法完全规避政治风险。某些特许协议，给予跨国公司超国民待遇，带有某种特权性质，本身就具有不稳定性。一旦发生国家独立或政权更迭，协议也将随之废弃。因此，企业在投资后仍需寻求更为积极稳健的政治风险管理策略。

2. 事中政治风险管理

（1）政治风险调和策略

资源依赖理论认为，一个组织首要关心的是生存问题，而组织的生存离不开资源，没有组织是可以自给自足的，组织需要通过获取环境（包括其他组织）中的资源来维持生存，组织与周围环境处于相互依存之中。因此，环境不应被视为客观现实，除了服从环境之外，组织可以充分发挥能动性，调整对环境的依赖程度，并建立起控制其与环境关系的能力基础。

从资源依赖理论的角度来看，政治风险可以视为企业与外部政治组织和环境关系稳定性的反映，表现为当关系发生意料之外的变化甚至剧烈变化时，会严重影响到企业对外部资源的获取和自身资源的配置。因此，企业不应把政治风险视为独立于企业的外部客观存在，通过管理与外部政治组织和环境的关系，企业可以起到调和政治风险的作用。调和策略的选择，取决于企业对外部资源的依赖程度，也即企业面临的风险程度。企业的政治风险面越大，意味着其他组织或环境对企业的影响越大，改善企业与外部环境的关系就越重要。关系的改善可以产生竞争优势、消除潜在危险或通过努力使环境变得更适合组织的需要。

表10-9中展现了跨国企业不同进入方式下的政治风险调和策略。低进入方式下的企业与外部环境的交互程度较低，具有相对有限的风险，可以用较低的成本来改善与外部环境的关系。例如，与类似情境下的、同样有政治风险调和诉求的公司结成盟友，形成信息获取和一致行动上的规模优势。另外，低进入企业应尽量避免深度介入政治活动，以免成为政治活动的目标，仅通过类似行业协会或者联盟委员会的组织发布立场文件、关注国家层面的政策和法律制度建设等有限资源的投入，维系与外部政治环境的联系即可。

高进入方式下，企业更加依赖外部环境，相应地也会面临更高的政治风险，企业应该投入更多资源来形成一定程度的影响力和控制力。在这种情况下，政治风险的来源更加分散，政府、工会、消费者组织、环境组织、宗教组织甚至国际性组织都可能影响到企业的正常经营。企业需要建立和维系一个更具规模的、涵盖各方利益相关者的网络体系，将政治、社会和经济等因素都考虑在内。通过经常性地接触和沟通，这个网络体系能够成为有效的信息获取媒介和解决潜在政治风险、消除企业潜在威胁的渠道，帮助企业更好地预测风险并通过协商来降低不利因素的影响。特别是在面对诸如骚乱、罢工、社会动荡等制度性框架内无法解决的政治风险时，该网络体系与外部资源结合的风险调和作用可能更加有效。当然，在实际情况中，企业的进入程度是动态变化的，随着规模的扩张或收缩、风险程度的变化，企业应灵活选择适当的调和策略。

表 10 - 9　　　　　　　　　进入方式与政治风险调和策略

	特征	调和策略
低进入方式	• 有限的投资（资产风险） • 窄的政治风险面（如仅涉及贸易或财务方面的法规条例） • 形势恶化时对其他市场的溢出效应影响较小	• 通过与类似公司联盟以调和政治风险 • 关注国家层面的政策 • 保持活跃，发布立场文件，与政府和议会官员交流 • 希望创造一个有利于商业发展的监管和法律制度框架
高进入方式	• 重大投资 • 宽的政治风险面（如涉及市场、贸易、雇佣、财务等多方面） • 形势恶化时对其他市场的溢出效应影响较大（如，当地生产设施无法提供产品会影响到其他地方的销售）	• 通过与当地利益相关者（如当地政府、工会、社群组织）联盟以调和政治风险，将政治、社会和经济因素纳入一个网络体系中 • 通过结合当地和国家组织的政治资源，在不同层面施加政治影响力 • 间歇性活动，在相关政治事件发生前就有所反应 • 希望创造总体上更为稳定的政治环境

资料来源：Lankova 和 Katz（2003）。

（2）政治风险分散和转移策略

除了风险调和外，通过风险分散和转移来规避风险，也是跨国企业通常可以采用的风险管理方法，包括投资主体分散化、投资客体分散化、价值链分散化、融资分散化等策略。

一是投资主体分散化，即跨国企业采取与东道国当地政府或企业共同出资建立合资公司的方式，将风险部分转移给东道国的合资者，实现风险分散与共担。主体分散带来的好处是，有助于跨国企业与合资者形成紧密的利益共同体，减少不利干预和影响，增强抵御政治风险的能力；并可借助合资者的优势资源，帮助合资公司熟悉政策法规、风俗习惯和商业规则，快速进入当地市场。

二是投资客体分散化，即跨国企业在投资区位和行业选择上，要尽量避免政治风险集中和关联。考虑到政治风险具有多种传播渠道，甚至具有跨国传染性，跨国企业在某类国家、相邻国家、某个国家或者某个行业集中投资时，可能会面临倍增的政治风险。因此，跨国企业在大规模"走出去"的过程中，要有意识地进行分散投资。

三是价值链分散化，即跨国企业通过拆分境外经营活动价值链的方式来分散风险。跨国企业应将东道国子公司作为境外经营活动价值链上的一个非战略环节，而将战略环节尽量掌握在母公司手中，从而降低东道国子公司被征用或国有化的风险。价值链的战略环节包括关键技术、专利、核心配件等上游资源，也包括下游的分销渠道和品牌等，视企业经营活动的性质而定。

四是融资分散化，即通过引入多元化资金主体，建立利益共同体，借助资金主体的资源与影响，起到分散和增强抵御政治风险的目的。多元化融资包括向东道国本土银行举债、向国际银团举债、向对东道国有政治影响力的跨国银行举债等。

3. 事后政治风险管理

有效的事前和事中风险管理可能也无法完全规避所有的政治风险。一旦政治风险发生，企业将面临巨大损失。因此，当风险发生时，企业还应做好事后政治风险管理措施，适当的风险管理策略有助于企业最大程度挽救损失。

（1）公关策略

一是妥协让步。当政治风险来源于东道国政府对跨国企业的征用或国有化时，跨国企业首先应摸清东道国政府的真实意图。因为某些情况下，征用仅是东道国政府向跨国企业提出诉求的一种讨价策略。摸清意图后，跨国企业应首先考虑作出一定的妥协让步，缓解东道国政府的敌意。例如：加强对东道国的援助；提高企业高层管理人员本地化程度；提高商品或劳务出口的转移价格（对母公司及海外兄弟子公司）；降低进口的转移价格；减少利润汇出；加大投资力度等。

二是借助外部政治力量。在妥协让步无法化解的情况下，跨国企业可以尝试通过能够借助的外部政治力量来对东道国政府施加影响或干预，如母国政府、国际组织、东道国利益相关方等。外部政治力量可以向东道国政府施加更大压力，迫使东道国重新权衡利弊得失。有时借助外部政治力量可以和妥协让步配合使用。

三是通过司法途径寻求保护。在条件允许的情况下，跨国企业还可通过东道国国内的司法或仲裁、领事保护或国际仲裁机构等渠道寻求保护。当东道国拥有独立的、公正的司法系统时，可以在东道国申请法律仲裁；若东道国国内司法系统无效，企业可以寻求外事保护或者国际仲裁。若投资国和东道国都是《解决国家与其他国家公民之间投资争端公约》的缔约国，则可通过世界银行的国际投资争端仲裁中心进行裁决。

四是退而求其次，签订管理合同。管理合同是指具有管理优势的国际企业经由合同安排委派其他管理人员到另一国的某个企业承担经营管理任务，并获取一定的管理费。管理费可以是固定数额，可以根据销售摊分，也可以在固定数额之外再加上分红。对于跨国企业来说，当无法化解征收或国有化政治风险时，放弃东道国子公司的资产所有权，换取与东道国政府签订管理合同，也是跨国企业减少损失的一种补救方式。

（2）逃离策略

跨国企业在开展公关策略无望或前景悲观的情况下，可尝试通过短期经营或资产转移等方式逃离东道国，减少政治风险的损失。

一是短期经营，即跨国企业通过短期内扩大收入、降低成本等经营策略的调整，争取在短期内尽量回笼资金，减少在东道国的资产头寸，从而达到减少风险损失的目的。例如，低价清理库存、促销、资产出售、削减投资、递延维修费用、紧缩营销费用、取消培训计划等。

二是资产转移，即跨国企业通过关联贸易和内部转移价格等方式对东道国子公司资产进行转移，减少风险损失。例如，高价采购母公司或其他子公司的上游产品或服务、高价支付专利或技术授权费用、以低于成本价格向母公司或其他子公司销售产品或服务、停止母公司对子公司的贷款及担保义务、以自有资金或资产抵押贷款等方式提前偿还母公司贷款等。

10.4 中国企业"走出去"中的整合风险管理

10.4.1 并购整合风险管理的意义

现阶段，我国企业"走出去"越来越多地采取跨国并购的形式，以期通过获取目标公司关键资源和要素来提升企业价值。然而，容易让人忽视的是，并购过程本身并不创造价值，并购过程只是价值的转移或重新分配。并购活动中真正的价值创造来源于并购后双方的整合过程和协同效应发挥的效果。只有通过准确评估目标公司内在价值，最大化发挥协同效应来扩大并购项目的价值流入，并通过控制并购成本和防止价值泄露来减少并购项目价值流出，才能最终实现并购项目的价值（如图 10 - 3 所示）。正如著名管理学家德鲁克所言，"公司收购不仅仅是一种财务活动，只有收购后对公司进行整合发展，在业务上取得成功，才是一种成功的收购，否则只是财务上操纵，将导致业务和财务上的双双失败。因此，完成收购并不等于是成功的并购，并购能否成功不仅仅取决于被购企业创造价值的能力，更取决于并购后的整合。"可见，并购整合是并购价值能否成功实现的主要决定因素。

与此同时，并购整合也是并购活动风险的主要来源。一方面，企业在并购过程中通常更加关注并购前期的研究筹备和并购过程中的交易谈判等环节，而对并购后的整合过程不够重视，对并购整合困难认识不足，缺乏整合风险控制意识，导致并购前期缺少完备的整合计划和相关安排，面对整合风险也难以采取有效的应对措施。波士顿咨询集团的一项调查研究显

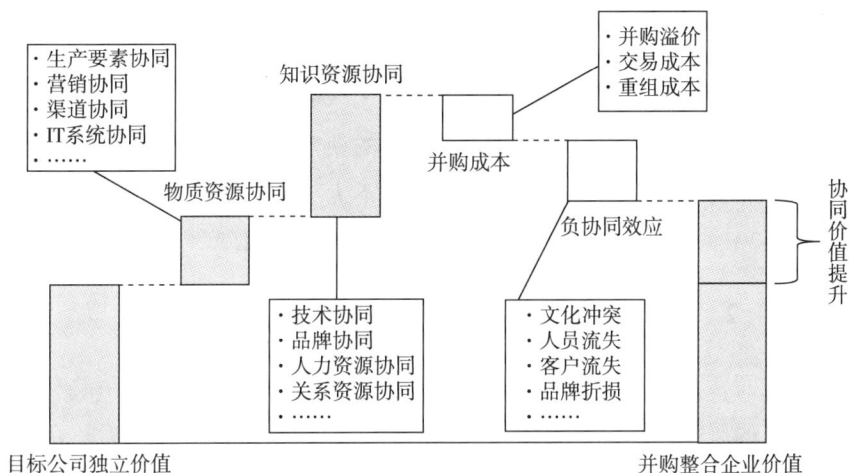

图 10 – 3 并购活动的价值来源

示，只有不到 20% 的企业在并购时考虑过并购后两家企业的整合问题。并
购前期整合计划的缺失在很大概率上会导致并购活动的失败。另一方面，
整合涉及并购与被并购两家企业活动的方方面面，是一项高度复杂的任
务，而且整合实施管理者在整合期间所遇到的挑战（如表 10 – 10 所示）
大多是企业日常经营中碰不到的，往往需要相机抉择灵活应付。因此，并
购活动具有很大的不确定性，即便拥有周密的整合计划也不意味着并购活
动最后一定成功。

表 10 – 10 并购整合的复杂性

环境的复杂性	管理的复杂性
• 广泛弥漫的不确定性	• 应对过于勉强的最后期限
• 文化冲击	• 实现艰巨的财务目标
• 政治策略与职位安排	• 以有限信息快速重组
• 信任度下降	• 各种不同制度与机构的合并
• 士气低落	• 保持充分的沟通
• 生产效率下降	• 防止重要员工流失
• 极度竞争	

资料来源：Pritchett（2007）。

正是源于整合对于并购活动的重要性及其复杂性，整合风险普遍存在，并购失败案例屡见不鲜。相关调查研究结果显示，70%的并购活动长期来看都是失败的；在失败的并购案例中，只有20%发生于正式签订并购合约之前，是由于并购前期准备不足导致的谈判破裂；而80%发生在签约后1~3年的整合期中，因整合工作开展不力导致（叶映，2004；张雨和宋瑞卿，2011）。因此，整合风险应该引起并购方的高度重视。

10.4.2　并购模式、整合内容与风险

概况而言，并购整合风险是整合过程失败导致整个并购活动没有达到预期目标的风险。细化到具体的整合内容，并购整合风险表现为整合内容的无效或者低效。整合内容通常包括：

（1）物质资源整合。主要是指生产经营要素的整合，包括生产资料整合、产销渠道整合、IT系统整合等。物质资源整合旨在通过对并购双方生产要素资源的整合，优化双方的物质资源分配，促进双方生产成本的下降和生产效率的提升；通过对产销渠道的整合，实现供、产、销资源的共享及一体化管理。

（2）知识资源整合。知识资源是指企业生长过程中自发形成的理解、发现或学习的总和，是经验的加总。知识资源整合包括文化整合、技术整合、人力资源整合、关系资源整合等无形资本的整合。在当下知识经济时代，相对于物质资源，知识资源是企业最重要的战略资源，是企业的核心竞争力所在，因此对知识资源的整合更为重要。但由于知识资源自身的特性，使得知识资源整合比物质资源整合更为困难，具有高度的不确定性，是整合风险的主要来源。

（3）结构性资源整合。结构性资源是对组织具有依附性、不可转让性，是组织动态运作过程中各种关系相互作用所形成的企业个性。结构性资源整合包括财务整合、组织结构整合、业务流程整合等。结构性资源虽然不是企业的战略资源，但是其他资源整合的保障，结构性资源间的不兼容、不适应会妨碍到其他资源的整合效果。

实际操作中，整合内容与风险不尽相同，取决于并购方对被并购方的

控制程度，也即被并购方对并购方的战略重要程度。如果并购方仅仅是通过资本纽带来与被并购方建立业务上的战略合作关系，并购方通常会采取购买少数股权的形式，并购后也仅限于在组织结构上进行低水平的整合，如派驻董事参与公司重大事项决策。但若并购方意图获取被并购方的战略资源，对被并购方的市场及生产行为进行全面控制，则需采取全资收购的吸收式合并方式。在这种情况下，整合操作将在物质资源、知识资源和组织性资源的各个层面展开，整合过程最为复杂。

总体来说，不同股权模式下整合方案具有以下差异：

（1）参股情况下，整合团队履行公司治理职能，不涉及公司具体层面的接管整合，通过参与股东会和董事会重大事项决策、派驻少数高管等方式维护股东权益。

（2）合资情况下，整合团队履行公司治理职能，与参股模式类似，更多的是监控而非接管。注重撬动合资方的积极性，共同投入资源。业务层面关注对关键环节的掌控，包括企业品牌、核心能力、核心资源等。

（3）控股情况下，整合团队履行公司治理职能，以及通过股东大会、董事会实现母公司战略意图的落地。接管整合粒度较粗，主要是通过股东会、董事会实现子公司组织架构的设计，关键岗位人员安排，以及对控股子公司在业务上的指导。

（4）全资收购情况下，整合团队履行公司治理职能，以及通过股东大会、董事会实现母公司战略意图的落地。接管整合粒度较细，对子公司的组织结构、企业文化、人事、研发、运营、渠道、销售、财务、IT 系统和公共关系等方面全方位接管，作出具体的安排和控制，推动实现收入、成本、资产、管理等方面的协同效应。

企业并购模式、整合内容与主要风险如表 10 - 11 所示。

表 10 - 11　　　　　　　企业并购模式、整合内容与整合风险

入股方式	参股	合资	控股	全资收购
并购类型	无关多元化并购；纵向并购	纵向并购	纵向并购；相关多元化横向并购	横向并购
整合方式	战略合作	中度整合	深度整合	全方位整合

续表

入股方式		参股	合资	控股	全资收购
整合内容	组织结构	派驻董事参与公司重大事项决策	共同设立股东会、董事会；派驻董事和管理层，参与公司重大事项和经营决策	设立股东会、董事会；派驻董事和管理层对公司重大事项和经营决策有控制权	重新设计架构，设立股东会、董事会，派驻接管整合团队
	财务	无	按照母公司要求开展财务预、决算，报母公司备案，接受母公司指导和监督	按照母公司要求开展财务预、决算，报母公司备案，接受母公司指导和监督	财务体系与母公司对接，按照母公司要求开展日常财务管理
	企业文化	无	由双方派驻的管理层在子公司内建立独立企业文化，不要求与母公司强制整合	由派驻的管理层在控股子公司内宣传和推行母公司企业文化，但不要求强制整合	以母公司企业文化为主导，对目标企业进行重新塑造
	人力资源	无	对于能够对接和发挥母公司优势的岗位，派驻相应管理层、中层及业务骨干	控股子公司按照母公司制度要求，制定人力资源制度，人员任用由子公司根据业务发展要求安排	重构人力资源体系，管理层以并购方为主，中层可由接管整合团队留任，目标公司关键员工评估后留任
	市场和运营	通过战略合作机制实现业务协同	由子公司管理层安排市场和运营活动；母公司可按照市场化原则提供资源支持	配合母公司的战略发展和业务需要，由子公司管理层管理和安排市场活动	按照母公司战略发展要求重塑业务范围，导入母公司知识资源，重构产品和市场体系
	物质资源	无	母公司可向合资公司注入物质资源，或者按照市场化原则提供物质资源	母公司可按照市场化原则提供物质资源	导入母公司物质资源
整合风险		业务协同未达到预期	双方输出资源不对等；只发生单向业务协同；协同效应未达到预期	核心人员流失；供应商、客户等关系资源流失；管理层对股东权益维护程度不够	企业文化冲突；核心人员流失；供应商、客户等关系资源流失；员工遣散的劳工纠纷

10.4.3　并购整合流程与方法

为了保障并购战略意图的实现，并购方需要建立起一套系统化的并购整合管理架构和流程，从而有效应对复杂的并购整合任务，避免整合风险。本书通过研究成功和失败的并购案例发现，成功的并购整合通常涵盖了从计划、设计、组织到执行的全流程控制，每个环节都有一些关键要素，是整合风险的主要来源，尤其值得注意。

1. 计划

首先，建立清晰的战略与并购愿景，是确保并购活动顺利开展并获得成功的前提，战略的清晰为并购目标的寻找和整合目标的设立奠定合理基础。其次，在战略的指引下，并购目标的寻找依赖于对外部市场状况和自身竞争力的客观分析和评价。但在实际情况中，对外部市场信息的收集和处理可能是困难而复杂的，这对进行海外并购拓展的企业来说尤为突出。因此，企业在计划并购活动前，必须对并购目标所在的商业环境和目标公司本身有充分的了解。

2. 设计

成功的整合通常都不仅仅是并购交易的事后活动，而是延伸到并购交易之前，参与并购目标的可行性研究和交易的设计。整合在并购活动前期阶段重点需要关注的是，在评估并制定明确的协同效应价值实现目标的基础上，根据价值实现目标建立切实可行的整合目标。哪些价值目标应该被优先考虑，价值目标的实现需要双方整合哪些资源，在设计整合目标时需要逐层细化。不可盲目追求过于宏大而不切实际的整合目标，同时寻求多重价值目标的实现，会为整合过程增添更多的复杂性和不确定性，最终导致整合失败。

3. 组织

根据整合目标组建整合实施团队。并购企业需要打造具有并购整合能力的团队，来负责整合目标的落地。特别在跨国并购中，团队成员需要具备较强的在国际环境下工作的能力，例如一定的语言技能、开放包容的心态以及良好的沟通技巧。除了合适的团队成员以外，并购企业还需为整合

189

团队设计清晰高效的组织结构，确定有利于高效整合的管理职责和管控模式。

4. 执行

进入整合实施阶段，整合团队首先要着手选择合适的整合程度，制定具体整合方案。整合程度取决于公司对整合的目标预期，以及对各种协同效应的优先级排序。整合力度不足，难以达到理想的并购效果；整合力度过大，可能造成企业经营的紊乱、人才流失甚至关系资源的损耗。在制定整合方案时，还需注意充分识别关键风险，制定好风险防范和处置预案。

整合实施过程中，非技术性障碍通常是影响整合效果的主要原因，整合实施中最为重要的两项任务是：避免文化冲突和建立有效沟通。文化障碍在并购整合中普遍存在，既来源于并购双方所在地民族文化的差异，也来源于并购双方企业内在文化的差异，对企业决策机制、流程规范、人事制度和沟通方式都有着直接的影响。如何准确识别双方文化差异，采取正确措施清楚文化障碍，避免文化冲突，是整合团队必须要考虑的事情。

并购会将被并购企业置于广泛弥漫的不确定氛围中，引发员工焦虑、信任度下降、士气低落等问题。这种不确定性还会波及到被并购企业的客户、供应商等相关利益方，造成关系资源的损耗。因此，建立有效的沟通机制尤其重要。整合团队要积极化解各方的猜疑，充分沟通并购方的并购意图和整合计划，尽早向被并购方传递关键承诺信息，及时安稳各相关利益方；在符合并购意图和企业发展所需能力的前提下，有选择地尽可能保留管理团队和员工，提升员工的信心，并积极引导媒体报道，为进一步的整合实施奠定良好基调。

10.4.4　文化整合

企业文化是企业生存、竞争、发展的灵魂所在，优秀的企业文化是企业不断发展壮大的内在源泉。作为企业精神、价值观和意识形态的集中表现，企业文化潜移默化地影响着员工的心理和行为，并在企业内部形成自我约束、规范的组织结构，进而影响着企业生产要素的配置、生产经营活动的效率以及企业的活力和创造力。对于并购活动而言，企业并购不仅是两个企业之间的经济行为，更是一种文化行为。企业文化之间的碰撞和融合具有更加深远和持久的影响，直接关系到其他各项并购整合的效果，是并购成功与否的关键，可以视为并购整合活动的核心环节。正如德鲁克所言，"要想通过并购来成功地开展多元经营，需要有一个共同的团结核心，必须具有'共同的文化'或至少有'文化上的姻缘'"（Drucker，1981）。

1. 企业文化审查

企业文化具有抽象性和隐性特征，使得很多企业在并购活动中没有对此给予应有的重视，特别是在并购活动的前期，缺少对并购目标企业文化的有效识别，是造成后期文化整合不利的主要原因。并购前期积极开展企业文化审查工作，有助于降低文化整合风险。

文化审查是指，并购方通过组织相关人员对目标企业进行问卷或走访调查，来获取目标企业文化特点。企业文化可以从不同的维度进行考察，通过比较并购目标的企业文化与并购方企业文化间的差异，为并购后的文化整合奠定基础。

（1）民族文化属性

根据霍夫斯坦德的民族文化维度理论，企业文化的民族文化属性可以从以下四个侧面来考察①：

权力距离：权力距离即在一个组织当中，权力的集中程度和领导的独裁程度，以及一个社会在多大的程度上可以接受组织当中这种权力分配的不平等，在企业当中可以理解为员工和管理者之间的社会距离。一种文化的权力距离大小，可以从该社会内权力大小不等的成员的价值观中反映出来。在低权力距离的社会里，政治体制较为稳定，政治权力的获取与维系建立在完整的规则体系基础之上。企业中，员工不注重地位高低，上下级之间的关系讲求实效，下级对上级依赖性较小，多采用协商方式处理问题。而高权力距离的社会往往比较贫困，有较为森严的等级制度。国家政治权力掌握在少数社会精英手中，强权或暴力是获取和维系权力的主要方式。企业中，下级员工对上级有相当大的依赖性，上下级之间情感距离较

---

① 参考自《霍夫斯坦德的国家文化模型》，百度百科。

大，下级完成上级领导交办的任务，不太可能直接与上级商讨问题。

个人主义与集体主义：个人主义与集体主义表示个人与群体间的关联程度。"个人主义"是指一种结合松散的社会组织结构，其中每个人重视自身的价值与需要，依靠个人的努力来为自己谋取利益。"集体主义"则指一种结合紧密的社会组织，更注重集体目标，其中的人往往以"在群体之内"和"在群体之外"来区分，他们期望得到"群体之内"的人员的照顾，但同时也以对该群体保持绝对的忠诚作为回报。在个人主义浓厚的社会里，个体利益优先于群体利益，在个体利益得到有效维护的前提下，才考虑群体利益。企业中强调个性自由及个人成就，员工流动率较高，雇用和晋升的主要依据是员工本人的技能。在集体主义浓厚的社会里，群体的利益高于个体利益，企业中员工对组织有依赖情感，管理者与被管理者之间关系融洽，员工流动率很低，雇用和晋升要优先考虑被选人与决策人之间的道义关系。

阳刚气质与阴柔气质维度：表示人们在对内部社会的感受下的社会性别角色分工程度。阳刚气质的社会中，两性的社会性别角色差别清晰，男性表现得更加自信、坚强，注重物质成就，女性表现得更加谦虚、温柔，关注生活质量；与之相对应地，阴柔气质的社会中，两性的社会性别角色相互重叠，且男性与女性都表现得更加谦逊、温柔和关注生活质量。在阳刚气质较高的社会里，企业中往往由高层来决定重大决策，员工对企业缺乏认同感，通常不会积极地参与管理工作。而在阴柔气质较高的社会里，组织注重维护和谐的氛围，多采用员工积极参与管理的人本主义政策，员工重视同他人的合作、同上司良好的工作关系，重视生活质量和工作保障等。

不确定性回避：不确定性是指某种文化中的成员在面对不确定的、含糊的或未知的情况时感到威胁的程度。在不确定性回避程度较低的社会里，社会崇尚自治，政府对民意的反应较及时，社会成员往往素质较高、自治能力较强，而且更为沉静、矜持和随遇而安，对于不确定性和差异性，社会成员采取的多是顺其自然和宽容的态度，社会整体焦虑水平较低。企业中，管理者对不确定性并不排斥，决策时可以更多依靠个人经验和直觉,员工的个人主动性也能够在这种环境下得到充分发挥。在不确定性回避程度较高的社会里,社会崇尚秩序,政府处于较强势的地位,倾向于对社会成员加以控制。面对生活中的不确定性,社会成员更易产生焦虑情绪,在特定的情况下甚至会有非理性的攻击行为。在企业中,管理者崇尚精确严密的管控体系,决策时注重专家学者的意见,员工的创新空间在严密的控制下几乎丧失殆尽。

通过这四个侧面的考察,可以初步判定特定民族文化环境下企业文化的基本模式。这大致可分为以下三种:崇尚个人主义、以市场为导向的英美模式,崇尚集体力量、以网络关系为导向的日德模式,以及企业决策家长化、企业雇员管理家庭化的东南亚家族治理模式。并购双方所在地民族文化的差异,对于组织结构、行为方式和管理制度的整合都有很大的影响,特别是在全资收购、控股、合资等需深度介入的情况下,文化整合通常存在着较大的障碍。

（2）企业文化结构属性

民族文化属性描述的是特定环境下的企业文化共性,企业文化结构属性则是针对特定企业,从内部文化结构特征来对企业文化进行审视。英国学者杰夫·卡特赖特认为,文化是由拥有相同目标、信仰和价值观的人们所构成的组织体,通过考察企业文化的目标一致性和价值观,可以对企业文化的结构属性进行识别。一般来说,企业文化的结构属性可划分为以下四种基本类型:

单一文化:企业文化由单一思维主导,处于文化中的人们思维基本相同,遵从共同的企业价值观和文化准则。

高级文化:企业文化并非单一结构,而是包含多个并列的亚文化,其中每种文化都有其独特的信仰、价值观和思想观点,但所有亚文化都共同作用于企业目标的实现。

分裂性文化:企业文化内部包含多个并列的亚文化,但各个亚文化都有其自身的计划和目标,彼此间存在着明显的分歧和冲突,致使企业受到不同方向的力的作用,损害企业目标的达成效率。

分离性文化:企业文化分裂成几个独立的文化单位,企业文化遭到严重破坏。

卡特赖特认为，在这四种类型的企业文化中，高级文化是最优秀的企业文化，这种包含多个亚文化的同时又可共同作用于企业整体目标实现的企业文化结构，既能保证企业经营的一致性，又可使企业拥有良好的灵活性和创新性。比较而言，单一文化的企业通常缺少灵活性，容易导致创新意识损伤；而分裂性文化和分离性文化下的企业内耗严重，难以形成一致的企业目标，通常是企业正常经营与发展难以为继的内在根源。

2. 文化整合

在企业文化审查的基础上，并购企业可根据双方企业的民族文化特点、企业文化结构特点和双方的整合目标，采取合适和适度的文化整合模式。一般来说，企业文化整合有以下几种模式：

（1）自主模式：并购方保留被并购方原有的企业文化，不采取文化整合活动。当并购方民族文化属性与被并购方民族文化属性存在巨大差异，而并购方没有能力管理这种差异，尤其是宗教信仰方面的差异时，放弃文化整合，尊重对方的企业文化，有助于避免双方企业的文化冲突。

（2）渗透模式：采用缓慢整合的方式，通过派驻的管理层对被并购方进行文化渗透。这种整合方式适用于并购方（母国）比被并购方（东道国）有着更为强大的经济实力和文化软实力，形成了明显的（民族）文化优势的情况下。渗透模式潜移默化，容易被对方接受，但是整合速度慢，短期内可能会影响到双方协同效应的开展。

（3）嫁接模式：并购方以被并购方企业文化为主体，有选择地将本企业文化中的核心部分嫁接过去。这种整合模式以尊重被并购方企业文化为前提，优点是被并购企业容易接受，整合阻力较小，但也存在着一定风险。如果嫁接不成功，并购方企业文化难以在被并购方企业内存活，或者形成分裂性文化。

（4）移植模式：并购方将本企业文化体系主体全部移植到被并购方，重塑被并购方的企业文化。这种整合模式是自上而下的强制式整合，适用于双方民族文化属性差异较小的并购，其优点是整合速度快，效果明显；但也容易受到被并购方员工的抵制，存在一定的整合难度和风险。

（5）融合模式：并购双方平等交流，选择各自企业文化中的精华部分紧密融合，寻找新文化生长的共同点。这种整合方式的前提是双方的企业文化具有较强的互补性，且双方能够基于坦诚、尊重、妥协的态度，做到求同存异。融合模式容易得到双方的认同，整合阻力较小，但双方需要一段时间的磨合和培育期。

第11章 政府行为在企业 "走出去"中的作用

　　企业是跨国投资、国际化经营的主体，但是企业在"走出去"的过程中，通常离不开政府的支持和服务，特别是当企业"走出去"上升为国家战略时，政府便成为"走出去"战略的宏观主体，既是企业"离岸"的推动者，也是企业"出海"的护航者，政府行为在"走出去"战略实施中发挥着至关重要的作用。本章从国际经验比较出发，通过梳理发达国家政府在推动本国企业"走出去"过程中的政府行为，分析和界定政府在"走出去"战略中应有的职能取向；在此基础上，进一步探讨我国政府在"走出去"战略中发挥的作用和有待完善之处。

11.1　企业"走出去"中的政府行为：国际经验

11.1.1　发达国家政府的宏观战略性指引

1. 产业政策引导

　　一国经济的发展通常是从初级产业向高级产业不断升级的过程，这个过程既源自经济体内生性的技术演进，同时也离不开政府的产业政策指引。政府通过产业发展规划和产业结构调整，引导生产要素流动，优化生产要素配置，促进本国产业升级。在此过程中，服务于本国产业政策的资源跨境流动，形成了促进企业"走出去"的动力来源。一方面，通过跨国公司的产业转移，将本国初级产业和过剩产能向外输出；另一方面，通过海外并购和国际化经营，获取资源和先进技术，助力本国的经济发展和产业升级。20世纪初以来，发达国家政府通过产业政策指引企业进行资源跨境配置，帮助本国实现产业结构调整和产业升级，发挥了重要作用。

196

　　美国企业的第一次大规模"走出去"浪潮始于第二次世界大战结束后。当时欧洲、日本等国忙于战后重建，给美国跨国公司带来了良好的发展契机。美国政府积极引导本国企业参与援助计划，通过绿地投资、股权收购和海外工程等形式迅速进入其他国家，占领空白市场，完成了对国内战争期间急剧扩大的过剩产能的转移；同时在全球范围内获取本国产业发展所需的自然资源和劳动力资源，为本国经济的再次腾飞打下基础。到了20 世纪七八十年代，随着布雷顿森林体系的瓦解，美国主导了以美元为主要国际货币的新的国际货币体系，通过经常项目逆差和资本项目顺差调节美元供给与汇率平衡，美国经济开始去工业化，金融业、房地产服务业和职业服务业（如律师、会计师、企业咨询和其他技术服务业）逐步取代制造业成为主要经济支柱。在美国产业结构调整和产业政策的引导下，从美元国际货币地位的确立到21 世纪前十年，美国一直处在去工业化的进程中，大量低端制造业向海外转移，优质资源向以金融为代表的现代服务业、以信息技术和生物技术为代表的高科技企业以及高端制造业、现代农业和军工产业聚集，塑造了更具竞争力和价值链优势的美国经济新格局[1]。

　　日本外向型经济结构的确立，也与产业政策的引导密不可分。第二次世界大战后，日本为了稳定和恢复经济秩序，实施了以煤炭、钢铁等基础工业部门优先发展的产业政策，通过高度利用国内有限资源迅速重启工业化。其后经过20 世纪五六十年代的快速发展，日本的工业化水平不断深化，实现了重化学工业化。然而，经济的高增长带来了生态环境恶化、劳动力成本过高、城市人口拥挤，以及资本相对过剩等问题。为此，日本政府调整产业政策，一方面促进国内产业升级，大力发展节能产业和"高加工度化"产业；另一方面，对处于衰退和产能过剩的产业，鼓励和帮助进行海外转移，对东南亚和中南美洲地区发展中国家加大投资力度，日本企业开始大规模"走出去"。其中，制造业和矿业占到了50% 以上的份额，成为直接投资的主要流向。进入80 年代后，在世界信息技术革命和高端服

---

　　① 但与此同时，去工业化也为美国带来了社会结构的巨大变化，制造业空心化下美国制造工人数量急剧萎缩，越来越多的工人被迫转移到低技能、低收入的服务业，劳动力竞争能力两极化趋势日益明显，导致贫富收入两极分化，中产阶级萎缩，社会分裂和抗争加剧。

务业快速发展的背景下，日本产业政策也随之调整，注重创造性的知识密集型产业发展，在对外投资引导上，鼓励向国际产业链上游迈进，加大对新知识、新技术的获取吸收。其结果是，80 年代后日本制造业和矿业的对外投资比重急剧下降，而对金融、保险、贸易、服务等知识密集型的第三产业的对外投资迅速增加。

在欧洲国家中，法国是非常注重通过政府和企业合作来完成工业化发展战略的国家。在运用国家力量扶持特定产业和企业方面，法国的产业政策最具连续性，通过产业政策引导和促进企业开展对外投资也成为法国政府管理海外投资的主要方式。在 20 世纪 70 年代，为了解决产业结构的不合理，法国政府对主要工业部门进行产业指导，直接促进了这些领域企业的对外投资活动：能源领域，法国政府提出了对国外能源开发的投资政策引导，引导企业进入波兰、南非等国开发煤炭资源，进入北非、中东等地开发石油资源，进入加蓬、尼日利亚等国开发铀资源等；钢铁领域，法国政府通过"新钢铁计划"，彻底改组钢铁工业，引导落后产能迁移至发展中国家，就地生产和销售；汽车领域，为增强与美国、日本、德国等国的竞争能力，法国政府引导标致雪铁龙—克莱斯勒汽车公司和雷诺汽车公司向发达国家绿地投资，就地设计和产销；航空航天领域，法国政府引导加快国际合作步伐，通过资本和部分专有技术输出，与西欧 10 个国家开展资本与技术合作，共同研发和生产航天航空产品，并通过多国联销扩大市场；电子工业领域，法国政府在加强本国科研实力的同时，引导企业在美国、日本加大投资并购力度，兼并技术先进的电子公司以获取先进电子技术，加速提高本国的电子科技水平。在政府的引导下，法国完成了产业结构调整和产业升级，本国跨国企业也在此过程中不断发展壮大（徐德辰，2005）。

2. 经济外交战略

以实现各种经济利益为目的，借助外交手段推动经济活动，已成为当今经济全球化背景下国与国之间外交中的重要内容。发达国家政府的经验显示，旨在为本国企业创造国外发展机遇、改善国外成长环境并为本国企业的境外权益提供支撑和保障的经济外交战略，会对本国企业"走出去"

起到很好的促进作用。实际上，经济外交具有正反馈效应，本国经济实力的增长、跨国企业在世界经济中影响力的扩大，也将为本国的外交实力增加筹码。正如亨廷顿（1993）所言，"经济力量可能是最重要的权力源泉，在主要大国间军事冲突不大可能发生的时代里，经济力量在决定国家的国际地位高低方面将起到日益重要的作用。"

在美国跨国公司的成长历程中，离不开美国政府在经济外交上的积极作用。"二战"后，美国制定了许多旨在保护美国私人海外投资利益的法律，重要的如《美英贸易和金融协定》、《经济合作法》、《对外援助法》、《肯希卢伯修正案》等。美国政府不但积极与其他国家签订双边或多边协议，使本国企业在东道国获得投资经营的非歧视待遇和投资受保护权利，而且经常借助外国跨国公司在美国本土的经营活动要求其母国给予互惠条件，努力为本国跨国公司创造良好的国外成长环境。例如，一个重大举措是对所谓"贸易相关投资措施"实行约束。"贸易相关投资措施"指的是东道国政府通常采取的一些法律或政策，用于对在当地投资的外国跨国公司附加一些有利于当地经济发展的约束条件①。20 世纪 80 年代初，美国经济分析局发现，受到"贸易相关投资措施"要求的美国跨国公司相当普遍。于是，美国政府开始在世界范围内就此问题开展磋商，并将加拿大作为指控对象，提交关贸总协定组织进行专案审查和裁决。此后，美国在 1986 年的乌拉圭回合谈判过程中继续施加压力，促使关贸总协定成员国进一步审查贸易相关措施对贸易的影响以及关税与贸易总协定条款同贸易相关措施的关系，进而考虑如何完善关贸总协定相关条款，以便对贸易相关措施实行约束。在美国政府的不懈努力下，到了 1990 年，关贸总协定成员国最终对贸易相关措施达成框架协议。这在很大程度上为美国跨国公司的海外经营扫清障碍。

日本自 20 世纪 50 年代发布第一个外交蓝皮书开始，就将经济外交作为促进对外贸易和投资发展的铺路石。日本的经济外交主要以对外战略型援助为主，通过对外实施大规模的政府开发援助，借此附加受援国购买日

---

① 例如，要求外国跨国公司购买生产所需的原材料或半成品时，须从当地供货商中购买一定比例，而非全部来自进口。

本产品的要求，加之大量的广告宣传，带动后续贸易和投资活动的顺利开展。如战后日本通过战争赔偿，为当时尚缺乏国际竞争力的机械产品快速打开了东南亚市场；20 世纪 80 年代，日本对中国的大量低息贷款，也为日本汽车、电子产品独霸中国市场起到了铺路的作用。进入 20 世纪 90 年代，西方国家普遍出现"援助疲劳"（aid fatigue）现象。此时，日本加大对外经济援助规模，1991~1995 年间连续五年成为世界上最大的对外援助国，客观上为一批日本企业成功走向世界成为强大的跨国企业集团起到了巨大的促进作用。近些年，日本经济外交重点向能源领域倾斜，不断加大对中东、拉美、中亚及非洲产油区相关国家的经济外交力度，通过与资源国联合进行地质勘查、成立海外风险勘查基金承担资源开发前期风险等做法，促进日本能源企业"走出去"，确保日本能源安全（刘国华和李阵，2007）。

新加坡的主权财富基金淡马锡有限公司是新加坡企业"走出去"最为成功的案例。作为新加坡财政部下的全资国有控股公司，淡马锡自 1974 年成立以来，以年平均股东回报率 16% 的速度实现了快速增长。在亚洲地区，中国大陆是淡马锡最主要的投资目的地，在华投资占到淡马锡总投资的 25% 左右①。为了拓展中国市场，新加坡政府采取了很多鼓励和保护淡马锡在华投资的措施。早在 20 世纪 80 年代，新加坡政府就与中国政府签订了保护投资安全的《投资保护协定》和《避免双重征税协定》等。近年来，新加坡把自贸区协定作为扩展对外贸易和投资的战略措施，目前已与日本、美国、中国等主要经济伙伴签署了自贸区协定。其中，中国—新加坡自贸区协议于 2000 年正式生效，中新自贸区协定的签署进一步促进了新加坡在华投资。此外，新加坡政府在与中国政府的外交活动中，除与中央政府进行磋商外，还直接开展针对中国经济大省（市）的经济外交活动，目前已在天津、广东、浙江、江苏、四川、山东等中国主要经济大省（市）建立了新加坡—省（市）合作委员会（胡潇文，2012）。新加坡与中国省（市）间的合作委员会为新加坡企业先于他国企业提供了更多投资

---

① 数据来自淡马锡 2014 年度报告。

机会,同时也为新加坡企业在这些省(市)的投资提供了良好的保障。

11.1.2　发达国家的制度政策建设

1. 对外投资监管制度

出于引导本国海外投资合理布局、优化海外投资结构、防止本国国际收支严重失衡和资本外逃、保障海外投资符合国家战略安排和产业政策导向等因素考虑,一国政府通常会对海外投资施行监管。按照监管操作程序和性质,可以分为事前监管、事中监管和事后监管。事前监管侧重前置性审批管理,监管内容主要是产业导向和外汇管理。事中监管侧重报备和登记管理,监管内容主要是企业经营安全、国际公约遵守情况、反垄断等社会责任问题。事后监管侧重统计和清算管理,监管内容主要是对外投资合作的统计情况、海外企业清算的外汇资产汇回等内容。从国际经验来看,以资本输出为主的发达国家对企业海外投资的事前监管较为宽松,在促进本国企业"走出去"的过程中,趋向于不断减少投资的审批程序,缩短审批流程,甚至完全放开行政审批,取而代之的是在事中和事后加强监管,并通过完善法律保障体系来规范企业对外投资行为。而发展中国家大都与之相反,出于外汇压力或产业发展等原因,更加重视事前监管,疏于事中和事后监管。但总体而言,当一国处于资本输出阶段时,监管程度趋于放松。

美国的监管政策在事前监管上较为宽松,没有对海外直接投资实行管制的全国性机构,只是在某种特殊情况下或出于非经济原因,才对跨国公司的海外投资活动进行限制。美国对跨国投资监管采取间接性综合立法的模式,其《对外援助法》处于对外直接投资基本法的地位,连同其他相关法律条款,如《经济合作法》、《共同安全法》、《金融服务现代化法》等,通过对外直接投资保险、税收优惠、信贷支持等方面的约束条件,间接对企业跨国投资行为进行管理和调控,对合格的投资给予鼓励和资助,对不利于美国经济安全或发展的投资采取不予承保或不给予优惠等措施间接实施监管。事后监管方面,美国商务部每三年进行一次强制性的基点调查,通过填报的调查表来获取具有海外直接投资行为的公司的一切有关信息,在间隔的三年汇总后进行抽样调查，对比前次基点调查所显示的信息进行分析（赵薇，2013）。

日本在"二战"后初期由于经济萧条和国际收支的连年赤字而对对外投资采取严格限制，而后随着日本经济的高速发展，贸易顺差长期持续增长，20世纪60年代后日本政府逐渐放松对外投资管制，并转而促进企业的跨国并购，如日本通商产业省制定的《国际竞争力强化法案》和《产业振兴临时措施法案》等。但相对而言，日本仍是当今发达国家中比较重视事前监管的国家。日本政府对企业海外投资并购负责监管的主要机构是财务省、通商产业省、外务省和日本银行等。其中，财务省负责制定日本对外投资的政策，并对限额以上的对外投资及比较重要和敏感的产业领域进行审批；通商产业省会同财务省制定相关政策，重点负责与进出口贸易相关的对外投资政策制定和业务监管；外务省负责日本对外经济援助和对外投资合作中的领事保护，同时提供海外投资保险服务；日本银行接受财务省和通商产业省的委托，对限额以内的对外投资进行核对（赵薇，2013）。在法律体系建设上，日本政府先后制定了《外资法》、《境外拓展对策资金贷款制度》、《日本贸易振兴机构法》、《境外投资信用保证制度》等法律，明确了各项政策的目标、政策支持的对象和境外投资服务管理机构的职责，确保了境外投资企业的法律地位，规范了境外投资行为，为日本企业开拓国际市场提供了强有力的法律保障（寇彬、梁旭、赵俊冬，2013）。

韩国由财政经济部负责制定指导跨国并购的宏观政策，产业资源部、建设交通部、情报通讯部等各部负责具体行业的对外投资促进政策。从20世纪60年代开始，韩国政府把对外投资的具体审批职责交给韩国银行和韩国进出口银行负责。90年代后期实行对外投资自由化以后，韩国50多家经营外汇业务的银行都可以办理企业对外投资的申报业务（赵薇，2013）。为了支持韩国企业开展跨国经营，1992年韩国政府颁布了《海外直接投资制度改善方案》和《外汇管理规定修正案》等境外投资方面的法律。在管理制度方面，韩国政府简化了境外投资的申请和审批程序，放宽了审批权限，并自1998年起将批准制改为申报制。1994年还实行了"负面清单"制度，除少数规定的领域外，放开了境外投资的行业限制。在投资主体方面，政府鼓励中小企业扩大境外投资，甚至允许资本达不到限额的私人企业开展小规模的对外投资（孙晓丹，2011）。

2. 外汇管理制度

外汇管理制度主要包括审查海外投资企业的外汇来源和外汇风险、监督和管理投资资金的汇出和收回，以及监督投资利润和其他外汇收入的收回等。政府施行外汇管理通常出于国际收支失衡考虑，通过采取外汇或资本流动管制来限制资本流出，促进资本流入，加强对海外直接投资以及海外投资贷款的管理。

受不同时期下国际收支状况影响，发达国家对外汇管理呈现出动态调整，但随着汇率制度的变化（普遍采用浮动汇率制）和金融监管水平的提高，总体上趋于放松。例如，"二战"后法国政府先后实行了外汇管制、放松管制直至取消管制的渐进式管理措施。战后初期，法国政府实行严格的外汇管制，20 世纪 60 年代后逐渐放松外汇管制，1967 年 1 月完全取消外汇管制。但是经过 1968 年的"5 月风暴"，法国经济遭受重创，政府被迫又重新实行外汇管制，其间虽有反复，但外汇管制延续到 1980 年 6 月底。80 年代上半期，法国又经历了外汇管制从放松到严管再到放松的过程，直到 1986 年 3 月政府才逐步放宽并最终取消了外汇管制（徐德辰，2005）。英国政府在"二战"后的较长时期内也采取了极为严格的外汇管制，规定用于对外直接投资的资金汇出必须经过英格兰银行批准，且企业在国外赚的利润必须汇回英国。直至 1979 年 10 月，英国取消外汇管制，实现了对外投资的自由化。日本在国内产业基础和国际竞争力不断增强的基础上，于 20 世纪 60 年代末开始，分步骤、分阶段地实施对外投资的自由化进程，到 20 世纪 90 年代基本取消了外汇管制。澳大利亚和新西兰在 20 世纪 80 年代中后期的外汇管理改革中对海外直接投资实行了自由化政策。20 世纪 90 年代中期以来，随着欧盟成员国资本流动自由化指南生效，芬兰、意大利、挪威、瑞典等发达国家对对外直接投资的外汇限制已不复存在（徐德辰，2005）。

3. 海外投资保险制度

企业海外经营面对诸多不确定性，依靠企业自身经营难以平衡风险收益。促进本国企业"走出去"，需要母国建立健全海外投资保险制度，为跨国企业海外投资风险提供部分或全部的担保，以免除企业的后顾之忧。

美国是最早实行海外投资保险制度的国家，早在 1948 年开始实施"马歇尔计划"时，就将"奖励、促进和保护私人海外投资的安全与利益"作为美国政府的基本政策。为了适应国际投资形势的变化，美国于 1961 年通过了《对外援助法》修订案，其中包含鼓励私人部门向欠发达国家投资的"扩展的风险保证计划"，给美国海外投资者面临的所有风险提供海外投资额 75% 的政府保证（赵薇，2013）。1971 年，美国设立了海外私人投资公司（Overseas Private Investment Corporation，OPIC），在美国政府的政策指导下建立并实施海外投资保险制度，主办境外投资保险和融资业务。OPIC 的使命是"动员和服务于美国私人资本和技术参与欠发达国家和地区、从非市场经济向市场经济转型的国家的经济社会发展，同时实现有利于美国经济发展的目标"，其实现手段是承保美国投资者在欠发达国家和地区投资的政治风险（包括战争、征收和汇兑限制等）、提供贷款和贷款保证为美国海外投资者融资。美国海外私人投资公司担保的范围主要包括：（1）货币不可兑换风险，即投资人不能将利润、债务收益及其他收入由当地货币兑换成美元，并从投资东道国汇出的风险；（2）财产被没收风险，即由于外国政府征用、实施国有化或没收等原因而给投资者造成损失的风险；（3）政治动乱风险，即由于战争、暴乱或政治因素等给投资者造成损失的风险（孙晓丹，2011）。

日本也是最早施行海外投资保险制度的国家之一。1950 年日本实施了出口信用保险制度，1956 年又在此基础上建立了海外投资原本保险制度，1957 年进而推出了海外直接投资利润保险制度。为了保障日本中小企业对外投资的安全，日本通商产业省贸易局专门成立了服务中小企业的日本海外投资保险部；并于 1964 年设立了海外投资亏损准备金制度，对海外投资采取了种种优惠、资助措施，其中包括税制优惠。对于向政治、经济方面不稳定的发展中国家或地区投资的企业，首先考虑在税制方面弥补投资风险，促进海外投资。1970 年新设了石油开发投资亏损准备金；1971 年，将资源对象扩大到石油以外，设立了资源开发投资亏损准备金制度。该制度旨在给予为谋求稳定地获取海外基础资源而进行投资的支持。1973 年统一合并海外投资亏损准备金制度和资源投资亏损准备金制度,设立了海外投资等亏损准备金制度。若企业在欠发达国家和地区投资的农林水产业、制造业、建设业、矿业项目发生损失和亏损,海外投资保险部会根据该制度对企业审核后进行补贴,补贴金额最高为项目累计投资额的 12%。如果投资者在东道国遭遇社会动乱或者战争等特殊风险,海外投资保险制度可以为企业投资提供相关的投资保险服务,该保险赔偿率可达 95%。若海外合作伙伴破产给国内投资者造成损失,该制度会为日本投资者提供信用保险,该项保险补偿率为 40%。如果投资企业投保资金短缺,相关费用可申请由政府贷款解决。日本政府设立的这两项保险制度为国内投资者开展海外投资提供了极大的便利和保障(曹红辉,2006;孙晓丹,2011)。

韩国的海外投资保险主要通过韩国出口保险公司负责实施,在 2007 年以前主要是针对战争、征用、汇款风险等非常规风险为境外投资企业提供保险服务,最大的承保范围是 90% 的投资金额加上赚取的利润,在中小企业中这一比例可以达到 95%。2007 年以后,韩国海外投资保险制度不断完善,陆续为"走出去"企业提供海外项目金融保险、海外工程保险、海外资源开发基金保险等服务,对降低本国企业海外投资风险及跨国并购发挥重要促进作用(崔栢烈、郭化冰,2012)。

11.1.3　发达国家的公共服务

1. 信息服务援助

出于降低本国企业"走出去"过程中获取信息的成本、帮助企业发现投资机会以及帮助企业规避境外投资经营风险等原因,发达国家政府普遍建立信息服务援助机制,通过境外使馆、专设机构、官方半官方行业协会等渠道开展当地市场经济社会环境调查活动,建立信息分享机制。一些发达国家还建立了对外投资决策系统,为本国中小企业提供境外投资分析和决策帮助。

美国政府有许多专门的机构,负责为企业海外经营提供各种信息和咨询服务,如美国私人海外投资公司、国家贸易发展署、美国联邦中小企业管理局、驻外使馆设立的经济与商业情报中心、美国国家情报机构等。其中，美国私人海外投资公司是美国国务院直属的负责美国私人海外投资保险的专门机构，同时也负责收集信息并向本国跨国企业提供投资咨询服务。此外，美国政府的许多部门，如商务部、财政部、能源部、农业部等，都先后成立了促进出口和企业海外发展的机构，提供各类信息服务。这些部门和机构所提供的信息服务主要有：（1）有关东道国的宏观经济状况、法律制度、行政管理制度、要素成本等外部市场信息；（2）通过组织投资洽谈会、研讨会、投资访问代表团等方式为本国企业"走出去"提供咨询服务；（3）对中小企业给予法律、融资、人员培训方面的扶持，以及商业情报咨询、投资机会咨询、可行性分析等专业服务。这些信息服务涵盖了从投资项目选择开始到实际投资决策的全过程，大大降低了对外投资企业搜集信息所花费的成本。

日本政府很重视为本国企业提供信息支持，通过经济产业省、日本进出口银行等政府部门定期调查各国家和地区的政治经济环境，为本国从事海外投资经营的企业投资提供参考数据。如日本进出口银行专门设立了海外投资研究所，为境外投资者提供从项目考察论证、施工组织设计到组织实施全过程的信息咨询和操作服务，并且还提供项目投产后所需最新、最可靠的市场动态信息和产品销售网络渠道等（曹红辉，2006）。除政府部门外，日本政府从财政预算中拿出大量资金，设立了一大批官办民营的中介机构和中小企业团体，帮助企业收集境外市场信息，提供信息援助服务。其中，日本贸易振兴机构、日本中小企业情报中心、日本商工会议所等机构，在为跨国企业特别是中小企业提供信息服务中发挥了重要作用。此外，日本政府还定期举办"日本企业海外事业活动定向调查、基本情况调查"，鼓励日企参加和开展国际技术经验交流活动以及各种研讨会来加强对其他国家投资环境的了解，并通过各种媒体媒介尽力为境外直接投资企业提供更多的信息（赵薇，2013）。

韩国在促进企业跨国经营方面也非常重视为企业提供信息服务。韩国政府专门设立了海外投资调查部、海外投资信息中心、海外投资洽谈中心等机构，系统收集有关国家的政治动向、经济政策、法律法规等情况，及时准确地向企业提供信息资料和咨询，并组织安排投资研讨会。韩国政府还设立了非营利政府组织大韩贸易投资振兴公社，促进韩国与世界各国之间的经贸往来与投资合作，该组织已与世界上 300 多个咨询机构建立了业务联系，搜集有关信息资料以供本国投资企业决策参考（孙晓丹，2011）。除了信息收集、加工和咨询外，韩国政府也非常重视信息整合。韩国政府于 2007 年建立了 OIS（Overseas Investment System）系统，汇总了韩国相关政府部门、进出口银行、大韩贸易投资振兴公社、贸易协会等 32 家机构的海外投资信息，为企业提供信息服务和统计数据，并提供与海外投资专家的在线沟通服务（赵薇，2013）。

2. 财政金融支持

为促进本国企业"走出去"，许多国家政府通过直接或间接财政金融支持，为企业提供必要的资金支持，降低企业境外拓展成本和风险，以及助力企业获得境外投资和业务拓展机会。

美国对跨国公司的财政金融支持主要通过政策性金融机构——美国进出口银行和美国政府鼓励私人海外投资的专设机构——海外私人投资公司（OPIC）来实施。美国进出口银行创立于 1934 年，其宗旨是促进美国产品在海外的销售和私人资本的输出，主要通过为外国大规模经济开发项目提供买方信贷或卖方信贷形式的资金援助，并将资金援助与美国跨国公司参与受援助的经济开发项目联系起来，为美国公司参与项目建设、扩大投资、促进设备、原料和劳务的销售提供有利条件。此外，进出口银行还直接向美国跨国公司提供贷款业务，主要为开发资源贷款和对外私人直接投资贷款。其中，开发资源贷款用于某个国家的资源开发，特别是战略物资资源；对外私人直接投资贷款用于帮助跨国公司扩展业务，提高在国外的竞争力。OPIC 成立于 1971 年，是美国国务院直属的负责美国私人海外投资保险的专门机构，旨在鼓励美国私人资本特别是中小企业在发展中国家以及转型国家进行直接投资，以开发正在成长中的市场潜力。OPIC 提供长期政治风险担保和有限追索权项目融资服务，主要是对美国人投资的新项目、私有化项目以及现有工厂的扩建和改造项目提供融资和担保。OPIC 最多能为一个项目提供四亿美元的资金，其中两亿美元为项目贷款，两亿美元为政治风险担保。除提供资金支持以外，OPIC 还有针对性地为中小企业提供产品和服务推介、分担中小企业在部分市场的开拓和投资试验费用、向参加投资的私人公司提供情报咨询和进行可行性分析等服务（曹红辉，2006）。

日本政府主要通过政府金融机构为本国企业直接提供优惠贷款予以支持。日本输出入银行成立于 1950 年，是促进日本的进出口业务和日本企业的海外经济活动的政策性银行。1961 年，日本政府设立了海外经济协力基金，用于助力发展中国家的经济增长和产业发展，并促进日本同发展中国家的经济交流，通过与发展中国家开展经济合作鼓励日本企业对外投资。1995 年，日本政府将进出口银行和海外经济协力基金合并，成立了日本国际协力银行（JBIC）。JBIC 以支持出口、开发资源、开拓市场、扶持战略资源进口、稳定周边关系等国家利益为己任，集出口信贷和开发援助、支持进口和海外投资为一体，具有与美国进出口银行类似的职能。除了政策性银行外，日本政府还建有配套财政金融支持体系，有针对性地为企业提供各种形式的资金支持。例如：日本海外贸易开发协会可为中小企业提供长期低息的"中小企业海外投资协力资金贷款"；中小企业加强海外经营时，可向政府下设的中小企业金融公库、国民生活金融公库、商工组合中央金库等中小企业金融服务机构申请长期低息的"海外经济环境变化对应特别贷款"等（余晓泓，2007；赵薇，2013）。

韩国的政策性银行——韩国进出口银行是为韩国企业或其海外子公司的运营提供优惠金融服务最主要的金融机构。2007 年以后，韩国进出口银行强化了对本国跨国企业的扶持力度，优惠金融服务范围涵盖到海外并购资金支持。韩国进出口银行下设有"海外投资事业基金"和"海外投资基金"，专门负责向境外投资企业提供优惠贷款，优惠贷款比例最高可达到境外投资项目总投资额的 90%。同时，对跨国企业开发本国所需能源、矿产等资源的海外投资项目，该基金也可提供资源开发方面的资金支持，包括资源开发的调查资金、准备资金、专利使用费和其他取得资源开发权所需资金等（孙晓丹，2011）。此外，韩国进出口银行还设立了"经济发展基金"，用于向对国家整体发展有利，但是风险太大或经济效益太低的投资项目提供优惠金融支持；对于一些在商业角度上盈利难以实现，但对两国关系有重大影响的项目，也可以获得政策性贷款支持。此类贷款期限更长，偿还条件比一般贷款更为优惠。为巩固和强化对境外投资的财政金融支持，韩国政府还专门制定了对外经济合作法，对此类支持性贷款以法律的形式确定下来。

11.2　政府在支持本国企业"走出去"中的职能取向

政府职能取向是政府在社会、经济活动中对自身权利与义务的认知和界定，在经济领域主要表现为政府管理、协调经济的行为。

有关政府职能取向的研究始终是西方经济学界的核心议题，围绕政府在市场经济中应该做什么和怎么做，西方经济学先后经历了 16 世纪的重商主义、18 世纪的自由放任主义、20 世纪初的政府干预主义、20 世纪 70 年代的新自由主义等理论探索，各国政府实践中也呈现出自由与干预交替融合演进的发展过程。但无论是自由主义还是政府干预主义，都是在特定的社会经济环境下孕育而生，立足解决当下经济困境，因此都不具有超越外在经济环境的普适性，不能因一时一地的适用而彻底肯定一方或否定另一方。随着历史经验的积累和社会经济的发展，人们已经意识到，单纯的自由主义或者政府干预主义都无法包办国家一切经济事务，必须将二者相结合，取长补短，根据不同的社会经济现实情况来灵活审慎地界定政府职能定位和政策安排。

改革开放以来，我国政府多次进行了政府职能转变的理论与实践探索，以适应不同历史时期的经济发展特点。对此，齐桂珍（2007）总结并划分为三个阶段：第一阶段是 20 世纪 70 年代末和 80 年代政府职能转变重点是将政治型政府转为经济型政府；第二阶段是 20 世纪 90 年代，政府职能转变重点是由直接管理经济转向间接管理经济；第三阶段是 21 世纪初以来，政府职能转变重点是将经济型政府转向服务型政府、将"全能型"政府转向"有限型"政府。

现阶段，我国正处于资本输入国向资本输出国转变的关键历史时期，资本输出是我国企业深入参与全球资源配置的重要举措，关系我国经济的转型升级和长期可持续发展，因此企业"走出去"已上升为国家战略。政府作为国家战略的推动者，在支持本国企业"走出去"的过程中，首先要界定好政府的职能取向，理顺政府与企业间的关系，避免政府职能越位和缺位，方可确保企业"走出去"战略成功实施。其中的关键是，充分认识我国作为发展中大国的比较优势所在。

如前文所述，发展中大国通常具有一些独特的禀赋，使其能够在经济整体还未达到一定水平的情况下，孕育出一批具有跨国投资实力的大型企业。这些禀赋也正是我国企业"走出去"的优势所在。概括而言，宏观层面为整合制度政策、行政权力、外交关系等核心资源所形成的独特的大国综合优势，微观层面为资源优先（有意或无意）配置下的加速成熟的优势产业和企业。因此，政府作为国家战略的宏观主体，整合与强化大国综合优势就成为政府职能的正确取向，具体包括以下几个方面：

一是战略规划。大国综合优势形成的基础是政府能够在国家战略层面对各种资源进行统筹规划，因此在实施"走出去"战略的过程中，政府首先要做好"走出去"与国家经济安全、能源安全、结构调整、科技进步等国家发展大计间的协调衔接，实现全面协同发展。

二是资源支持。大国综合优势突出表现在，政府需在宏观层面提供必要的资源支持，包括政策资源支持、行政资源支持、法律支持、财政金融支持、外交支持等，为企业"走出去"构建经济、法律、外交等多领域协调的综合优势。

三是公共服务。微观层面，政府要加强提供具有正外部性的公共产品与服务，如信息服务、技术援助、人才培训等，帮助企业提高跨国竞争能力。

11.3 中国政府对企业"走出去"的政策支持

1. 战略规划

2001 年，我国发布《国民经济与社会发展第十个五年计划纲要》，

"走出去"战略作为国家意志被正式提出。此后,"走出去"被纳入国家总体战略规划。当时,我国企业的对外投资合作尚处于起步阶段,为了正确引导,及时规范,国务院研究制定了《关于鼓励和规范我国企业对外投资合作的意见》(国发〔2007〕10 号),明确了实施"走出去"战略的指导方针、目标、原则和主要任务。

为推动境外投资更好地适应国民经济与社会发展的需要,有效、有序,协调、健康发展,国家发展改革委、商务部、外交部、财政部、海关总署、国家税务总局和国家外汇管理局于 2006 年联合制定了《境外投资产业指导政策》(发改外资〔2006〕1312 号)及《境外投资产业指导目录》,为"走出去"资金提供战略引导,对"能够获得国内短缺以及国民经济发展所急需的资源或原材料"、"能够带动国内具有比较优势的产品、设备和技术等出口和劳务输出"、"能够明显提高我国技术研究开发能力,以及能够利用国际领先技术、先进管理经验和专业人才"的境外投资项目予以鼓励,对"危害国家安全和损害社会公共利益的"、"运用我国禁止出口的特有工艺或者技术的"、"我国法律禁止经营的领域"等不利于国家经济发展的境外投资项目予以禁止。对鼓励类境外投资项目,国家在宏观调控、多双边经贸政策、外交、财政、税收外汇、海关、资源信息、信贷、保险,以及双多边合作和外事工作等方面,给予相应政策支持。

此后,我国还先后印发了《境外投资"十一五"规划》、《"十二五"利用外资和境外投资规划》等文件,"引导境内资金通过收购、参股、在境外设立研发中心、合资企业、产业投资基金等多种方式,投向境外高新技术产业、先进制造业项目,推进传统产业优化升级和战略性新兴产业加快发展;支持企业获取境外知识产权,加快推动境内具有自主知识产权的技术标准在境外推广应用";并通过发布《关于鼓励和引导民营企业积极开展境外投资的实施意见》(发改外资〔2012〕1905 号),加强民营企业境外高新技术和先进制造业投资,促进国内战略性新兴产业发展,推动国内产业转型升级和结构调整。

2013 年 9 月,为了促进亚欧大陆"丝绸之路"沿线各国的经济繁荣与区域经济合作,加强不同文明之间的交流互鉴,我国政府提出了共建"丝绸之路经济带"和"21 世纪海上丝绸之路"（以下简称"一带一路"）的重大倡议，得到国际社会高度关注。共建"一带一路"旨在促进经济要素有序自由流动、资源高效配置和市场深度融合，推动沿线各国实现经济政策协调，开展更大范围、更高水平、更深层次的区域合作，促进区域经济蓬勃发展。"一带一路"建设将重点在交通、能源、通信等基础设施的互联互通、投资贸易便利化、新兴产业合作、深化金融合作等领域加强合作。这将为沿线各国企业带来丰富的投资机会、广阔的贸易空间和高效便利的交流合作平台，也为我国企业"走出去"提供了清晰的指引。

除了总体指引外，相关部委还就国内产业的发展与产业资本"走出去"之间的配套协同发展做了更为细致的规划。例如，针对农业企业的国际化拓展，商务部、农业部和财政部于 2006 年 6 月联合下发了《关于加快实施农业"走出去"战略的若干意见》（商合发〔2006〕212 号），农业部还专门制定实施了《农业"走出去"发展规划》（农外发〔2006〕3 号），加快推进《农业对外合作规划（2016～2020 年)》的编制工作。2015 年，国务院印发了《中国制造 2025》（国发〔2015〕28 号），是中国政府实施制造强国战略第一个十年的行动纲领。以此为基础，国务院发布了《关于推进国际产能和装备制造合作的指导意见》（国发〔2015〕30 号），工信部也研究制定"制造业'走出去'战略规划"，将装备制造业"走出去"与国家制造强国战略相协调。

2. 资源支持

（1）行政支持

自企业"走出去"上升为国家战略以来，我国相关监管部门对企业"走出去"予以行政支持，不断简化监管审批程序，增强企业自主投资意愿。

2004 年 7 月，国务院颁布《关于投资体制改革的决定》（国发〔2004〕20 号），就充分发挥企业投资决策的自主权、充分发挥市场的资源配置作用作出了重大改革。该文件指出，企业在对外投资活动中享有主体地位和投资自主决策权，今后政府将不再使用审批制，而是根据不同情况实行备案制和核准制；对于对社会公共利益有影响的限制类项目和重大项目由政府进行核准,除此之外的其他项目不论规模大小,均实行备案制;企业自主决策境外投资项目的市场前景、经济效益、产品技术方案等问题,投资企业自主承担投资风险。在此基础上,当年 10 月,国家发展改革委发布《境外投资项目核准暂行管理办法》(国家发展改革委第 21 号令),商务部发布《关于境外投资开办企业核准事项的规定》(商务部第 16 号令),对海外投资和开办企业核准设计的有关问题作出了具体规定。上述文件进一步明确了政府在境外投资过程中发挥的主要是引导、支持的作用,增强了企业投资的自主决策权,使对外投资程序更加便利化。

除监管审批外,国家对境外投资活动的外汇管制也逐步趋于放松。2003 年,国家外汇管理局取消了境外投资外汇风险审查、境外投资利润汇回保证金审批等行政审批项目,简化了企业境外投资的外汇审批程序,极大地方便了企业境外投资用汇。在此基础上,国家外汇管理局进一步规定:从 2003 年 11 月起,各试点省市企业在投资前期向境外汇出资金的审查由审批制改为核准制。2004 年,国家外汇管理局发布《关于跨国公司外汇资金内部运营管理有关问题的通知》(汇发〔2004〕104 号),允许境内成员企业利用自有外汇资金以及从其他境内成员公司拆借的外汇资金,对境外成员企业进行境外放款或者境外委托放款。2006 年,国家外汇管理局取消了境外投资购汇额度的限制。2008 年 3 月,中国人民银行在《2007 年国际金融市场报告》中提出,为了积极支持企业进行境外投资,更好地满足企业多元化投资的用汇需求,我国将取消资金汇出核准和境外投资外汇资金来源审查,稳步推进实施合格境内机构投资者制度。2009 年 7 月,国家外汇管理局发布《境内机构境外直接投资外汇管理规定》(汇发〔2009〕30 号),对境内机构境外直接投资及其形成的资产、相关权益实行外汇登记及备案制度,境内机构将其所得的境外直接投资利润汇回境内的,可以保存在其经常项目外汇账户或办理结汇。这为境内机构海外投资收益汇回提供了便利。

在简化企业投资事前监管审批的同时,政府也加强了事后监管,完善了企业境外投资统计和绩效评估制度。2003 年以来,商务部牵头制定了《对外直接投资统计制度》(商合发〔2004〕645 号,此后又进行了多次修

213

订，目前是商合函〔2015〕6 号）、《境外投资联合年检暂行办法》（对外贸易经济合作部、国家外汇管理局第 32 号令）、《境外投资综合绩效评价办法》（外经贸合发〔2002〕523 号）、《成立境外中资企业商会（协会）的暂行规定》（外经贸合发〔2002〕101 号）等规章制度，并据此组织实施对外直接投资统计工作、境外投资年检工作、对外投资综合绩效评估工作、境外中商企业商会工作等，以此更好掌握我国对外投资总体情况。

（2）财政金融支持

①税收减免支持

为促进企业境外投资，我国主要通过避免双重征税来对境外投资企业提供税收支持。1997 年 11 月，财政部和国家税务总局联合发布了《境外所得计征所得税暂行办法》（财税字〔1997〕116 号），对境外投资的减免税问题作出了具体规定。若"走出去"企业进行投资的东道国与我国签署了避免双重征税协定，且已获得东道国税收减免，投资者可回国后提供相关证明交税务机关审核，对已交所得税进行抵免。2008 年，我国开始施行《企业所得税法》，其中对境外投资的税收问题作出了规定：如果我国企业进行境外投资的应税所得已经在境外缴纳了所得税，则所缴纳的所得税税额可以在抵免限额内从其当期应纳税额中抵免；若超过了抵免限额，超过部分可以在此后五个年度内进行抵补。为了避免双重征税，我国积极同其他国家签订避免双重税收的协定。截至 2015 年 12 月，我国已对外正式签署 101 个避免双重征税协定，其中 97 个协定已生效。

此外，我国还与其他国家签署了一系列涉及国际投资的贸易协定、经济合作协定、技术转让协定等双边或多边法律文件，也在一定程度上缓解了国际重复征税的问题，为我国企业的国际化经营营造了一个相对公平的外部环境。

②财政资金支持

为了鼓励和引导企业实施"走出去"战略，促进企业有序开展对外投资合作，我国政府通过中央和地方财政设立了多项政府专项资金，通过直接补助和贷款贴息等方式，对"走出去"企业给予支持，如：中央对外贸易发展基金、支持科技型中小企业技术创新项目专项基金、对外承包工程保函风险专项基金、中小企业国际市场开拓资金、对外经济技术合作专项资金、境外矿产资源勘查开发专项资金等。专项资金的设立，一方面帮助企业缓解境外融资难的问题，另一方面为企业提供风险补偿，满足企业从事境外投资运营的前期费用和信贷担保等资金需求。

③政策性金融支持

除了财政专项资金以外，我国政府还通过国有政策性银行及其他官方金融机构向"走出去"企业提供金融支持，包括信贷支持和股权融资等形式。

2003 年 5 月，国家发展改革委和中国进出口银行发布了《关于对国家鼓励的境外投资重点项目给予信贷支持有关问题的通知》（发改外资〔2003〕226 号），明确了国家发展改革委和中国进出口银行共同建立境外投资信贷支持机制。根据国家境外投资发展规划，中国进出口银行在每年的出口信贷计划中，专门安排一定规模的信贷资金，用于支持国家鼓励的境外投资重点项目，且境外投资专项贷款享受中国进出口银行出口信贷优惠利率。

2005 年 8 月，国家外汇管理局发布《关于调整境内银行为境外投资企业提供融资性对外担保管理方式的通知》（汇发〔2005〕61 号），简化了对外汇指定银行为境外投资企业提供融资性对外担保的管理手续，将报外汇管理局逐笔审批改为余额管理，极大地推进了"走出去"企业境外融资的便利化。

为构建多层次融资体系，支持境外企业发展，我国政策性金融机构发起设立了多项产业投资基金，以股权融资的形式为"走出去"企业提供中长期承诺的资金支持。例如，2013 年，国家批准设立了总规模 1500 亿元人民币的国控投资基金，通过普通股、优先股、可转债等方式，为投向国内紧缺资源、高端制造并购、重大工程承包、优势产能合作等方向的国内企业提供资金支持，将落实"一带一路"、国际产能与装备制造合作等国家战略与市场化运营相结合，助力国内中央企业、地方国有企业和民营企业"走出去"，开展国际化经营。此外，我国还与特定国家设立了类似的股权投资基金，帮助国内企业在这些国家投资和经营，如国家开发银行与其他国内外机构共同出资设立的中瑞合作基金、中国—东盟中小企业投资基金、中国比利时直接股权投资基金、中非发展基金有限公司、中葡基金、中国—阿联酋共同投资基金、中国墨西哥基金、中法（并购）基金等。

④对外投资保险支持

海外投资与经营会不时面对行政干预、外汇管制、国有化、动乱或战争等严重干扰企业正常经营的状况，因此安全性和风险保障是企业"走出去"的最大顾虑之一。为此，我国于2001年12月成立了中国出口信用保险公司，为我国企业开拓海外市场提供国家风险和买方风险的承保服务。其中，国家风险包括买方国家收汇管制、政府征收、国有化和战争等；买方风险包括拖欠货款、拒付货款及破产等买方信用风险和买方银行风险。

2005年，国家发展改革委和中国出口信用保险公司联合发布了《关于建立境外投资重点项目风险保障机制有关问题的通知》（发改外资〔2005〕113号），建立了境外投资重点项目风险保障机制。中国出口信用保险公司向国家鼓励的境外投资重点项目提供投资咨询、风险评估、风险控制及投资保险等境外投资风险保障服务；同时，对重点项目办理对外投资保险适当简化投保手续，给予一定的费率优惠，并适当规定简化承保手续。此外，对于向境外投资重点项目提供融资的金融机构（包括境内机构和境外机构），也可由中国出口信用保险公司提供风险保障服务，以保证资金的安全。

经过多年的发展，中国出口信用保险公司的业务范围逐步扩大，已经涵盖到中长期出口信用保险业务、海外投资保险业务、短期出口信用保险业务、国内信用保险业务、与出口信用保险相关的信用担保业务和再保险业务、应收账款管理等出口信用保险服务及信息咨询业务、保险资金运用业务等，在支持我国外经贸发展、实施"走出去"战略、保障国家经济安全等方面，发挥了重要作用。

（3）经济外交支持

①国际贷款援助

多年来，我国在致力于自身发展的同时，积极承担相应国际义务，坚持向经济困难的其他发展中国家提供力所能及的援助，帮助受援国提高自主发展的能力。20 世纪 90 年代，我国对对外援助进行了一系列改革，由过去单纯的提供援助发展为多种形式的互利合作，更加注重支持受援国的能力建设，注重提高对外援助项目的经济效益和长远效果，援助方式也更加多样化。在援助资金方面，资金提供方式更加灵活，包括无偿援助、无息贷款、优惠贷款等。其中，无偿援助和无息贷款资金在国家财政项下支出，优惠贷款由中国进出口银行通过市场筹措对外提供，贷款利率低于人民银行的基准利率，产生的息差由国家财政补贴，期限一般为 15～20 年。在援助方式上，根据受援国情况，综合采用成套项目、一般物资、技术合作、人力资源开发合作、援外医疗队、紧急人道主义援助、援外志愿者和债务减免等多种援助方式，不断提高对外援助工作水平。此外，我国在开展双边援助的同时，还与部分国际多边组织和国家积极开展三边合作和区域合作，在能力建设、培训和基础设施建设方面开展交流与合作。

新时期的对外援助，将外援与外贸、外经结合起来，在提高受援国经济发展基础和能力建设的同时，客观上也为我国企业"走出去"创造了很多机会，带动了我国企业产能、技术、产品和劳务输出，也为企业跨国经营营造了良好的外部环境，最终实现双方互利共赢。

②境外经贸合作区建设

我国在发展市场经济的过程中，积累了丰富的工业园区建设和运营经验，被认为是"中国发展模式"的一个重要特征。近些年来，国内园区经验开始逐步尝试向海外复制，引起广大发展中国家的重视，先后有 60 多个国家希望与我国共建合作区，筑巢引凤，吸引我国企业带去资金和技术。为了支持和规范境外经贸合作区建设，2008 年初，国务院发布了《关于同意推进境外经济贸易合作区建设意见的批复》（国函〔2008〕17 号），明确了全面推进境外经济贸易合作区建设，要求以"政府引导、企业为主、市场化运作"为原则，摸索和实践境外经贸合作区建设模式。随后，商务部和国家开发银行等部门先后发布了《关于支持境外经济贸易合作区建设发展有关问题的通知》（商合函〔2013〕1016 号）、《境外经贸合作区服务指南范本》（商合函〔2015〕408 号）等政策文件，进一步规范合作区项目协调和信息共享等联合工作机制，为符合条件的合作区实施企业、入区企业提供投融资等方面的政策支持，以及投资咨询和融资方案设计等服务工作，引导我国企业有序开展合作区建设。

在政府政策引导和外交支持下，境外经贸合作区得到了快速发展。目前已建成并通过商务部确认考核的合作区有13家，其中有11家位于"一带一路"沿线国家；正在开展建设和有意向建设的合作区共计118家；此外，还有25个国家政府提出要与我国共建36家境外合作区。境外经贸合作区已成为促进中国和东道国经贸合作双赢的重要载体。一方面，境外合作区对我国企业"走出去"的促进作用十分显著，已带动了2000多家我国企业"走出去"，约占我国境外直接投资企业总数的10%，带动企业对外投资达95.5亿美元，带动国内员工到外就业近3万人[①]。合作区在推动中国企业抱团出海、形成海外产业集聚、维护企业合法权益等方面发挥了积极作用。另一方面，合作区也为东道国增加就业、提高税收作出了重要贡献，截至2015年11月底，在建75个合作区累计上缴东道国税费14.1亿美元，为当地创造就业岗位15.3万个[②]，有力地深化了双边经贸合作关系。

3. 公共服务

政府提供公共信息服务，具有显著的正外部性，能够有效缓解企业"走出去"所面临的信息不完全问题。"走出去"战略实施以来，我国政府积极开展公共信息平台建设，为企业提供多维度的信息咨询与服务。

2003年，商务部组建外商投资促进中心，建立了企业境外投资意向信息库，发布我国企业境外投资意向信息，并开始每年编写《国别贸易投资环境报告》，同时陆续印发非洲、中东欧、拉美、亚洲等四个地区的行业《境外加工贸易国别指导目录》。2004年，商务部制定了《对外投资国别产业导向目录》和《国别投资经营障碍报告制度》，为国内企业提供各国和地区法律法规、税收政策、市场状况、行业机会和企业资信等投资信

---

① 参见《境外经贸合作区成为"一带一路"的重要抓手》，载于中国投资咨询网，http：//www.ocn.com.cn/hongguan/201507/smcpp01225138.shtml。
② 数据来自中国商务部《中国对外投资合作发展报告（2015）》。

息，为境外中资企业反映经营中遇到的各类问题、障碍和壁垒提供了渠道。自 2010 年开始，商务部每年发布《中国对外投资合作发展报告》，总结对外投资合作发展特点和趋势，系统介绍相关政策措施，展望未来的发展机遇、热点和挑战。2014 年开始组织编写《对外投资合作国别（地区）指南》，帮助企业更加全面了解世界各国和地区的政治、经济、社会、法律、风俗习惯等相关投资合作信息。

国土资源部陆续编制发布了 82 个国家和地区的矿产资源风险勘查投资指南，包括国家概况、地质矿产特征、矿产资源勘查开发利用与服务、矿业投资准入、矿业权制度、土地准入、矿业权经营、投资风险与投资机会等内容，为有意向到国外投资的矿业企业，及国内的金融保险机构、行业协会等提供免费信息服务。同时，国土资源部建立了覆盖全球重点国家和重点成矿带的全球地质矿产信息系统，面向矿业企业及系统包括地质矿产、政策法规、矿权状况和跨国矿业公司活动四个子库，数据涵盖全球主要矿产地、矿权地、资源储量、矿产品、政策法规、矿业项目和矿业公司等信息。

此外，农业部也加强了公共信息服务平台建设，向"走出去"企业提供农业对外投资的政策、法律、市场、项目、咨询、风险预警与防控等公共服务；海关总署在海关门户网站开设"境外通关指南"专栏，提供主要贸易伙伴国家海关投资贸易的相关信息；驻外使馆也为国内企业提供驻在国的宏观经济信息、市场需求信息和基本的法律框架等信息服务。

11.4　相关政策建议

1. 战略层面

（1）营造良好外部环境

良好的外部环境有助于降低企业的海外经营风险与经营成本，是企业能否成功"走出去"的关键因素。营造良好外部环境，应成为"走出去"战略中政府职能的重中之重。

当前，美国为了维护在世界经济事务中的主导权，正积极促成跨太平洋伙伴关系协议（TPP）和跨大西洋贸易与投资伙伴协议（TTIP）。TPP协定有两大核心要件，一是全面实现零关税的愿景，二是建立国际贸易原产地新规则；而TTIP涉及的议题更为广泛，包括服务贸易、政府采购、原产地规则、技术性贸易壁垒、农业等方面。从经济规模和贸易额占全球比重看，TTP现有12个国家，GDP和贸易总量将占全球的40%左右，而TTIP即美欧两大经济体GDP总量约占全球的50%，贸易额占全球的30%，这无疑将对世界政治经济格局产生重要影响。然而，我国目前是被"排斥"在两个协议之外的。虽然我国已同TPP现有12个成员国中的7个成员国建立了自贸区，在一定程度上可抵消TPP的冲击。但是，我国自贸区建设总体水平不高①，与美国提出的零关税、涉及投资、政府采购、环保及劳工标准等更高技术和道德水准的协定相比，存在相当大的差距。

为此，我国应将外贸总量影响转化为外贸规则影响力，更主动积极地参与制定新一轮国际经济特别是贸易投资规则，从双边、多边两个方面加快构建我国的自贸区网络，增进与东盟、欧盟、阿盟、非盟等区域性经济合作组织的交流合作，增进多双边磋商机制，消除各种投资贸易壁垒，在经济全球化进程中占据更主动的位置。

（2）加强战略统筹规划

加强"走出去"战略与国家经济安全、能源安全、农业安全、资源开发、产能输出、结构调整、科技进步等国家发展大计的衔接协调，统筹规划新时期的"走出去"战略体系，鼓励和指引真正符合战略意图的、有条件有能力的企业"走出去"，并有效实现战略落地。同时，鼓励和引导优势企业整合或"抱团出海"，支持规模效益显著的若干行业组建和发展具有较强国际竞争力的大型企业集团与优势企业联盟，避免"走出去"企业在境外开展恶性竞争。

2. 政策层面

（1）进一步理顺管理部门与权限

长期以来，我国政府对境外投资的管理采用的是多头审批管理方式，

---

① 与东盟等国的协定以关税减让为主，与澳大利亚等国涉及少量的投资、知识产权。

有多个部门参与其中：商务部为我国境外投资的归口管理部门，负责起草境外投资的管理办法，拟定境外投资管理的具体政策，对国内企业的境外投资依法进行审核，并对境外投资企业实施监督管理；商务部又授权各国使馆商务处对境外投资的企业进行一线监管；财政部、国资委、中国人民银行、国家外汇管理局为我国境外投资的协助管理部门，对境外投资所需外汇资金的汇出、汇入，投资项目，资金投放等问题进行监督管理；对于国家拨款的资源开发类项目和大额用汇项目由国家发展改革委负责进行管理；国家规定境外投资企业的政府主管部门为企业所在地的地方政府和有关部委，政府主管部门负责收集信息，分析本地区各行业和各企业的特点和比较优势，最终确定本地区投资者的投资方向和投资领域。这些政策规章对促进与规范中国对外直接投资发挥了重要作用，但从立法层级上看，上述立法都是部门性规章制度，至今尚缺少一部由全国人民代表大会制定的、全面、系统、稳定的高层次基本法。在政出多门的情况下，各部门基于自己的管理权限制定各自的管理办法，存在管理部门职能分割、职能交叉、管理内容重叠、效率低下等问题，已经不适合新形势下我国境外投资的发展。

为此，政府应加快对外投资基本法的制定，完善企业境外投资管理机制，进一步理顺相关管理部门与权限，杜绝各部门管理权限重叠，防止管理业务与服务项目遗漏；同时，进一步简政放权，提高管理部门监管与服务效率，切实加强管理部门之间的协调，形成各部门支持企业"走出去"的部门联动机制；或者可以考虑建立国家支持"走出去"战略的综合管理机构，全面负责协调各部门支持"走出去"战略的政策制定与监管事项。

（2）加强事后监管

我国境外投资管理体系重在事前审批，但是对事后监管却重视不够，对投资后的监管、跟踪、统计和分析等社会管理和公共服务功能较弱。2003 年，商务部制定了对境外投资统计、年检和绩效评价制度，但多年来各项政策没有得到很好的落实，境外投资的事后监管基本处于"有名无实"的状态。在这种情况下，我国对外投资存在着为了"走出去"而"走出去"、跨国投资与经营不善、战略意图无法按计划落地的问题，甚至可能出现资本外逃、企业非法经营、国有资产流失等情况，给国家外汇储备和企业自身经营造成很大损失，还会对中国企业的海外形象造成负面影响。

（3）完善境外投资保险制度

我国境外投资保险制度尚未形成制度性系统化的规范体系。从国际经验来看，海外投资保险制度是国内法与国际法有机结合的产物，但目前我国境外投资法律保障体系尚不健全，还未制定专门的海外投资保险法，缺少相关立法支持。

目前我国主要通过中国出口信用保险公司行使海外投资保险职能，从其职能定位来看，兼具政策性金融和商业化运作的双重性质，机构设置上采用的是审批和经营合二为一的模式。这种结构很大程度上限制了中国出口信用保险公司的商业效率，存在业务范围不完整、保费定价偏高和投保人范围界定不合理等问题。

3. 公共服务

（1）信息服务

随着企业"走出去"上升到国家战略高度，相关部门在公共信息服务上做了大量工作，已经卓有成效地为中国企业提供覆盖境外多数国家的对外经贸投资相关信息。但与发达国家公共信息服务水平和机制相比，还存在较大不足。目前我国的境外投资公共信息服务还是由多个部门协同完成，尚未建立专门机构。在境外信息搜集和传递上，主要由驻外使领馆向国内有关部门提供驻在国国内政治形势、宏观经济、市场需求等方面的一般性信息，各部门收到信息后，再按行政隶属关系一级一级向下传递，或者发布到本部门的信息服务平台上。这种单向、封闭的信息传递方式，耗时长、效率低，影响投资信息的时效性。而且，通过这种方式搜集的信息比较零散，且分散在各个相关部门，缺少对信息的整理、加工、汇总和充分挖掘，不利于企业高效获取有用信息。从国际经验看，发达国家通常都设有专门的信息服务机构，主动开展信息搜集活动，建立信息分享机制，甚至建有对外投资决策系统，为本国企业"走出去"提供境外投资分析和决策帮助。

（2）人才培养

专业人才往往是企业并购成功的关键。我国企业的管理人员普遍缺乏国际资本运营所必备的管理意识与法律意识，而通晓国际规则、有较强的国际化经营能力、资本运作能力、跨文化沟通能力的专业人才也严重不足。这成为企业"走出去"的最直接障碍。目前我国在人才支撑体系建设上还不够完善，政府应进一步制定和完善人才培养相关政策。一方面，通过政府资金支持和政策导向，深化产学研合作，培养外向型经贸专业人才，同时加强国际上高端、复合型国际化经营人才的引进；另一方面，加强人才培训，进一步推动人才培训机构发展，并通过政府或引导市场专业机构组织专题培训活动，为企业"走出去"面临的国际化观念、国际法律、项目商务谈判、风险评估等问题提供专业指导和帮助。

第 12 章　公共外交与海外形象管理

　　随着以中国和印度为代表的发展中国家的快速发展，世界经济体系和权力格局正在发生着深刻调整，国际环境日益复杂，主权国家传统外交模式受到巨大挑战。2009 年 7 月，时任国家主席胡锦涛在驻外使节会议上作出了"加强公共外交"的重要指示，可视为中国开展多元化外交新模式、进入公共外交①新时代的重要标志。近些年来，公共外交蓬勃发展，外交主体日益丰富，除政府以外，非政府组织、企业乃至公民个人都已成为公共外交的参与者，其作用与影响显著增强。在这种背景下，中国企业"走出去"开展海外活动，理应肩负起更多外交"责任"，在输出中国的产品、服务和资本的同时，为建立海外社会责任和维护国家形象作出应有贡献。

12.1　公共外交：新时代跨国企业的应有职能

12.1.1　国家崛起中的形象失真

　　经过三十多年的改革开放，中国经济快速发展，经济总量已成为世界第二大经济体，对世界经济格局和国际秩序带来深刻影响。然而，中国的经济成就与其国际地位和声望并不完全一致，中国的崛起承受着国际社会多层面的压力和挑战。在西方发达国家、地缘周边国家以及其他发展中国家和新兴国家的猜疑、担忧和嫉妒下，许多歪曲、丑化甚至恶意诋毁中国的观点和言论时常见诸媒体，企图通过舆论影响干扰中国与其他国家正常

---

　　①　"公共外交"一词最早由美国学者埃德蒙·格里恩（Edmund Gullion）提出，具有丰富的内涵，核心理念是超越传统外交中的政府主体地位，将非政府主体引入外交概念中，强调外交主体及形式的多元化，包括政府对其他国家舆论的开发、一国私人集团与他国的互动、民间科教、文化、体育等领域的交流以及企业和公民个人开展的企业外交和公民外交活动等。

的经济交往。例如，中国对非洲欠发达国家的援助和投资，常被西方政客贴上"新殖民主义"的标签，当地民众在利益相关主体的歪曲报道和煽动下，不时发生抵制中国企业的情况。

同时，世界上一些国家还存在着"冷战思维"，以非友即敌的黑白视角审视他国，利用西方倡导的"普世价值"对他国进行善恶判定，并试图通过政治、经济、外交等手段对其发展进行遏制。在"冷战思维"的错误引导下，中国作为最大的社会主义国家，长期以来始终受到西方国家的不公平对待，在自由、民主和人权等问题上持续遭受指责，国家形象受到严重损害，原本正常的经济行为也常被过度解读出具有潜在威胁的政治意图，进而通过各种方式加以遏制，这也是中国企业"走出去"时普遍感到存在隐性壁垒的主要原因。回顾最近几年，中海油、中铝等中国企业在西方发达国家的数次并购失败、华为中兴等企业进入美国屡屡受挫等事件频发，可见"冷战思维"在一些国家仍然是主流意识形态。

此外，随着中国经济的发展，国际社会逐渐兴起一种论调，认为中国应以"负责任的大国"自居，主动承担起国际社会所期望的国际责任。否则，中国就会被视为"不负责任"的国家，遭受指责。然而，国际社会仅仅看到了中国经济总量的增长，却常常无视中国依然比较落后的人均发展水平。"负责任的大国"概念模糊了能力、责任和权利对等的基本原则，从某种程度上说，是对中国实力增长的软约束。

在这种背景下，中国对外关系所面临的挑战越来越多的来自外国社会、组织、媒体和民众，存在着现实的复杂性和严峻性。因此，中国必须大力发展公共外交，通过中国社会各相关组织、机构和个人的努力，加强沟通和理解，维护国家形象，为政府间的交往创造良好氛围，同时也为中国企业"走出去"创造良好外部环境。其中，中国企业作为利益攸关主体，更应该肩负起公共外交的责任和使命。

12.1.2　企业"走出去"的规则壁垒

中国企业"走出去"，除了要面对来自全球竞争者的先进技术、高效管理和成熟品牌等优势资源壁垒以外，往往还会遭遇到种种基于价值与道德判定的无形限制，诸如环境保护、社会责任、员工成长、企业透明度等，使得中国企业在国际化拓展中面对更多挑战。这种隐性的规则壁垒，实质上是西方企业建立起来的商业伦理和商业规范。西方企业作为国际市场先行者，早已建立起基于西方价值标准的一整套商业规则体系，从而站在道德与正义的高地，作为秩序维护者和价值判定者，对后进入者进行审视和约束。那些被规则壁垒阻挡在外的企业，将难以获得市场的尊重，甚至成为被指责的对象，不仅企业品牌和形象受到负面影响，可能同时失去的还有舆论话语权。

但是应该认识到，西方企业建立的这套规则壁垒，并不是专门限制后进入者的，更非专门针对中国或其他发展中国家"走出去"的新兴企业。它本质上是西方资本主义经济内生、自省和自我约束的现代企业伦理规范，是现代企业管理理念不断发展完善的结果。

西方企业走过了上百年的发展道路。早期的企业只有经济责任，只对企业所有者和股东负责，实现盈利并不断扩大再生产是企业的全部使命。然而，只顾牟利的企业必然催生罪恶。早期西方企业的行为模式大都是血腥的、野蛮的、粗放的，普遍存在工人剥削、环境污染、资源浪费等问题，不仅企业自身无法长期可持续发展，而且导致社会矛盾日益加深。最终在19世纪末20世纪初，西方爆发了大规模的社会主义和工党运动，并在此后的一百年间，激发了全社会关于企业社会功能和社会责任的不断反思，企业社会责任理论、利益相关者理论、三重底线理论、企业责任金字塔理论等现代企业管理理论不断出现和成熟。在社会的抗争与文明进步的驱动下，西方企业经过了长期痛苦的转型和蜕变，逐渐发展为更加公正的、更具有社会责任心的现代企业。兼顾经济责任、环境责任和社会责任，为股东赚取利润，为生态环境保护和资源可持续发展作出贡献，为员工、客户、合作伙伴等社会利益相关者创造价值，成为现代企业生存发展的内在需要和作为"企业公民"的应有形象。

在此过程中，以社会责任为核心的现代企业管理理念和商业伦理，逐渐内化到资本主义经济秩序中，建立了日益完善的社会责任监督与管理制度，成为企业活动的外在约束，"跨国公司生产守则"、"联合国全球契约"、"SA8000"、"全球工人与社区合作计划"、"CSM2000"、"国际劳工协议"、"考克斯圆桌商业原则"等制度被相继推出和采用。在这种环境下成长起来的西方企业,具有先进理念的管理优势和良好的品牌与形象,同时又占据着舆论的主导权,自然成为秩序的维护者和道德的守卫者,其为后进入者设置的道德门槛,形成了西方商业规则和伦理价值主导下的规则壁垒。

因此,今天的中国企业想要真正"走出去",以良好的企业形象融入国际商业环境,就必须直面规则壁垒,不断提升"自我修养",转变价值观念和企业管理理念,努力完善现代化企业责任管理体系建设,实现经济、环境和社会良性发展;并要转变只做不说的传统观念,将更多资源投入到适应国际规则、提升企业形象和争夺舆论话语权上来。

12.1.3　企业海外形象与国家形象的内在统一

一国人民对他国最直接的认识和了解,通常来自于他国的产品或服务。从市场营销的角度来讲,当企业为消费者提供的产品或服务物超所值,能够建立起良好的口碑,逐渐形成心理认同时,便形成了品牌效应。企业品牌是企业获取消费者信赖的无形资产,是浓缩了企业全部竞争优势的认知符号,所有优秀的企业都会形成强大的品牌优势。与此同时,企业品牌在一定程度上,也塑造着企业所属国在消费者心中的形象。当消费者认可了企业品牌,也会自然而然对企业所属国形成良好认知。国家形象是一个国家的整体实力、竞争力和价值取向的外在表现,代表着国家在更高层面的国际认可度,国家形象的好坏最直接体现为本国政府、企业和公民在境外的受尊敬程度和被接受程度,良好国家形象的建立反过来也有利于促进本国企业的品牌推广。

"走出去"企业作为一个国家内经济主体向海外延伸的触角,无疑具有更加鲜明的国籍属性。"走出去"企业不仅产品或服务在海外,其自身的生产经营活动也在海外,因此企业形象和品牌建设与海外消费者之间有着更为直接的联系,对国家形象的影响也最为直接,相当于国家的门面。"走出去"企业如果不能提供优质的产品或服务,就会影响当地消费者对企业所属国形象及其企业品牌的认知；"走出去"企业如果不能在当地很好地承担社会和环境责任，就有可能影响两国外交关系，甚至造成外交危机。相反，如果两国外交关系紧张，也会影响"走出去"企业在当地的经营和发展，引发歧视甚至抵制。因此，"走出去"企业形象和国家形象是内在统一的，良好的国家形象有助于"走出去"企业品牌推广，同时"走出去"企业也是国家形象的重要构建者。

12.1.4 公共外交与企业海外形象管理的区别与联系

企业海外形象与国家形象的内在统一性，对"走出去"企业的海外行为提出了更高的要求，兼顾维护国家形象的公共外交活动与企业自身的形象管理，应成为"走出去"企业软实力的重要组成部分。

"走出去"企业开展公共外交活动，根本目的是提升母国在东道国政府和民众眼中的形象，改善东道国民众对母国的态度，进而影响东道国政府对母国的外交政策。其内容主要是从各种角度向东道国政府和民众表达母国国情，说明母国政策，传播母国文化，展示母国良好形象。企业开展公共外交活动的形式可以灵活多样，既可以产生于企业与外国政府或公众之间的任何一项经营性活动，也可以来自于企业与外国政府和公众间任何宣传或交往的非经营性活动；既可以上升到与东道国政府高层的直接交往，也可以潜移默化在企业与外界发生交互的任何一次细微活动当中。

企业对自身形象的管理，除了提供优质的产品或服务以外，更多的是通过企业所承担的社会责任来实现的，社会责任感是企业形象的重要组成部分。企业在生产经营的过程中，其行为通常具有外部性，对环境、社会和利益相关方造成或正面或负面的影响。在这种情况下，企业采取什么样的态度和措施，以尽可能地避免或者减少负面影响，是企业履行社会责任的具体表现。此外，企业通过参与公益或慈善事业，表达对外在环境和社会民生的关注，也是体现企业社会责任感、维护企业形象的重要方式。

可见，企业公共外交与海外形象管理并非完全一致，二者既有区别，又相联系。二者之间的区别主要在于行为的出发点和行为方式不尽相同。企业的公共外交活动源自国家荣誉感和使命感，重在传播正面的国家形象，强调的是国家利益，其范畴超出了企业日常的经营活动，更多的是强调企业的政治觉悟和自觉意识，没有强制性。企业的形象管理源自企业的经营理念，关注的重点是与企业有关的利益相关方，以及通过日常的经营活动避免或消除对自然或社会的不利影响来履行社会责任。企业形象管理是制度化的经营行为，基本属于企业日常的经营活动，具有企业内部的强制性。

另外，企业海外形象管理是企业开展公共外交的前提和基础。由于企业形象与国家形象的内在统一性，企业在开展自身形象管理的过程中，通常能够兼顾到国家形象的改善，实现客观效果的统一。正如德国产品的高质量通常会使人们形成德国制造业发达、德国人严谨认真的印象，企业优质的产品或服务往往对于国家形象的改善有着一定的"光环效应"。企业积极承担社会责任，不仅有助于自身在具体的商业竞争中获得加分，也是在国际上提升国家形象的重要手段，可以实现企业的公共外交活动的效果。同时，企业在东道国良好的公关状态所累积的"社会资本"，对于母国政府或机构开展公共外交也是一种可供利用的重要潜在资源。

因此，在具体实践活动中，二者之间可以有机结合，甚至完全可以重合。"走出去"企业应充分发挥企业组织性更强、目标指向性更明确、开展公共外交具有更好的便利性和更强的影响力等优势，在直接面对外国政府和公众的日常经营活动中，一举一动都要做好自身形象管理，同时兼顾公共外交意识，为企业的良好形象赋予国家属性，不断改善东道国对母国形象的认知。

12.2　中国"走出去"企业的海外形象

12.2.1　中国企业"走出去"的规模与海外形象现状

随着中国经济的发展和中国企业的不断壮大，中国企业正在快速建立全球性的形象。2015 年，中国境内投资者共对全球 155 个国家/地区的 6532 家境外企业进行了非金融类直接投资，实现对外投资 7350.8 亿元人民币（约1180.2亿美元）；截至2015年底，中国累计对外非金融类直接投资达5.4万亿元人民币（约8630.4亿美元）①。中国企业"走出去"已经初具规模，并在全球经济中发挥着越来越重要的影响。

那么，这些"走出去"的中国企业，在海外建立了怎样的企业形象呢？一些调查报告从多个角度为我们揭示了中国企业海外形象的现状。

根据《2014年爱德曼信任度调查中国报告》②，总部设在中国的企业与总部设在发达国家的企业相比，企业信任度存在较大差距：在全球范围内，受访者对企业总部在德国的信任度最高（80%），瑞典（79%）和瑞士（79%）次之，这些国家都被认为有着严格的保护环境、员工和社区的政策；与之相比，全球范围内对总部设在中国的企业的信任度仅为36%。在《2015年爱德曼信任度调查中国报告》中，总部设在中国的企业全球信任度仍在不信任区间（36%），在被调查国家中仅高于俄罗斯（35%）、印度（34%）和墨西哥（31%）。该报告显示，57%的受访者认为，中国企业应提高透明度、负责任地应对危机、进行诚信经营，并应提高与消费者之间的互动参与度，将消费者置于利润之上。

2014年8月，中国外文局对外传播研究中心联合中国报道杂志社和华通明略（Millward Brown）调查公司，共同在亚太地区实施了"中国企业海外形象调查"工作（中国外文局对外传播研究中心课题组，2014）。调查范围包括美国、韩国、俄罗斯、马来西亚和墨西哥等5个亚太地区与中国贸易往来较多的国家，同时兼顾了对不同地理区域和经济发展程度的尽量覆盖。调查发现，与主要发达国家的企业相比，海外民众对中国企业整体印象评价仍然偏低。对世界前五大经济体的企业打分显示（5分为满分），中国企业的平均得分为2.93分，远低于德国企业（3.83分）、日本企业（3.64分）和美国企业（3.63分），略低于3.28分的法国企业。海

---

① 数据来自商务部《中国投资指南》。
② 信任度调查是爱德曼公司自2001年开始每年进行的年度关于信任及可信度的调查。该调查由Edelman Berland调查公司完成，调查采用在线问卷的形式。调查问卷在全球近30个国家和地区进行。调查对象通常由27000名年龄在25~64岁间的普通公众，及6000名有识公众构成。"有识公众"指受过高等教育，家庭年收入在该国该年龄组前25%，有阅读或观看商业新闻习惯，并持续关注新闻中的公共政策信息的人。

外民众普遍认可中国企业对东道国当地经济的贡献，但同时也认为中国企业的进入给东道国经济发展带来的机遇与挑战并存。

机遇方面，海外民众认为中国企业对该国经济发展带来的积极作用主要体现在资金投入（53%）和就业机会上（49%），紧随其后的是带来先进的技术和创造税收收入；但是在推动产业结构升级调整、改善当地的基础设施、培养本地人才和带来先进的企业管理方法等方面，中国企业发挥的作用相对有限。

对于中国企业带来的挑战，海外民众主要担心中国企业会对当地企业造成威胁。有54%的受访者认为中国企业可能会冲击当地企业的生存发展；三成以上的民众认为，中国企业可能会掠夺当地优势资源，打破当地原有的产业链平衡，并破坏当地的生态环境。

针对中国企业海外形象存在的问题，海外受访者认为主要有以下几个原因：中国企业对当地文化、历史、消费者等的了解不够（33%）；在主动融入当地社会文化方面的努力不够（33%）；吸纳当地员工就业的力度不够（31%）；参与社区公益活动的力度不够（30%）；企业宣传活动少、知名度低（28%）。海外民众给出的中国企业改善企业形象的最大建议是融入当地社会、增强社会责任、增强宣传力度。

2015 年，为了更加科学、准确、客观地评价中国中央企业在海外的整体形象，为央企国际化经营及国家"走出去"战略提供更具针对性的参考，中国外文局中国报道杂志社、中国外文局对外传播研究中心和零点国际发展研究院共同完成了《中国央企海外形象调查报告（2015 "一带一路"版）》，对"丝绸之路经济带"沿线相关 5 个国家（包括：哈萨克斯坦、俄罗斯、沙特阿拉伯、土耳其、荷兰）和"21 世纪海上丝绸之路"沿线相关 7 个国家（包括：泰国、新加坡、马来西亚、印度尼西亚、印度、埃及、意大利）展开了调查（黄传斌和张岩，2016）。调查显示，超过六成的"一带一路"沿线相关国家受访者对中国央企在社会责任、公共关系、本土化、透明度和合规性五个维度的表现给予积极认可。在中国企业的社会责任表现方面，海外民众肯定中国央企在推动本国基础设施建设方面的努力，但在环境保护方面认可度较低。"丝绸之路经济带"沿线相关国家受访者普遍认为中国央企在基础设施建设方面表现最为突出，但多数国家民众认为中国央企在环境保护方面表现不力。"21世纪海上丝绸之路"沿线相关国家同样对中国央企的基础设施评价最高，对环境保护评价最低。

在中国央企海外形象表现的五个维度（包括：社会责任、公共关系、本土化、透明度、合规性）中，国际社会最为认可的是本土化表现，特别是在品牌本土化、雇用本地员工、采购本地原材料和融入本地文化方面认可度都较高。相对而言，海外民众对中国央企的透明度表现认可度最低，特别是在内部管理透明、业绩透明、公司治理透明等方面，认为中国央企还需进一步努力。

12.2.2 中国企业海外形象管理不足之处

上述抽样调查在一定程度上反映出中国"走出去"企业在海外形象管理中存在的问题。从调查结果可以看出，中国企业通常能够很好地履行经济责任，但同时国际商业环境也确实存在着规则壁垒，对中国企业履行社会责任提出了更高的要求。中国"走出去"企业普遍缺少相应的软实力，在应对规则壁垒时还存在较大不足。

一方面，中国"走出去"企业还没有完全建立起现代企业管理理念，在树立正确的社会责任观念、重视履行社会责任方面的表现，与全球领先的跨国公司相比仍具有一定差距。现阶段，中国企业对社会责任的认识大多还停留在建学校、医院、体育场等基础设施建设和慈善捐赠等公益活动上，尚未认识到保护环境和生态多样性、促进经济和利益相关方共同发展、积极融入公众和社区等对企业风险管理的重要意义，对当地文化、历史、民族、宗教的了解不够深入，缺乏与当地社会各方的合作等。这些都在一定程度影响了企业自身形象的建设，或将为企业在当地的顺利运营带来一定程度的负面影响。

另一方面，中国企业缺少维护企业形象的宣传意识，在主动与外界交互和谋求舆论话语权等方面积极性不足。实际上，中国企业对现代企业管理理念的重视，仅是最近几年才开始的。在中国"走出去"的大型跨国公司中，针对海外项目社会责任履行方面的信息披露较少，专门的海外社会责任报告更是少见，在企业年报或者其他报告中，也少有设立关于海外社会责任的专门章节。直至 2008 年中钢集团发布《中钢集团可持续发展非洲报告》，中国企业才出现第一份专门的海外社会责任报告。然而，社会责任信息披露往往被认为是社会责任实践优秀的标志，定期发布社会责任国别报告不仅仅是社会责任信息披露活动，而且其本身也是一种社会责任实践行为。此外，中国企业在海外运营中较为封闭，缺少与当地媒体和机构主动沟通的意愿，使得当地民众并不了解中资企业的运营情况及在企业社会责任方面作出的贡献。"走出去"企业可向华为等国际化拓展良好的公司学习，在当地公司设立公共关系职能部门，招聘当地员工跟踪收集媒体报道，并与媒体保持顺畅沟通，为企业营造有利经营环境。

"走出去"企业存在上述问题，观念的淡薄和意识的缺失无疑是内在的根本原因。同时，很多企业出于经济利益考虑，对履行社会责任投入不足也是企业形象维护不力的重要原因。很多企业在形象管理方面的资金投入、人员配备、专业培训等资源配置没有给予应有的重视，负责社会责任管理或形象管理的部门往往被视为"边缘"部门，甚至很多企业没有设置专门的部门行使这部分职能。因此，"走出去"企业强化自身形象管理，应从源头抓起，树立正确观念，增强责任意识，投入相应资源，积极开展行动，企业海外形象管理才能达到理想的效果。

12.3　公共外交与海外形象管理体系建设

12.3.1　公共外交与海外形象管理体系

通过上文分析可见，中国企业"走出去"，拥有良好企业形象是开展公共外交的前提和基础，而良好企业形象的建立，关键在于企业要履行好社会责任，并加强宣传和舆论引导意识。虽然表述简单，但是不难想象，企业海外形象管理是非常复杂的系统工程，相关知识和经验涉及国际政治、法律法规、文化习俗、道德伦理、舆论传播、公共关系等多学科领域，仅凭企业自身难以完全应对。因此，企业海外形象管理还需充分发挥外部多方机构的力量，帮助企业开展战略研究、规划和咨询等相关工作，为企业提供智力支持。简而言之，"走出去"企业需建立起以社会责任管理为核心、以公共关系管理与战略规划管理为支撑的公共外交与海外形象管理体系。

1. 社会责任管理

积极履行社会责任，以"优秀企业公民"形象融入东道国社会，是"走出去"企业塑造良好企业形象的根本所在。社会责任内涵丰富，相关主体较多，且需要企业长期持续履行，因此需要企业建立起专业的、灵活高效的社会责任管理职能，并应根据企业所在地的政治环境和社会环境，建立适合本地情况的、有针对性的管理体系。一般而言，社会责任管理应涵盖以下几方面内容：

（1）安全环保：包括安全环保管理、安全生产、环境保护等；

（2）社会参与：包括开展文化交流、支持当地教育、改善基础设施和医疗条件、提供人道主义援助、热心慈善事业等；

（3）员工成长：包括明确用工政策、促进员工本地化、注重培训和奖励、关注员工健康安全等；

（4）合作共赢：包括采购本地化、促进当地产业链形成、进行技术转移和管理经验培训等。

"走出去"企业要加强专业人员投入，与当地民众深入沟通，了解当地社会的关切。针对当地社会现状、围绕当地民众的实际需求，在企业力所能及的范围内积极开展社会责任相关项目，使当地民众成为项目的直接参与者和建设者，让当地民众切实感受到中国"走出去"企业对当地社会发展作出的贡献。与此同时，中国"走出去"企业应向成熟跨国公司学习，通过在公司网站主页上开辟社会责任专栏、定期发布社会责任报告等方式，积极披露企业社会责任信息，真实记录和展现企业在东道国履行社会责任取得的成绩。

2. 公共关系管理

企业运营离不开外部环境的支持，特别是在海外相对陌生的环境中，企业与东道国政府、社会公众环境之间的信息交互，对企业的发展起到至关重要的作用，因此公共关系可视为"走出去"企业最为重要的社会关系资源。一般而言，企业设立公共关系部门，职能涵盖范围较广，包括：对外公关宣传，政府、社区、社会公众的联系，信息收集和反馈，媒体检测和分析，参与广告的制定和运作，提炼企业文化，编制内部刊物，培训员工，处理突发事件（公众安全、流言、美誉度下降）等。但从企业公共外交与海外形象管理的角度出发，"走出去"企业开展公共关系管理应重点关注以下内容：

（1）与社会媒体资源建立良好互动关系。企业擅长的是生产经营，但是在如何把握受众消费心理、引导受众价值观念、塑造企业品牌、推广企业文化方面，企业本身通常缺乏专业的知识积累和传播渠道。因此，企业要善于利用专业公关公司、广告公司和大众媒体，通过专业化、市场化操作，做好企业的品牌包装、形象塑造和文化推广。对于中国"走出去"企业而言，面对国际社会的"冷战思维"和种种疑虑，更应积极主动与媒体资源联系，加大企业履行社会责任的宣传力度，并通过用事实和数据说话、多提供权威信息和报道素材等方式，切实增强传播的社会价值和公信力，扩大企业的海外社会影响。遇到国家领导人出访或母国重要节庆时，有能力的企业应积极策划和组织各种类型的公关活动，在有针对性地开展企业宣传的同时，也为公共外交作出企业应有的贡献。对于突发事件，更是要善于利用媒体进行危机公关，及时、透明地发布信息，争取第一发布权和第一解释权，抢占话语权（李永辉，2011）。

（2）加强与国际公共关系的合作。随着经济全球化的深入和全球公民社会的进步，国际 NGO、NPO 等国际公共关系组织快速发展，已成为"走出去"企业外部环境中广泛且不容忽视的存在。在经济区域内，"走出去"企业可充分利用诸如亚太经济合作组织、南亚区域合作联盟、大湄公河次区域经济合作机制、海湾合作委员会等区域性多边舞台，建立和发展与区域、次区域经济合作组织及机制的关系。这些组织和机制在动员和整合本地区力量方面有独特的优势，有助于中国企业了解当地情况，为其在该地区开展业务创建良好的基础（李永辉，2011）。同时，"走出去"企业还应加强与国际重要人权、环保等非政府组织及东道国民间机构的沟通与合作，营造良好社会舆论基础，在面对应对这些机构的批判或指责时，作出坚定而妥善的沟通与应对。

3. 战略规划管理

企业走向海外，最大的挑战来自于截然不同的市场环境、法律环境和社会环境。了解东道国和所在地区的政治局势、法律法规、文化习俗和道德伦理，做好前期战略研究和规划，是企业开展公共外交和形象管理的基础。然而，企业作为专门的经济机构，通常缺少相关的专业知识、人才和研究资源。因此，中国企业应积极引入外部智力支持，主动寻求政府、研究机构和咨询机构的帮助，不断完善企业战略规划管理工作。在这方面，西方跨国公司的经验可供中国企业学习借鉴。西方跨国企业通常与政府外交部门保持密切合作，在投资海外项目或进入某个对象国之前，通常会请政府外交部门做战略咨询，如美国的大型跨国公司会聘请外交官员担任本公司的公共关系顾问。同时，西方跨国公司与研究机构的合作也非常深入，如美国的兰德公司、战略与国际研究中心、企业研究所等智库，经常接到来自大型跨国公司的战略研究项目。专业的研究和咨询，保证了西方跨国企业海外形象管理的针对性和实用性（李永辉、周鑫宇，2013）。

12.3.2 相关政策建议

进入21世纪以来，公共外交的参与者与行为主体日益多元化，参与深度及其作用和影响明显加强，公共外交作为传统外交的补充甚至是替代，在国家对外事务中发挥越来越重要的作用。"走出去"企业作为伸向东道国的经济触角，在某种程度上被视为国家形象的代言人，理应在公共外交中发挥重要作用；同时，企业又是经济行为主体，受经济利益驱使，开展公共外交的自发性、时效性和协调性未必能够达到理想效果。因此，政府应在宏观战略层面加强协调和引导，并投入相应资源，助力企业不断强化自身形象管理与公共外交能力建设。

1. 加强战略协调

公共外交的整体效果最终取决于全部公共外交行为主体的合力，因此政府应对公共外交进行统筹规划和整体设计。企业个体在东道国建立起坚实的活动基础和民意基础，需要付出巨大努力，且个体宣传力量薄弱，在与东道国利益相关方的沟通中难免处于劣势地位。然而，现阶段不少"走出去"企业在履行社会责任时，仍以单打独斗为主，缺少与其他企业及中方媒体、NGO、NPO 的良好协作与互动。在缺少国家宏观层面的战略协调下，甚至存在"走出去"企业间相互恶性竞争的情况，既损害了企业的经济利益，同时也给国家形象造成不良影响。另外，一些企业个体在海外开展工程项目时，在当地承担了长周期的社会责任，但由于项目周期与社会责任周期不匹配，随着项目周期的结束，社会责任难以继续履行。单凭企业个体的自发行为，难以达成理想的公共外交效果。因此，政府应将企业公共外交作为整体公共外交的重要支柱纳入国家公共外交战略，在宏观层面进行统筹协调、指导和支持。

2. 加强政策引导

2013 年，商务部出台了《对外投资合作环境保护指南》，规定在评估企业海外投资和"走出去"成效时，综合考虑企业在海外环境保护的绩效和履行社会责任的绩效。该指南为"走出去"企业建立社会责任管理起到了很好的政策指引作用。鉴于公共外交的重要性，未来政府还应进一步制定相关政策，鼓励、支持和引导"走出去"企业建立符合国际社会商业环境的企业治理理念，积极承担社会责任，在改善自身形象的同时，作出公共外交方面的有益探索。此外，政府还可引导"走出去"企业组建商会或协会等利益共同体。目前，我国企业海外行业协会在新加坡、马来西亚、乌兹别克斯坦等重点投资国相继创建。未来可扩大协会的覆盖地域和影响力，并充分发挥协会对"走出去"企业的约束和引导作用。

3. 加强智力资源投入

缺少智力支持也是目前我国"走出去"企业开展公共外交与形象管理普遍存在的问题。在这方面，政府应加大资源投入，鼓励社会建立起有影响力的、为"走出去"企业提供专业服务的研究和咨询机构；同时加强政府外交、商务等部门与研究咨询机构间的合作，形成战略规划、政策指引与民间智力支持的协同发展；并通过智力支持将宏观战略规划与政策指引在"走出去"企业中更好地推广和落实。

参 考 文 献

中文文献

[1]（美）COSO 制定发布，方红星、王宏译：《企业风险管理——整合框架》，东北财经大学出版社，2005 年。

[2]（美）黛博拉·布罗蒂加姆著，沈晓雷、高明秀译：《龙的礼物：中国在非洲的真实故事》，社会科学文献出版社，2012 年 7 月第 1 版。

[3]（美）威廉·恩道尔：《粮食危机》，知识产权出版社，2008 年 9 月第 1 版。

[4]（美）杰夫·卡特赖特著，郁启标、姚志勇译：《文化转型：企业成功的基础》，江苏人民出版社，2004 年。

[5]《境外经贸合作区成为"一带一路"的重要抓手》，载中国投资咨询网：http：//www.ocn.com.cn/hongguan/201507/smcpp01225138.shtml。

[6]《气候变化国家评估报告》编写委员会：《气候变化国家评估报告》，科学出版社，2007 年 2 月第 1 版。

[7]《中国对外投资合作发展报告（2015）》，中国商务部。

[8] 白石、梁书民：《世界粮食供求形势与中国农业"走出去"战略》，世界农业，2007 年第 11 期。

[9] 北京外国语大学公共外交研究中心：《中国公共外交研究报告（2011~2012）》，时事出版社，2012 年第 1 版。

[10] 曹红辉：《支持海外投资的美日政府经验》，21 世纪经济报道，2006 年 1 月 16 日第 31 版。

[11] 陈飞翔、俞兆云、居励：《锁定效应与中国工业结构调整：1992~2006》，经济学家，2010 年第 5 期。

[12] 陈飞翔、居励、林善波：《开放模式转型与产业结构升级》，经济学家，2011 年第 4 期。

［13］陈立：《能力储备：我国外汇储备管理转型的新选择》，上海金融，2006 年第 5 期。

［14］陈雨露、张成思：《全球新型金融危机与中国外汇储备管理的战略调整》，国际金融研究，2008 年第 11 期。

［15］程实：《次贷危机后的国际货币体系未来发展：本位选择、方向和路径》，经济学家，2009 年第 6 期。

［16］崔栢烈、郭化冰：《韩国中小企业对外直接投资扶持政策及对中国的启示》，中国外资，2012 年第 2 期。

［17］代谦、别朝霞：《FDI、人力资本积累与经济增长》，经济研究，2006 年第 4 期。

［18］戴翔：《对外直接投资对国内就业影响的实证分析——以新加坡为例》，世界经济研究，2006 年第 4 期。

［19］邓云特：《中国救荒史》，河南大学出版社，2010 年 9 月第 1 版。

［20］刁秀华：《中国能源安全：现状、特定与对策》，东北财经大学学报，2009 年第 3 期。

［21］丁祥生、张岩贵：《发展中国家（地区）跨国公司对外直接投资的动因》，珞珈管理评论，2007 年第 1 期。

［22］范文祥：《国际产业转移对我国产业结构升级的阶段性影响分析》，经济地理，2010 年第 4 期。

［23］冯维江、姚枝仲、冯兆一：《开发区"走出去"：中国埃及苏伊士经贸合作区的实践》，国际经济评论，2012 年第 2 期。

［24］傅素英：《中国农业技术国际转移问题研究》，华中农业大学博士论文，2009 年。

［25］耿强、江飞涛、傅坦：《政策性补贴、产能过剩与中国的经济波动——引入产能利用率 RBC 模型的实证检验》，中国工业经济，2011 年第 5 期。

［26］何维达：《铁矿石谈判的五大教训》，人民日报海外版，2009 - 08 - 11（005）。

［27］胡潇文：《新加坡政府鼓励和保护企业"走出去"的经验及对中

国的启示——以淡马锡在华投资为例》，东南亚研究，2012 年第 4 期。

［28］胡小平、郭晓慧：《2020 年中国粮食需求结构分析及预测——基于营养标准的视角》，中国农村经济，2010 年第 6 期。

［29］胡迎春、李彦敏：《WTO 与菲律宾农业贸易自由化的负面影响和启示》，国际关系学院学报，2003 年第 4 期。

［30］胡拥军、马强：《"十二五"时期"走出去"战略实施与政府行动框架的重构》，当代经济管理，2011 年第 12 期。

［31］胡钰：《中国企业海外形象建设：目标与途径》，中国软科学，2015 年第 8 期。

［32］黄传斌、张岩：《2015 中国央企海外形象调查》，中国报道，2016 年第 1 期。

［33］黄梅波、唐露萍：《中非经贸合作区的建立及其面临的挑战》，国际经济合作，2012 年第 6 期。

［34］黄琪轩：《另一个世界是可能的——后危机时代的中国与世界发展》，世界经济与政治，2011 年第 1 期。

［35］江东：《对外直接投资与母国产业升级：机理分析与实证研究》，博士论文，2010 年。

［36］江飞涛、曹建海：《市场失灵还是体制扭曲——重复建设形成机理研究中的争论、缺陷与新发展》，中国工业经济，2009 年第 1 期。

［37］江飞涛、耿强、吕大国：《中国转轨体制下产能过剩的形成机理——兼与林毅夫商榷》，中国社会科学院工业经济研究所工作论文，2011 年。

［38］李春顶：《境外经贸合作区建设与我国企业"走出去"》，国际经济合作，2008 年第 7 期。

［39］李社环：《企业风险管理的国际新趋势——整体风险管理》，当代财经，2003 年第 11 期。

［40］李永辉：《公共外交与企业"走出去"》，现代国际关系，2011 年第 8 期。

［41］李永辉、周鑫宇：《企业公共外交：宏观战略与微观管理》，公

共外交季刊，2013 年夏季号第 1 期。

[42] 李志鹏、罗裕麟、吴沛华：《利用期货市场助推矿产品储备体系建设》，当代经济，2007 年第 4 期。

[43] 林毅夫、巫和懋、邢亦青：《"潮涌现象"与产能过剩的形成机制》，经济研究，2010 年第 10 期。

[44] 刘国华、李阵：《战后日本经济外交及其新动向》，东北大学学报（社会科学版），2007 年第 9 期。

[45] 刘海方：《安哥拉内战后的发展与中安合作反思》，外交评论，2011 年第 2 期。

[46] 刘宏、汪段泳：《"走出去"战略实施及对外直接投资的国家风险评估：2008～2009》，国际贸易，2010 年第 10 期。

[47] 刘景辉、王树安、王志敏：《中国粮食单产增长规律及预测》，耕作与栽培，2001 年第 5 期。

[48] 刘明霞：《创造性资产寻求型 FDI：发展中国家跨国公司的新趋势和新挑战》，财贸经济，2009 年第 4 期。

[49] 刘青建、李源正：《中国与安哥拉经济合作特点探析》，现代国际关系，2011 年第 7 期。

[50] 刘细良：《跨国公司在华环境污染及其规制研究》，中南财经政法大学学报，2009 年第 6 期。

[51] 刘中民：《从单方援助到互利共赢：中国与发展中国家经济关系六十年》，宁夏社会科学，2009 年第 6 期。

[52] 娄晓黎：《产业转移与欠发达区域经济现代化》，博士论文，2004 年。

[53] 陆前进：《美元霸权和国际货币体系改革——兼论人民币国际化问题》，上海财经大学学报，2010 年第 1 期。

[54] 路红艳：《中国境外经贸合作区发展的经验启示》，对外经贸，2013 年第 10 期。

[55] 寇彬、梁旭、赵俊冬：《日本境外投资保障机制的启示》，金融时报，2013 年第 9 期。

［56］马霞、宋彩岑：《中国埃及苏伊士经贸合作区："一带一路"上的新绿洲》，西亚非洲，2016 年第 2 期。

［57］牛犁：《2005 年国际油价上涨对我国经济的影响》，中国金融，2005 年第 19 期。

［58］齐桂珍：《国内外政府职能转变及其理论研究综述》，中国特色社会主义研究，2007 年第 5 期。

［59］强始学、米会龙、支小军：《我国实施农业"走出去"发展战略问题研究》，兵团党校学报，2012 年第 1 期。

［60］秦萱：《世界饥饿与贫穷状况》，四川统一战线，2010 第 12 期。

［61］荣岩：《FDI 的资本效应与溢出效应之比较——基于中国数据的协整分析》，对外经济贸易大学学报，2010 年第 6 期。

［62］沙文兵、陶爱萍：《外商直接投资的就业效应分析——基于协整理论的分析》，财经科学，2005 年第 3 期。

［63］沈桂龙、于蕾：《外商直接投资对我国经济发展的负面影响及对策思考》，世界经济研究，2005 年第 11 期。

［64］宋明哲：《现代风险管理》，中国纺织出版社，2003 年。

［65］孙晓丹：《我国境外投资促进体系研究》，硕士论文，2011 年。

［66］唐晓阳：《中国在非洲的经贸合作区发展浅析》，西亚非洲，2010 年第 11 期。

［67］汪峰：《中国与安哥拉石油合作探析》，中国石油大学学报（社会科学版），2011 年第 27 卷第 1 期。

［68］王东：《日益严重的全球贫困问题研究》，经济前沿，2007 年第 Z1 期。

［69］王农跃：《企业全面风险管理体系构建研究》，博士论文，2008 年。

［70］吴彬、黄韬：《二阶段理论：外商直接投资新的分析模型》，经济研究，1997 年第 7 期。

［71］吴敬学、赵姜：《从科技角度审视粮食"八连增"》，中国科学报，2012 - 05 - 15。

［72］吴添祖、陈利华：《跨国并购获取核心技术——中国企业核心竞争力的培育模式》，科学学与科学技术管理，2006 年第 4 期。

［73］吴先明：《中国企业对发达国家的逆向投资：创造性资产的分析视角》，经济理论与经济管理，2007 年第 9 期。

［74］夏斌：《提高外汇储备使用效益》，银行家，2006 年第 5 期。

［75］肖丹丹、范爱军：《"走出去"战略引导下的人民币国际化路径探讨》，统计与决策，2009 年第 13 期。

［76］徐德辰：《跨国经营的国际比较研究》，博士论文，2005 年。

［77］杨小军：《当前国际货币体系新特征及其发展趋势研究——兼论人民币国际化》，金融发展研究，2008 年第 9 期。

［78］叶映：《并购企业的人力资源整合研究》，改革与战略，2004 年第 6 期。

［79］余晓泓：《日本政府促进企业跨国经营的政策体系》，现代日本经济，2007 年第 2 期。

［80］余莹、汤俊：《美国粮食战略主导下的粮食贸易规则》，国际观察，2010 年第 1 期。

［81］张海波：《对外直接投资对母国就业效应的实证研究——以东亚新兴经济体为例》，工业技术经济，2010 年第 5 期。

［82］张涵：《我国国际贸易定价权几近崩溃》，北京商报，2010 - 05 - 17。

［83］张汉林、肖艳：《我国对最不发达国家经贸关系的新战略及政策》，上海财经大学学报，2012，14（1）。

［84］张劲晗：《外汇储备高速增长储备转型势在必行》，宏观经济管理，2006 年第 9 期。

［85］张雨、宋瑞卿：《并购文化整合：整合风险与控制》，高等财经教育研究，2011 年第 14 卷第 4 期。

［86］赵丽红：《美国全球粮食战略中的拉美和中国》，拉丁美洲研究，2009 年第 4 期。

［87］赵秋月、周学双、李冰、吴海锁：《多晶硅产业存在的环保问题

及对策建议》，环境污染与防治，2010 年第 6 期。

[88] 赵薇：《中国企业跨国并购政策及国际比较研究》，硕士论文，2013 年。

[89] 赵伟、江东：《ODI 与母国产业升级：先行大国的经历及其启示——多视野的考察与分析》，浙江社会科学，2010 年第 6 期。

[90] 中国科学院能源与环境政策研究中心：《降低中国石油进口风险刻不容缓》，能源政策（简报），2005 年第 9 期。

[91] 中国外文局对外传播研究中心课题组、于运全、翟慧霞：《2014 中国企业海外形象调查报告》，对外传播，2014 年第 10 期。

[92] 周春应、王波：《外商直接投资与中国经济增长的长期均衡和动态关系分析》，世界经济与政治论坛，2006 年第 3 期。

[93] 周伟：《我国跨国公司技术优势的来源》，科学学研究，2006 年第 2 期。

[94] 宗寒：《我国经济发展中的产能过剩及其防治》，毛泽东邓小平理论研究，2010 年第 1 期。

英文文献

[1] Altomonte C. , Resmini L. , Multinational Corporations as Catalyst for Industrial Development: the Case of Poland. William Davidson Institute Working Papers, 2001, No. 368.

[2] Anderson E. , Gatignon H. , Modes of Foreign Entry: A Transaction Cost Analysis and Propositions. Journal of International Business Studies, 1986, 17 (3): 1 – 26.

[3] Angelucci, Manuella, Saul Estrin, Jozef Konings, Zbigniew, Zolkiewski, The Effect of Ownership and Competitive Pressure on Firm Performance in Transition Countries: Micro Evidence from Bulgaria, Romania and Poland. CEPR Discussion Papers, 2001, No. 2985.

[4] Barry F. , Kearney C. , MNEs and Industrial Structure in Host Countries: a Portfolio Analysis of Irish Manufacturing. Journal of International Busi-

ness Studies, 2006, 37 (3): 392 – 406.

[5] Blomstrom M. , Kokko A. , The Impact of Foreign Investment on Host Countries: a Review of the Empirical Evidence. World Bank Policy Research Working Paper, 1997, No. 1745.

[6] Blomstrom, Lipsey, Foreign Direct Investment and Employment: Home Country Experience in the United States and Sweden. NBER Working Paper, 1997, No. 6205.

[7] Boulder K. S. , China and the World: New Directions in the Chinese Foreign Relations. Westview Press, 1989.

[8] Brautigam D. , Xiaoyang T. , African Shenzhen: China's Special Economic Zones in Africa. Journal of Modern African Studies, 2011, 49 (1): 27 – 54.

[9] Buckley P. J. , Cassion M. C. , Models of the Multinational Enterprise. Journal of International Business Studies, 1998, 29 (1): 21 – 44.

[10] Chenery B. H. , Strout M. A. , Foreign Assistance and Economic Development. American Eeonomic Review, 1966, 56 (4): 679 – 733.

[11] Christopher H. , Jones D. K. C. , Accident and Design: Contemporary Debates on Risk Management. Routledge Press, 1996.

[12] Dan Haendel. Foreign Investments and the Management of Political Risk. Westview Press, 1979.

[13] Daniels J. , Radebaugh L. , Sullivan D. , International Business: Environments and Operation, 14th edition, Prentice Hall Press, 2012.

[14] Djankov S. , Bernard H. , Foreign Investment and Productivity Growth in Czech Enterprises. World Bank Economic Review, 1999, 14 (1): 49 – 64.

[15] Drucker P. F. , The Five Rules of Successful Acquisition. Wall Street Journal, 1981, 10 (15) .

[16] Dunning J. H. , The Eclectic Paradigm of International Production: A Restatement and Some Possible Extension. Journal of International Business Stud-

ies, 1988, 19 (1): 1 –31.

［17］Dunning J. H. , Trade, Location of Economic Activities, and the MNE: A Search for an Eclectic Approach. The International Allocation of Economic Activity, Proceedings of a Nobel Symposium held at. 1977.

［18］Ensor R. , Assessing Country Risk. Euromoney Publications, 1981.

［19］Fagre N. , Wells L. T. , Bargaining Power of Multinationals and Host Governments. Journal of International Business Studies, 1982, 13 (2): 9 –23.

［20］Foreign Portfolio Holdings of U. S. Securities as of June 30, 2015, Department of the Treasury, USA.

［21］Foster V. , Butterfield W. , Chen C. , Pushak N. , Building Bridges: China's Growing Role as Infrastructure Financier for Sub – Saharan Africa. The World Bank, 2009.

［22］Guariglia A. , Poncet S. , Could Financial Distortions be No Impediment to Economic Growth after all? Evidence from China. Journal of Comparative Economics, 2008, 36 (4): 633 –657.

［23］Guy C. K. , Leung, China's Energy Security: Perception and Reality. Energy Policy, 2011, 39 (3): 1330 –1337.

［24］Hamida L. B. , Gugler P. , Are There Demonstration – Related Spillovers from FDI? Evidence from Switzerland. International Business Review, 2009, 18 (5): 494 –508.

［25］Hericourt J. , Poncet S. , FDI and Credit Constraints: Firm Level Evidence in China. CEPll Research Certer Working Papers, 2007, No. 2007 – 11.

［26］Huntington S. P. , Political Order in Changing Societies. Yale University Press, 1968.

［27］Huntington S. P. , Why International Primacy Matters. International Security, 1993, 17 (4): 68 –83.

［28］Hymer S. H. , The International Operations of National Firms: A Study of Direct Investment, Cambridge, MIT Press, 1976.

［29］Javorcik B. S. , Does Foreign Dircet Investment Increase the Productivity of Domestic Firms? In Search of Spillovers through Backward Linkages. A-merican Economic Review, 2004, 94 (3): 605 - 627.

[30] Kindleberger C. P. , American Business Abroad: Six Lectures on Di-rect Investment. Yale University Press, New Haven, 1969.

[31] Kohpaiboon A. , Foreign Trade Regimes and the FDI - Growth Nex-us: a Case Study of Thailand. The Journal of Development Studies, 2003, 40 (2): 55 - 69.

[32] Lall S. , Chen E. , The New Multinationals: The Spread of Third World Enterprises. Chichester Wiley Press, 1983.

[33] Lankova E. , Katz J. , Strategies for Political Risk Mediation by In-ternational Firms in Transition Economies: the Case of Bulgaria. Journal of World Business, 2003, 38 (3): 182 - 203.

[34] Lichtenberg F. R. , Pottelsberghe B. , International R&D Spillovers: A Re - Examination. NBER Working Paper, 1996, No. W5668.

[35] Lipsey R. E. , Home and Host Country Effects of FDI. NBER Work-ing Paper, 2002, No. 9293.

[36] Marwah K. , Tavakoli A. , The Effects of Foreign Capital and Imports on Economic Growth: Further Evidence from Four Asian Countries (1970 - 1998) . Journal of Asian Economics, 2004, 15 (2): 399 - 413.

[37] Mehr R. I. , Hedges B. A. , Risk Management in the Business Enter-prise. Homewood/Ill: Irwin Press, 1963.

[38] MIGA, 《World Investment and Political Risk》, http: //www. mi-ga. org/documents /flagship09 ebook. pdf, 2009.

[39] Moon C. W. , Lado A. A. , MNC - Host Government Bargaining Pow-er Relationship: A Critique and Extension within the Resource - Based View. Journal of Management, 2000, 26 (1): 85 - 117.

[40] Mundell R. A. , The International Financial System and Outlook for Asian Currency Collaboration. The Journal of Finance, 2003, 58 (4): 3 - 7.

[41] Panayotou T. , Empirical Tests and Policy Analysis of Environmen-

talDegradation at Different Stages of Economic Development. llo Working Papers, 1993, No. 4.

[42] Pereira S. C. , Slaughter M. J. , Does Inward Foreign Direct Investment Boost the Productivity of Domestic Firm? NBER Working Papers, No. 8724, 2002.

[43] Perrot R. , Filippov S. , Localisation Strategies of Firms in Wind Energy Technology Development. UNUMERIT Working Paper, 2010, No. 047.

[44] Pritchett P. , After the Merger: The Authoritative Guide for Integration Success. Revised Edition. McGraw – Hill Press, New York, 2007.

[45] Ramo J. C. , The Beijing Consensus: Notes on the New Physics of Chinese Power. London: Foreign Policy Centre, 2004.

[46] Robinson R. D. , The International Transfer of Technology: Theory, Issues, and Practice. Longman Higher Education Press, 1988.

[47] Robock S. H. , Political Risk: Identification and Assessment. The Columbia Journal of World Business, 1971, 6 (4): 6 – 20.

[48] Roger C. R. , Does Foreign Aid Really Work? New York: Oxford University Press, 2007.

[49] Simon J. D. , Political Risk Assessment: Past Trends and Future Prospects. Columbia Journal of World Business, 1982, 17 (3): 62 – 71.

[50] Sinani E. , Meyer K. E. , Spillovers of Technology Transfer from FDI: the Case of Estonia. Journal of Comparative Economies, 2004, 32 (3): 445 – 466.

[51] Stevenson R. , Effects of Overseas Production on Home Country Exports: Evidence Based on Swedish Multi – nationals. Review of World Economics, 1996, 132 (2): 304 – 329.

[52] Thuy L. T. , Technological Spillovers from Foreign Direct Investment: The Case of Vietnam. MIMEO, Graduate School of Economies, 2005, 17 (4): 803 – 812.

[53] Ting W. , Mulinational Risk Assessment and Management: Strategies

for Investment and Marketing Decisions. International Executive, 1988, 30 (2): 31 –33.

［54］ Todaro M. P. , Economic Development in the Third world, 4th Ed. Longman Press, 1989.

［55］ Vernon R. , The Multinational Enterprise: Power versus Sovereignty. Foreign Affairs, 1971, 49 (4): 736 –751.

［56］ Willianms C. A. , Heins R. M. , Risk Management and Insurance. McGraw – Hill Press, New York, 1964.

［57］ World Investment Report, United Nations Conference on Trade and Development, New York and Geneva, 2005 –2015.

后　记

2012年夏，我完成学业进入到一家央企股权投资部门工作，参与到中国企业"走出去"战略指引下央企开展对外直接投资的实际工作中。2013年以来，在导师的建议下，我在工作之余，开始有意识地从细微的工作层面跳脱出来，尝试站在国家战略层面系统思考中国企业"走出去"的战略意义，观察中国企业"走出去"的战略落实情况，感受中国企业在"走出去"过程中的困难与风险。同时，"走出去"战略也为我提供了深入理解中国经济新常态和当下经济增长困境的良好视角。经过三年多的沉积，这些感观与思考最终记录成文于此。

回首这段历程，我将几乎全部业余时间投入其中。其间虽屡有倦怠，但幸好有导师不时鼓励，如今坚持下来，自是苦尽回甘，获益良多。

工作中，感谢各位领导和同事，大家在紧张协作的同时，共同为部门运作营造了良好的工作环境，使我得以在繁杂的工作之外，还有心力凝神静写。

此书完稿时，得到了朱太辉、高峰等亲友的关心；中国金融出版社的肖炜老师也为本书的审校和出版付出了很多辛劳。在此深表感谢。

最后，感谢我的家人，感谢他们的支持、包容和陪伴，他们是我力量的源泉和心灵的港湾。而我这三年来未能给予他们更多关注，实有愧疚。

付梓之际，谨以此书献给我的家人，并作为对中国当下资本出海大时代和我个人有幸参与其中的一个阶段性纪念吧。

我们很可能处在一个伟大的时代，所以，我们必须满怀热忱，并对未来充满期待。

贾秋然
2016年9月